華 語 對 話

CHINESE DIALOGUES

華 語 對 話

CHINESE DIALOGUES

Fred Fang-yü Wang

Edited
by

Henry C. Fenn & Pao-ch'en Lee

FAR EASTERN PUBLICATIONS

YALE UNIVERSITY

NEW HAVEN, CONNECTICUT

TABLE OF CONTENTS

INTRODUCTION

This book is planned for students of spoken Mandarin who have completed the study of M. Gardner Tewksbury's SPEAK CHINESE or an equivalent first year text. It assumes approximately six hundred basic vocabulary words and the most common grammatical patterns. The twenty-four lessons in this book are based on everyday conversational situations, and each lesson comprises the following study materials:

1. Dialogue
2. Vocabulary Usage
3. Sentence Structure
4. Pronunciation Drill
5. Questions about the Dialogue
6. What Would You Say?
7. Memorization (every other lesson)
8. Translation (English to Chinese)

Each lesson will require eight to ten contact hours in class plus an equal amount of individual study and listening to tapes. This heavy proportion of classroom contact to homework is necessitated by the objective of this book, which is to speak the language, not to read it. Chinese differs from the alphabetic languages of the West in that the normal medium of reading in Chinese is the Chinese character, which is not essential to the mastery of the spoken language. The spoken language is taught and learned more quickly and more effectively through romanization. Romanization, however, must be regarded as a mere tool. This book utilizes the Yale romanization system which has been specifically designed to aid foreign students of Chinese. The Yale system is far easier for beginners to master and does not differ greatly from the so-called Pin-yin system. The student must realize that any romanization system is an aid to pronunciation. Learning to speak Chinese or any other language requires plenty of oral drill and the use of recorded materials.

Each teacher will have his own ideas as to how much time should be spent on each section of the lesson. The following outline, recording the experience of the Chinese language program at Yale University, is suggestive rather than mandatory.

Dialogue. The dialogue is a live situation, and each expression in it is used in a setting. Obviously a student cannot learn the use of an expression without knowing its meaning, but it is equally axiomatic that he doesn't fully understand its meaning without knowing the context in which it is used. Each sentence of the dialogue is important insofar as it shows the student how to use words in a natural situation to express a non-artificial idea. Hence the aim has been to avoid the artificial sentences that once cluttered the pages of language texts - grammatically correct but not necessarily met in current conversation.

Where records are available, the student should prepare for recitation by listening to the sound recording of the dialogue, both with and without reference to the printed text. The normal life situation for learning a language is to listen without preparation to natural conversations and guess new terms from their context. This setting is best simulated if the student is willing to listen several times to the recording without reference to his text, trying to pick new expressions out of the blue. In this way he avoids approaching them as isolated words in a vocabulary list, meeting them instead as dynamic parts of living speech.

The first class period the instructor reads the dialogue to the class in a normal conversational manner and at normal speed, watching for signs of comprehension or of failure to understand. This may be followed by drawing the story out of the class in English and piecing it together. The teacher may read it through a second time with occasional stops to ask a student to translate a sentence as a check on comprehension. The first objective is complete comprehension of the dialogue, without which the subsequent exercises will be relatively ineffective.

Vocabulary Usage. To stress the belief that a word cannot be fully understood apart from a setting the use of each term except the noun is illustrated by one or more sentences. This procedure saves the student the trouble of turning back to the dialogue for an example of use and

offers additional contexts in which the term may be used.
Nouns seldom raise major problems of usage in Chinese. Drill
teachers should avoid merely asking the meaning of a given
vocabulary item; the student should be asked to make a sen-
tence using the specified term. Instructors who prefer to
give their own examples of use for the new words should
take care not to step outside the limits of the lessons al-
ready covered. Words frequently have other uses for which
the student is not yet ready, the introduction of which at
the moment may only complicate his learning without
strengthening his understanding.

Sentence Structure. In Speak Chinese the basic sen-
tence patterns of the Chinese language were introduced in a
logical order. The second level of instruction, for which
Chinese Dialogues has been prepared, calls for review of all
patterns introduced on the first level plus extensions and
elaborations. This should be done not in order of ease but
in topical grouping for comparison. Thus the patterns for
the expression of Time are reviewed comparatively, with
stress on the positional difference between expressions of
time when, which stand before the verb, and time used as a
measure, which stands after the verb. Each lesson reviews
one or more problems of structure and idiom, and adds fur-
ther materials and exercises to aid in mastery.

Pronunciation Drill. At the outset of his study of
Chinese, the student's pronunciation problems were primarily
a matter of mastering unfamiliar sounds. At the second
level this adjustment to new sounds should have been com-
pleted, but for a long time there may remain the problem of
appropriating the rhythms or normal speech and carrying them
over from one situation to another. Consequently there is
need for drill in imitating rhythmic enunciation of complete
phrases or sentences. Here the teacher should be constantly
on his guard against 'reading' the drill material rather
than 'saying' it conversationally. The Chinese national,
raised on the monosyllabic character, used to reading it in
a somewhat staccato rhythm, is particularly liable to this
fault in teaching. It is easily obviated by quickly memo-
rizing each sentence and saying it without reference to the
book.

Questions. A set of questions is offered to which the
student is expected to work out appropriate answers. He
should constantly bear in mind the principle laid down in

Speak Chinese, that the pattern of the question and the
pattern of the answer normally parallel each other very
closely, in marked contrast to the English custom of in-
verting the order of subject and verb. This principle
actually simplifies the problem for the student; neverthe-
less it seems to be difficult to persuade him to rely on it.
Once he has this rule firmly implanted in his mind, other
answer patterns which deviate from this principle may be
introduced to enrich the student's speech.

What Would You Say? This is merely a variation on the
question-and-answer drill. Given a certain situation, what
question would you ask or what remark would you make? The
instructor may vary the drill still further by giving a
statement and asking what question would be calculated to
produce it as an answer. He may have one student make up a
question and another student answer it. The old game of
"Twenty Questions" is a realistic and palatable way of
making the student ask and answer questions.

Memorization. Memorization is sometimes difficult for
the teacher to require in the modern world. But it certain-
ly has a place in the teaching of spoken language. The
writer recalls studying German when part of the regular
assignment was to commit to memory the illustrative grammar
sentences which were part of each lesson. They were all fun-
damental structural patterns and some of them have never been
forgotten. Many teachers still use this technique today. In
this book a memorization passage is given in every other
lesson. The goal in individual student recitation should be
correct sentence structure. Deviations in wording which do
not affect essential meaning can well be ignored. The purpose
of these exercises is not the reproduction of gems of lit-
erature which permit no editing but the acquisition of
structural patterns useful and essential in everyday speech.
Naturally in this process vocabulary words, intonation,
tones, pronunciation can also be practiced. Since this
kind of drill involves individual practice, individual stu-
dent problems can also be attacked and highlighted. Very
often the inventive teacher can turn this exercise into
practice involving more than one student. One student starts
the passage and then the teacher employs the 'round-robin'
approach, that is, a different student takes up the passage
and 'goes on from there.' This can keep the entire class
alert.

Translation. There are many ways of handling transla-
tion exercises. Most laborious of all, most commonly used,
but not necessarily most effective is for the instructor to
collect and correct all translation exercises and return
them to the student a day or so later, relying on the stu-
dent to understand the corrections without further comment
or analysis. The objective of translation exercises should
be to locate the student's problems and forestall repetition
of error. Unless grading be considered of prime importance,
it seems more economical of teacher time, as well as more
effective, to exchange papers in class while the instructor
conducts with the aid of a blackboard a clinical analysis of
how each English sentence may best be expressed in Chinese
and why. Attention to individual problems is assured by
questions from the class. The need for grades can easily be
met by a brief test after every four or five lessons.

The reader may be surprised that no place has been
given to written translation from Chinese into English.
This, it is felt, can better be covered orally. The objec-
tive of the course is ability to comprehend and to speak,
not to compose written translations. The written transla-
tions from English into Chinese are valuable because they
often reflect the student's problems of expression in a
foreign language. Remember at this stage most students
are still "thinking" in English. Very often English to
Chinese translation exercises, when correctly constructed
and utilized, can demonstrate the range of meanings which
a Chinese word has and also show how the two languages
compare.

Comprehension. Too much time cannot be given to com-
prehension work of one sort or another. The student of
Chinese in America cannot go out onto the street and hear
Chinese spoken as he might do if he were living in China.
Teachers are advised to encourage students to use the lab
as often as possible and also devise ways to orally review
lab work during class. Some teachers, where facilities
allow, can accompany students to lab, hold class there and
check comprehension on the spot.
We have used at Yale two types of classroom exercises
for comprehension. One, which we call 'rapid fire' consists
of reeling off phrases or sentences of short or moderate
length slowly at first but then as comprehension improves
at faster rates to stimulate the student's comprehension and

accustom him to grasp the meaning of complete phrases
rather than isolated words. Difficult at the outset,
this soon brings the student to the point where he feels
a pardonable pride in his ability to understand normal
speech at normal speed. The second type of comprehension
exercise involves taped stories voiced by different speak-
ers and paused after every two or three sentences. These
stories are available from the publisher. There is a
story for each lesson. They can be used for comprehen-
sion in the lab or they can be used during class to serve
as conversation starters. Some teachers assign the stu-
dents to 'tell back' the story in Chinese during class.
The 'round robin' technique can also be used here. Nat-
urally both these two forms of exercises complement each
other.

    What Next? It is assumed that most students of Chinese
will have taken up the study of characters either during
or before they begin this book. This book can be used
alongside readers such as READ CHINESE BOOK ONE and BOOK
TWO, both of which introduce about three hundred basic
characters. Materials in the readers can also serve as
comprehension exercises to support this book. To facili-
tate more reading in characters, a character version of
this book has also been published. To hasten the transit-
ion from 'daily life' materials to more advanced spoken
Chinese, a romanized and character text called A SKETCH OF
CHINESE HISTORY, has been published which offers abundant
material for classroom discussion not only of Chinese his-
tory but also of current events. More advice of this sort
can be easily obtained from the publisher.

                                    Henry C. Fenn

Yale University
New Haven, Ct.

DIYĪKE - DÀULE SHÀNGHĂI

I. Dwèihwà - (Dialogue)

Sz̄ syansheng shr Měigwo rén. Tā tsúng
Měigwo dau Jūnggwo chyu. Dàule Shànghăi,
syà chwán yihòu, kànjyan tade Jūnggwo
péngyou, shr Jàu Džān, Jàu syansheng. Sz̄
syansheng shang chwán yichyán gěi Jàu
syansheng dăle yige dyànbàu, swóyi Jàu
syansheng dau mătoushang chyu jyē ta. Jàu
syansheng kànjyan Sz̄ syansheng jyou gwòchyu
gen ta shwō:

Jàu: Sz̄ syansheng, nín láile. Nín hăo!

Sz̄: Hău, nín hău a! Syèsye nín lái jyē wo.

Jàu: Búkèchi. Wǒ jyējau nínde dyànbàu, syīnli fēicháng
tùngkwai. Chwán shr lyòuywè sānhàu kāide ma?

Sz̄: Dwèile, jyòushr wǒ dǎ dyànbàu de neityān kāide.
Dzǒude hěn kwài. Lùshang yě méitíng. Yígùng tsái
dzǒule shŕlyòutyān.

Jàu: Yídìng hěn lèile ba?

Sz̄: Méi shemma. Chwánshangde péngyou hěn dwō.
Měityān dàjyā dzai yíkwàr tántan, hěn yǒuyìsz.

Jàu: Dzwò chwán hěn youyìsz. Wǒmen hwéijyā chyu tán ba.
Chǐng nín dàu wǒmen jyāli chyu jù. Wǒmen gěi nín
bǎ wūdz yùbeihǎule.

Sz̄: Nà butài máfan ma? Wǒ syăng wǒ jù lyŭgwăn ba.

Jàu: Bùmáfan. Wǒmen yǐjing gěi nín yùbeihǎule.

Sz̄: Nèmma chǐng nín děng yiděng. Wǒ chyu chyǔ wǒde
syíngli chyu.

Jàu: Syíngli, děng yihwěr jyàu byéren lai chyǔ, hǎu
     buhǎu? Wǒmen syān hwéichyu ba.

Sž: Yě hǎu. Wǒmen dzwò shémma chē chyù ne?

Jàu: Děi syān dzwò gūnggùng-chìchē, dzài dzwò dyànchē.
5   Syàle dyànchē dzài gwò lyǎngtyáu jyē jyou dàule.

Sž: Gūnggūng-chìchējàn dzai nǎr?

Jàu: Jyou dzai nèibyār yige yàudyàn chyántou. Dàu
     neige shŕdžlùkǒur, wǎng yòu yidzǒu jyòu shř.

Sž: Pyàu dwōshau chyán?

10 Jàu: Nín búyung gwǎnle. Wǒ gěi nin mǎi.

Sž: Wǒ dżjǐ mǎi ba.

Jàu: Bù, wǒ mǎi, wǒ mǎi.

Sž: Nèmma syèsye nín.

II. Shēngdž Yùngfǎ - (Vocabulary Usage)

(English translations of sentences used in the vocabulary
of each lesson as examples of usage can be found in section
two of Part VIII of each lesson.)

1. dyàn	N:	electricity
1.1 dyànbàu	N:	telegram, cable
1.2 dyànchē	N:	trolley car
1.3 dyànhwà	N:	telephone
1.4 dyànmén	N:	electric switch
1.5 dǎ dyànbàu	VO:	send a telegram
1.6 dǎ dyànhwà	VO:	make a phone call

    a. Chǐng ni bǎ dyànmén kāikai.
    b. Nǐ wèi shémma méigěi wo dǎ dyànhwà?

2. mǎtou   N: dock, wharf

3. jyē   V: receive, meet (at a train, boat,
                                etc.)

3.1 jyē rén   VO: meet someone
3.2 jyējau   RV: received, met
3.3 jyē dyànhwà   VO: answer a phone call

     a. Wǒ dàu chējàn jyē péngyou chyule.
     b. Shéi dàu ta jyā chyu jyē ta chyu.
     c. Jīntyan wo jyējau ta yifēng dyànbàu.
     d. Wǒ gěi ta dǎ dyànhwà, tā bujyē.

4. syīn   N: heart, mind
 4.1 yùngsyīn   SV/VO: put heart into, apply one's mind to

     a. Nǐ děi dwō yùng dyǎr syīn.
     b. "Rén lǎu syīn bùlǎu."

5. tùngkwai   SV: be content, be happy

     a. Wǒ yíkànjyan ta, syīnli jyou tùngkwai.
     b. Dzwótyan wo jyànjau yiwèi lǎu péngyou, tánde
         tùngkwaijíle.

6. tíng   V: stop, park
 6.1 tíng chē.   VO: park a car, stop a train

     a. Wǒde byǎu tíngle.
     b. Wǒ jǎubujáu dìfang tíng chē.

7. dàjyā   N: everybody
 7.1 wǒmen dàjyā   N: all of us

     a. "Lěng shr yige ren lěng; rè shr dàjyā rè."

8. máfan   N: trouble, nuisance
               V: bother, annoy
               SV: be bothersome, annoying
 8.1 jǎu máfan   VO: look for trouble, make trouble

     a. Wǒ búywànyi gěi nín jǎu máfan.
     b. Jèijyan shrching jēn máfanjíle.

9. chyǔ   V: fetch, take out, call for (jyē and
                   chyǔ both mean 'fetch', but jyē
                   usually refers to people, chyǔ to
                   things)
 9.1 chyǔ syíngli   VO: get baggage
 9.2 chyǔ dūngsyi   VO: fetch things

9.3 chyǔ chyán   VO: fetch money, withdraw money
9.4 chyǔchulai   RV: take out, withdraw

    a. Wǒ děi hwéi jyā chyǔ wǒde màudz chyu.
    b. Chyán dàgài jīntyan chyǔbuchulái.

10. syíngli   N: baggage (M: -jyàn)

11. byéren   N: another person, other people
  11.1 yùngren   N: servant
  11.2 nányùngren   N: male servant, butler
  11.3 nyǔyùngren   N: maid

12. gūnggùng-chìchē   N: bus, public vehicle (M: -lyàng for
                             cart, -tàng for trip)

13. gwò   V: pass, cross over
  13.1 gwòlai   RV: come over
  13.2 gwòchyu   RV: go over, pass away (die)
  13.3 gwò jyē   VO: cross a street
  13.4 gwò NU-tyáu jyē   go NU blocks

    a. Chǐng ni ràng wo gwòchyu.
    b. Tā fùchin dzwótyan wǎnshang gwòchyule.
    c. Wàng chyán dzǒu, gwò sāntyáu jyē jyou dàule.

14. yàu   N: medicine
  14.1 yàupù OR
     yàudyàn   N: drug store

15. shŕdż-lùkǒur   PW: street or road intersection
  15.1 shŕdż   N: a cross in the shape of the Chinese
               character ten (十)
  15.2 lùkǒu(r)   N: end of a street

16. pyàu   N: ticket (M: -jāng)
  16.1 hwǒchēpyàu   N: railroad ticket
  16.2 ménpyàu   N: entrance ticket (of any kind)
  16.3 syínglipyàu   N: baggage ticket

17. gwǎn   V: manage, take care of, attend to
  17.1 gwǎndelyǎu   RV: can manage (actual form uncommon)
  17.2 gwǎnbujáu   RV: none of one's business (actual form
               uncommon)
  17.3 bùgwǎn   V: don't care whether, no matter
               whether

    a. Jèijyan shŕching shéi gwǎn?

b. Tā gwǎn háidz gwǎnde hěn hǎu.
c. Tāmen lyǎngge rende shŕching, wǒ gwǎnbulyǎu.
d. Nǐ gwǎnbujáu.
e Wǒ bugwǎn ni yǒu chyán méi chyán, wǒ děi yàu yige màudz.

III. Jyùdz Gòudzàu - (Sentence Structure)

1. The topic of a sentence: While the topic of a Chinese sentence is most commonly a noun, the following situations are also common:

1.1 Number measure:

Yíge   búgòu.   (One is not enough.)

1.2 Specifier (with or without measure):

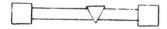

Jèi(ge)   shŕ   wǒde.   (This one is mine.)

1.3 Functive verb:

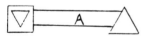

Dzǒuje   tài   màn.   (Walking is too slow.)

1.4 Stative verb:

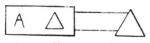

Tài syǎu   méiyùng.   (Too small is no use.)

1.5 Verb object:

Chànggēr   jēn   yǒuyìsz.   (Singing is very interesting.)

1.6 Complete sentence:

Wǒ gěi chyán, yě syíng. (It's all right for me to
                                    pay.)

But it is quite common for a Chinese sentence not to
have a topic or a subject. When a thing has already
been mentioned in the previous sentence, the subject
or object referring to it is often omitted. Usually
it is the same topic but sometimes the former object
may be used as a new topic which is understood. The
first two sentences of this lesson illustrate this
type:

    Sz̄ Ss. tsúng Měigwo dau Jūngwo chyu.
    (Sz̄ Ss.) daule Shànghǎi,
    (Sz̄ Ss.) syà chwán yihòu,
    (Sz̄ Ss.) kànjyan tāde Jūnggwo péngyou,
    (Péngyou) shr Jàu Džān, Jàu. Ss.

In order to comprehend the full meaning of the sentences,
one must figure out what the topic of each sentence is.

2. <u>Purpose</u> <u>of</u> <u>coming</u> <u>or</u> <u>going</u> <u>and</u> <u>directional</u> <u>ending</u>:

    2.1 A purpose may be expressed in three forms with lái
        or chyù:

        2.11 Tā dàu chē jàn chyu jyē péngyou.

        2.12 Tā dàu chē jàn jyē péngyou chyu.

        2.13 Tā dàu chē jàn chyu jyē péngyou chyu.

    2.2 <u>Exercise</u>: Translate the following sentences into
        Chinese, using all three forms:

        2.21 He went back home to fetch his hat.
        2.22 My friend will come to meet me at the bus depot.
        2.23 I plan to go to the country to live.
        2.24 He said that he wanted to go to town to have a
            bus ride.
        2.25 He said that he wanted to go to town by bus to
            buy something.

3. Use of wàng (towards, in the direction of) and
   tsúng (from)

    3.1 Wàng may be followed by certain directional bound-
   forms in the pattern:

	-shàng	
	-syà	
	-chyán	
	-hòu	fēi
wàng	-dzwǒ	dzǒu
	-yòu	pǎu
	-dūng	lái
	-nán	chỳu
	-syī	
	-běi	

When these directional boundforms are made into full
placewords with the addition of a positional suffix
such as -byār, -tóu or -myàn, the resultant placewords
may follow both wàng and tsúng. For example:

$$
\left.\begin{array}{l}\text{shàng-}\\\text{syà-}\\\text{chyán-}\\\text{hòu-}\end{array}\right\}\left\{\begin{array}{l}\text{-tou}\\\text{-byār}\end{array}\right. \qquad \left.\begin{array}{l}\text{dūng-}\\\text{nán-}\\\text{syī-}\\\text{běi-}\\\text{dzwǒ-}\\\text{yòu-}\end{array}\right\} \text{-byār (but \underline{not} -tou)}
$$

    3.2 Tsúng differs from wàng in three respects:

        3.21 In the patterns tsúng---lái (come from) and
      tsúng---chyù (go from), only dūng, nán, syī
      and běi may stand.

$$
\text{tsúng} \left\{\begin{array}{l}\text{dūng}\\\text{nán}\\\text{syī}\\\text{běi}\end{array}\right\} \text{lái (or chyù)}
$$

        3.22 Tsúng may refer to time as well as place, so
      may be followed by TW as well as PW, while
      wàng may not.

        3.23 Tsúng in the sense of 'by way of', 'via', may
      be followed by either a PW or a N.

      a. Tā shr tsúng jèr (PW) gwòchyude.
      b. Tā shr tsúng chwānghu (N) jìnlaide.

3.24 With opposite pairs of directional boundforms,
     tsúng may stand before the first of the pair and
     wàng or dàu before the second. Furthermore, à
     wàng-phrase (CV-O) may always be used by itself,
     while a tsúng-phrase cannot.

$$\text{tsúng} \begin{cases} \text{-shàng} \\ \text{-dzwǒ} \\ \text{-chyán} \\ \text{-dūng} \\ \text{-nán} \end{cases} \begin{cases} \text{wàng} \\ \text{dàu} \end{cases} \begin{cases} \text{-syà} \\ \text{-yòu} \\ \text{-hòu} \\ \text{-syī} \\ \text{-běi} \end{cases}$$

3.3 **Exercise:**

    3.31 Make sentences using the boundforms listed in
        3.1. Use each both independently and as a
        positional suffix.

    3.32 Make sentences with the word tsúng meaning 'by
        way of' or 'through'.

       IV. **Fāyīn Lyànsyí** - (**Pronunciation Drill**)

1. Nǐ gěi shéi dǎ dyànbàu le? Wǒ gěi wo péngyou.
2. Láujyà, mǎtou dzái nǎr? Mǎtou jyou dzai běibyar.
3. Nǐ jyē Jāng Ss. chyu ma? Wǒ bùjyē ta chyu.
4. Wǒde dyànbàu, tā jyējau méiyou? Hái méijyējau ne.
5. Nǐ syīnli jywéde dzěmmayàng? Wǒ jywéde hěn tùngkwai.
6. Nǐde byǎu jǐdyǎn le? Wǒde byǎu tíngle.
7. Jèijyan shr máfan bumáfan? Máfanjíle.
8. Nǐ dau nǎr chyu? Chyù syíngli chyu.
9. Nǐ gwòdelái gwòbulái? Wǒ syǎng gwòdechyù.
10. Láujyà, hwǒchejàn dzai shémma dìfang? Yìjŕ wàng dūng
    dzǒu, jyou dàule.
11. Jèijyan shr shéi gwǎn? Tāmen lyangge ren gwǎn.
12. Wǒ syǎng wo búchyùle. Bùgwǎn ni chyù buchyu, wǒ yě
    yau chyù.

V. Wèntí - (Questions)

1. Sz̄ Ss. tsúng shémma dìfang dàu shémma dìfang chyu?
2. Tā dàule Shànghǎide mǎtou kànjyan shéi le?
3. Jàu Ss. dzěmma jŕdau Sz̄ Ss. shémma shŕhou dàu Shànghǎi?
4. Jàu Ss. kànjyan Sz̄.Ss. yǐhòu, gen ta shwō shémma? Sz̄ Ss. shwō shémma?
5. Sz̄ Ss. dzwòde nèityáu chwán shr jǐywè jǐhàu kāide? Dzài lùshang tíngle méitíng?
6. Nèityáu chwán dzǒude kwài bukwài? Yígùng dzǒule dwōshau tyān?
7. Sz̄ Ss. shr̀ bushr hěn lèile?
8. Sz̄ Ss. dzai chwánshang yǒu péngyou ma?
9. Sz̄ Ss. dzài chwánshang de shŕhou, dzwò shémma shr̀ching?
10. Jàu Ss. yě jywéde dzwò chwán yǒuyìsz ma?
11. Jàu Ss. gěi Sz̄ Ss. jǎu lyúgwǎn le ma? Wèi shémma?
12. Sz̄ Ss. wèi shémma yau jù lyúgwǎn?
13. Sz̄ Ss. wèi shémma yau chǐng Jàu Ss. děng ta yihwěr?
14. Jàu Ss. wèi shémma búràng Sz̄ Ss. chyu chyǔ syíngli?
15. Tsúng mǎtou dàu Jàu Ss. jyā děi dzwò shémma chē?
16. Gūnggùng-chìchējàn dzài shémma dìfang? Dàule shŕdz̀-lùkǒur wǎng něibyar dzǒu?
17. Pyàu shr shéi mǎide? Dwōshau chyán?
18. Sz̄ Ss. yau mǎi pyàu, Jàu Ss. shwō shémma?
19. Tsúng sywésyàu dàu nǐ jyā dzěmma dzǒu?
20. Tsúng sywésyàu dàu fàngwǎr děi gwò jǐtyáu jyē?

VI. Nǐ Shwò Shémma - (What Would You Say?)

1. Yàushr nǐ dàule Jūnggwo, yísyà chwán jyou kànjyan yiwèi péngyou lái jyē ni láile, nǐ dou wèn ta shémma?

2. Nǐ yǒu yiwèi Jūnggwo péngyou, dau Měigwo láile. Nǐ dàu mǎtoushang chyu jyē ta. Nǐ kànjyan ta yǐhòu, wèn ta shémma?

3. Nǐ yau dàu hwǒchējàn chyu, kěshr búrènshr lù. Nǐ dzěmma wèn?

4. Nǐ yau chǐng nǐ péngyou dàu ni jyā jù lyangtyān, nǐ dzěmma gen ta shwō?

5. Yàushr nǐ jǎubujáu gūnggùng-chìchējàn, nǐ dzěmma wèn?

VII. Bèishū - (Memorization)

A: Láujyà, dàu hwǒchējàn chyu dzěmma dzǒu?

B: Nín shr dzǒuje chyù, shr dzwò chē chyù?

A: Ywǎn buywǎn?

B: Bútài ywǎn, yě bútài jìn. Dzǒuje yǒu shŕfen jūng jyou
   dàule. Nín tsúng jèr yìjŕ wàng chyán dzǒu, gwò sāntyáu
   jyē. Dàule shŕdž-lùkǒur, wàng dzwǒ dzǒu jyou kànjyanle.
   Dzài yòubyar.

A: Yàushr dzwò chē ne?

B: Chyántou nèige yàupù ner, jyoushr gūnggùng-chìchējàn.
   Dzwò sānhàu chē, yìjŕ jyou dàule.

A: Hǎu, syèsye, syèsye.

VIII. Fānyì - (Translation)

1. Translate the following sentences into Chinese:

   1.1 Did you send that telegram?
   1.2 He went to the railway station to meet some friends.
   1.3 Can you go after her?
   1.4 Will they receive the letter I wrote by tomorrow
       night?   you
   1.5 They did go to the dock to meet, but they missed you.
   1.6 As soon as I heard this I felt very unhappy.
   1.7 You cannot park your car in front of this building.
   1.8 None of them went after our baggage.
   1.9 I can ask him to do it for me, but I don't like to
       bother him.
   1.10 This is really a lot of trouble, don't you think?
   1.11 I have to go to the school to get my pen.
   1.12 Go to the left three blocks and you will be there.
   1.13 Who takes care of meeting Mrs. Lee?
   1.14 No matter whether I can afford it or not, I still
        must buy one for her.
   1.15 That's my business, you don't need to interfere.

2. Below are English translations of sentences used in the
vocabulary of this lesson as examples of usage. Trans-
late these back into Chinese for practice in each
lesson of this book. Numbers correspond to those used
in Part II, Lesson One.

(1) a. Please turn on the switch.
    b. Why didn't you phone me?

(3) a. I went to the station to meet some friends.
    b. Who is going to her home to meet (i.e. greet) her?
    c. I received a telegram from him today.
    d. I called him on the phone, but he would not answer
       it.

(4) a. You must put a little more heart into it.
    b. "Old in body but not in spirit."

(5) a. As soon as I see him, I feel very happy.
    b. Yesterday I met an old friend and we had a most
       delightful chat.

(6) a. My watch stopped.
     b. I can't find a place to park.

(7) a."In cold weather some people are cold; in hot
        weather everybody is hot."

(8) a. I don't want to cause you any trouble.
     b. This matter is really very troublesome.

(9) a. I have to go home to get (fetch) my hat.
     b. Probably I cannot take this money out today.

(13) a. Please let me pass.
     b. His father passed away last night.
     c. Go straight ahead for three blocks and you will
        be there.

(17) a. Who takes care of this matter?
     b. She disciplines her child very well.
     c. I cannot manage those two person's affairs.
     d. It's none of your business.
     e. Whether you have money or not, I must have a hat.

DÌÈRKE - DZÀI JÀUJYA

I. Dwèihwà

Sz̄mǐdz̄ Ss. gēn Jàu Ss. dàule Jàujya,
Jàu Tt. gēn lyǎngge syǎu háidz dou
dàu kètīngli lai jyàn Sz̄ Ss.

Jàu Ss: Lái lái lái, wǒ gěi nimen jyèshau jyèshau.
5   Jèiwei shr Sz̄mǐdz̄ Ss., gāng tsúng Měigwo lái.
        Jèi jyou shr̀ wǒ tàitai gen lyǎngge syǎu háidz.

Sz̄:   Ou! Jàu Tt!   Ní hǎu!

Jàu Tt: Wǒ cháng tīng Džān shwō, nín yau dau Jūnggwo
        lái. Lyǎngge syīngchī yǐchyán wǒ jyòu bǎ wūdz gěi
10   nin shōushrhǎule. Nín dzai lùshang yíchyè dōu
        hǎu ba?

Sz̄:   Hěn hǎu. Chwánshang yíchyè dōu hěn fāngbyàn.
        Nín jei lyǎngge syǎu háidz jǐswèi le?

Jàu Tt: Dàde báswei le. Syǎude wǔswèi.

15 Sz̄: Dōu shàngsywé le ba? Jǐnyánjí le?

Jàu Tt: Gēge dzai sānnyánjí. Dìdi hái méishàngsywé ne.

Sz̄:   Gēgede bídz, dzwèi dou syàng fùchin, lyán ěrdwo
        dou syàng. Kěshr dìdi syàng mǔchin. Yǎnjing
        syàngde lìhai. Nín kàn, yòu dà yòu hēi, gēn tā
20   mǔchinde jyǎnjŕde yíyàng.

Jàu Tt: Nín chǐng dau jèijyān wūdz lai kànkan ba.
        Jèijyān shr gei nín yùbeide. Chwáng kǔngpà
        méiyou Měigwode shūfu. Kěshr nín dzai jèr jù,
        bǐ nin jù lyúgwǎn fāngbyan yidyǎr. Jèibyar
25   shr dzǎufáng. Shǒujīn, féidzàu, yáshwā, yágāu
        dou dzai jèr. Nin yau yùng shémma byéde dūngsyi,
        wǒ jyòu gěi nín ná. Chyānwàn byé kèchi.

Sz̄:   Wǒ búhwèi kèchi. Nín yě byé kèchile. Jè bǐ jù lyǔgwǎn hǎudwōle.

Jàu Tt: Nín syān syísyí lyǎn, syōusyisyōusyi ba. Děng yihwěr chǐng nín gen wǒmen yíkwàr chr̄fàn.

5 Sz̄:   Wǒ yídàu jèr, jyou máfan nin. Jēn bùhǎuyìsz.

Jàu Tt: Bùmáfan. Děng yìhwěr jyàn ba.

Sz̄:   Hǎu, děng yìhwěr jyàn.

II. Shēngdz̀ Yùngfǎ

18. syīngchī   TW: week (equivalent to lǐbài)

Syīngchī jyòushi lǐbài de yìsz, dùi budùi?
Dùile. Syàndzai syīngchī bǐjyàu chángyòng.

19. shōushr   V: fix, repair, clean up, put in order, straighten out.

19.1 shōushr dūngsyi	straighten things up
19.2 shōushr wūdz	fix up a room
19.3 shōushr syíngli	pack up
19.4 shōushr chìchē	repair an automobile
19.5 shōushrhǎule	straightened out
19.6 shōushrwánle	finished fixing

    a. Wǒ jīntyan dzǎushang děi shōushr shōushr wūdz.
    b. Jèige jwōdz hwàile. Tā shōushrle bàntyān méishōushrhǎu.

20 yíchyè   N: all of anything

    a. Yíchyède shr̀ching nǐ dōu búyung gwǎnle.

21. -nyánjí   M: grade in school
21.1 jǐnyánjí   PW: what grade or year (in school)?
21.2 sznyánjí   PW: fourth grade or year (in school)

    a. Tā dzài èrnyánjíde shŕhou, nyànshū nyànde bùsyíng.

22. bídz   N: nose

23. dzwěi   N: mouth

24. ěrdwo   N: ear (M -jr̄) one of a pair)

25. syàng   AV: resemble, seem like
                             SV: look alike
25.1 kànje syang   look like
25.2 tīngje syang   sounds like
25.3 syàng ... jèyàngr   like this
25.4 syàng ... nàyàngr   like that

        a. Tāmen lyǎngge rén hěn syàng.
        b. Tā shwō hwà tīngje syàng chàng gēr.
        c. Wǒ méikànjyangwo syàng tā nàyàngrde rén

26. yǎnjing   N: eye (M. -jr̄)

27. jyǎnjŕ(de)   A: simply, just

        a. Jyǎnjŕde shwō ba. Wǒ buywànyi chyù.
        b. Tā jyǎnjŕde bùsyǐhwan nyàn shū.

28. -jyān   M: (for rooms)

        a. Jèige fángdz yígùng yǒu wǔjyān wūdz.

29. chwáng   N: bed (M. -jāng)

30. shǒujīn   N: towel (M. -tyáu; -kwài)

31. féidzàu OR yídz   N: soap (M: -kuài)

32. yá   N: tooth

33. shwā   V: brush
 33.1 shwā yá   VO: brush teeth
 33.2 shwā yīshang   VO: brush clothes
 33.3 shwādz   N: brush (M. -bǎ -- generally for
                                 things which have handles or parts
                                 grasped by the hand in using)
 33.4 yáshwā   N: toothbrush (M. -bǎ)

        a. Jèige màudz tài dzāngle, wǒ kàn shwābugānjingle.

34. yágāu   N: toothpaste (M: -tǔng, for
                                 tube)

35. (syǐ)dzǎufáng   N: bathroom (M. -jyān)
 35.1 syǐdzǎu   VO: to take a bath

36. chyānwàn   A: by all means, without fail,
                        be sure

   a. Chǐng nǐ chyānwàn byé wàngle.

37. syōusyi   V: rest, take a vacation

   a. Wǒ jèi jítyān tài lèile, děi syōusyi jítyān le.

38. bùhǎuyìsz   A/SV: be embarrassed, be shy

   a. Nǐ gēn tāmen shwō nèige hwà, ràng wǒ hěn bùhǎuyìsz.
   b. Wǒ bùhǎuyìsz yàu tāde chyán.

                III. Jyùdz Gòudzàu

1. Shr̀---de Construction:

   1.1 The shr̀---de construction is used to stress some
       attendant circumstance such as time, place, means,
       purpose, rather than the action of the main verb.
       In every case, the action of the main verb is al-
       ready known or has been mentioned, and it is the
       when, where, who, what or how of the action that is
       to be stressed. While the de follows the main verb,
       the shr̀ is generally right before the circumstance
       to be stressed:

       1.11 Tā (shr) dzwótyan tsúng Nyǒuywē dzwò hwǒchē
            láide.
       1.12 Tā dzwótyan (shr) tsúng Nyǒuywē dzwò hwǒchē
            láide.
       1.13 Tā dzwótyan tsúng Nyǒuywē (shr) dzwò hwǒchē
            láide.

       Note that the shr̀ is sometimes omitted in this con-
       struction, in which case the stress depends entirely
       on the voice.

   1.2 It has just been stated that the de is generally
       placed right after the main verb. However, when
       there is an object after the main verb, the de can

be placed either after the verb (V-de-O) or after the
object (VO-de):

1.21 Nèige ren shr shàngywe hwéide gwó. (or)
1.22 Nèige ren shr shàngywè hwéi gwó de.

The former pattern is more common and is recommended
for general use.

1.3 <u>Exercise</u>: Translate the following sentences into
Chinese:

1.31 I bought a book. Do you know how much I bought
it for?

1.32 He has already come. He came by boat.

1.33 Did you fix your room? Yes, I did. When did
you fix it?

1.34 Have you brushed my clothes? Which brush did
you brush them with?

1.35 It was this morning I bought this watch at that
store.

1.36 It was at that store I bought this watch this
morning.

1.37 This morning I bought this watch at that store
for <u>three dollars</u>.

1.38 When did you have lunch today?

1.39 I didn't buy this book myself. He bought it
for me.   it

2. <u>The Use of Bǐ</u>:

2.1 <u>Bǐ</u> has been introduced in <u>Speak Chinese</u> as a co-
verb. However, it can also be used as a full verb.

Wǒmen lyǎngge ren bǐle bàntyān, háishr bùjřdau shéi
gāu.

2.2 A co-verbial phrase with <u>bǐ</u> (<u>bǐ</u>-O) generally modifies a stative verb as in the example in 2.3. But it may also modify:

2.21 Certain auxiliary verbs such as <u>syǐhwan</u> and <u>ài</u>. When the meaning is well established, the functive verb can sometimes be left out:

> Tā bǐ wǒ ài wár.
> Wǒ bǐ tā syǐhwan (chr̄).

2.22 Or a functive verb preceded by certain such adverbs as <u>dwō</u>, <u>shǎu</u>, <u>dzǎu</u>, <u>wǎn</u>, <u>syān</u> and <u>hòu</u> (and possibly some others) and followed by a number-measure:

> Tā bǐ wǒ dwō chr̄le yìwǎn fàn.
> Tā bǐ wǒ dzǎu láile yíge jūngtóu.

2.3 Degree of comparison is expressed by a predicate complement which is put after the stative verb. It may take any of the following forms:

Jèige bǐ nèige gwèi

> dwōle
> -de dwō
> yidyǎr
> sānmáu (chyán)
> hǎusyē
> bùshǎu
> bùdwō
> dwōshau ?

It is important to remember that the two superlative adverbs <u>hěn</u> and <u>tài</u> never precede the stative verb in a sentence expressing degree of comparison.

2.4 <u>Exercise</u>: Translate into Chinese:

2.41 Her eyes are much more beautiful than her sister's.
2.42 This towel is a little cheaper than that one.
2.43 I can fix it much better than he can.
2.44 He is one inch taller than I.
2.45 He works one more hour than I do.
2.46 This pen is one dollar cheaper than the other one.
2.47 I am three years older than he is.
2.48 I came here only five minutes earlier than he

did.
2.49 He knows much more than I do.
2.410 As soon as you compare these two books, you
      will know which one is better.

3. Lyán---Dōu (or Yě):

   3.1 Lyán is a co-verb whose object may be either nominal
       or verbal. The main verb of the sentence, which is
       modified by the lyán-O phrase, must be preceded by
       dōu or yě. Examples of the different types of object
       which may follow lyán are:

       3.11 a noun: Lyán yíge ren dōu méiyǒu,
       3.12 a verb: Lyán kàn yě búkàn,
       3.13 a S-V: Lyán wǒ chyù dōu bùsyíng,
       3.14 a V-O: Tā lyán chřfàn dōu chřbuchǐ,
       3.15 a S-V-O: Lyán wǒ gěi chyán tā dōu búywànyi,
       3.16 a SV: Tāde lyǎn (Eng. face) lyán húng dōu
             méihúng.

   3.2 Exercise: Translate into Chinese:

       3.21 Even the children know a few words of English.
       3.22 I don't even know where he is.
       3.23 He won't even give a dollar for it.
       3.24 Don't ask him to buy it. He cannot afford even
            an old car.
       3.25 He won't even listen to his wife.
       3.26 He doesn't want to sell even if I buy it.
       3.27 He feels dull even when drinking.
       3.28 Mrs. Jōu won't come even if I invite her.
       3.29 When I got up this morning, it wasn't even
            daybreak.
       3.30 He won't wash his face even when I offered him
            one dollar.

                    IV. Fāyīn Lyànsyí

1. Wǒ gěi nín jyèshau jyèshau. Jèiwèi shr Jāng Ss.
   Ní hau, ní hau!
2. Yíchyède dūngsyi, dou shōushrhǎule ma?
   Dōu shōushrhǎule.
3. Nǐ dìdi dzai jǐnyánjí?

Tā dzài sānnyánjí.
4. Jèige shr̀ching dzěmma bàn?
   Wǒ jyǎnjŕde bùjŕdàu.
5. Shǒujin, yídz, yáshwā, yágāu, dōu mǎile ma?
   Shǒujin, yídz, dōu mǎile, yáshwā, yágāu, hái méimǎi ne.
6. Jèijyān shr shémma wūdz?
   Jèijyan shr syídzǎufángr.
7. Tāde bídz, dzwěi, yǎnjing, ěrdwo dou syàng shéi?
   Shéi dou búsyàng.
8. Nǐ gěi ta mǎi shǒujin le ma?
   Mǎile. Lyán yídz dōu mǎile.
9. Nǐ yìtyān shwā jǐtsz̀ yá?
   Lyǎngtsz̀. Dzǎushang yítsz̀, wǎnshang yítsz̀.
10. Jèijyan shr̀, nǐ chyānwàn byé wàngle.
    Nín fàngsyīn. Wàngbulyǎu.
11. Nín jīntyan hái chūchyu ma?
    Bùchūchyule. Wǒ děi syōusyi syōuyīle.
12. Nǐ bùhǎuyìsz gēn ta shwō ba?
    Méiyou shémma bùhǎuyìsz.

V. Wèntí

1. Szmǐdz Ss. dàule Jàu Ss. jya, shéi lái jyàn ta? Dàu
   shémma dìfang lai jyàn ta?

2. Jàu Ss. jyèshaude shŕhou, shr̀ dzěmma shwōde?

3. Jàu Ss. gei tāmen jyèshauwánle yǐhòu, Sz̄ Ss. shwō
   shémma?

4. Jàu Tt. dzěmma jŕdau Sz̄ Ss. yàu dàu Jūnggwo lái?

5. Jàu Tt. shwō, ta shémma shŕhou jyou bǎ Sz̄ Ss.de wūdz
   shōushrhǎule?

6. Jàujya yǒu jǐge háidz? Shr̀ nánde shr̀ nyǔde? Jǐswèi le?

7. Jàujyade háidz shàngsywé le méiyou? Dzài jǐnyánjí?

8. Sz̄ Ss. shwō dà háidz syàng shéi? Shémma dìfang dzwèi
   syàng?

9. Syǎude syàng shéi? Shémma dìfang syàngde lìhai?

10. Jàu Tt. ràng Sz̄ Ss. kàn tāde wūdz meiyou?

11. Jàu Tt. shwō nèige chwáng dzěmmayàng?

12. Nǐ syǎng Sz̄ Ss. dzai Jàujya jù bǐ jù lyǔgwǎn dzěmma-yàng?

13. Jàu Tt. gěi Sz̄ Ss. yùbeile shémma dūngsyi le?

14. Yàushr Sz̄ Ss. yau yùng byéde dūngsyi, tā děi dzěmma bàn?

15. Jàu Tt. chǐng Sz̄ Ss. kànwánle wūdz, gen Sz̄ Ss. shwō shémma?

16. Jàu Tt. chǐng Sz̄ Ss. gen tāmen yíkwàr chr̄ wǎnfàn, Sz̄ Ss. shwō shémma?

17. Nǐ dzài péngyou jyāli jùgwo meiyou? Nǐ jywéde jùdzai péngyou jyāli bǐ jù lyǔgwǎn fāngbyan ma?

18. Nǐ shémma shŕhou kéyi shwō "jyǒuyǎng"?

19. Nǐ syàng ni fùchin, syàng nǐ mǔchin?

20. Nǐ hwèi shōushr chìchē ma? Nǐ hwèi shōushr shémma?

VI. Nǐ Shwō Shémma

1. Yàushr yǒu rén gěi ni jyèshau syīn péngyou, nǐ tīngjyan tāde míngdz yǐhòu, shwō shémma? Nǐ wèn ta shémma?

2. Nǐ gěi nǐde péngyoumen jyèshàude shŕhou, dzěmma shwō?

3. Nǐ kànjyan nǐ péngyoude syǎu háidz de shŕhou, wèn ta shémma? Nǐ wèn ta fùmǔ shémma?

4. Nǐ jùdzai péngyou jyāli, nǐde péngyou gěi ni dzwòle hěn dwōde shr̀. Nǐ syǎng yàu shwō lyangjyù hwà, syèsye tā. Nǐ dzěmma shwō?

5. Yaushr nǐ chǐng péngyou dzai jyāli jù, nǐ yàu ràng tā kànkan tāde wūdz, gàusung yā shémma dūngsyi dzai shémma dìfang, nǐ dzěmma shwō?

VII. Gùshr

(On Record)

VIII. Fānyì

1. Translate the following sentences into Chinese:

   1.1 I must straighten up the dining room.

   1.2 He said that he didn't know how to repair this automobile, but he fixed it.

   1.3 He is in the fourth grade. What grade are you in?

   1.4 His nose certainly looks   like his mother's.

   1.5 These two girls look very much alike.

   1.6 It sounds like Chinese.

   1.7 He simply does not think.

   1.8 He just doesn't understand.

   1.9 When you go down town, be sure you don't forget to buy some tooth brushes for me.

   1.10 I take a bath in the morning and wash dishes at night.

   1.11 Do you want to have a rest?

   1.12 I want to rest a couple of weeks.

   1.13 I want to take a week's vacation.

   1.14 I am embarrassed to tell him.

   1.15 It was a very embarrassing situation.

2. Translate back into Chinese the following sentences which are translations of the examples of usage in the vocabulary of this lesson:

(18) A. Syīngchī is the same in meaning as lǐbài,
         right? Right. Nowadays Syīngchī is more
         commonly used.

(19) a. This morning I must straighten up my room.
     b. This table is broken. He has tried to repair it,
        but didn't succeed.

(20) a. You don't have to worry about any of the business.

(21) a. When he was in the second grade, his studying was
        futile.

(25) a. The two of them are very much alike.
     b. When he talks, it sounds like singing.
     c. I have never seen anyone like him.

(27) a. To speak frankly, I don't want to go.
     b. He simply does not like to study.

(28) a. Altogether this house has five rooms.

(33) a. This hat is too dirty, I don't think it can be
        brushed clean.

(36) a. Please don't under any circumstances forget it.

(37) a. These few days I have been too tired. I must rest
        for a few days.

(38) a. (When) you said that to them, it made me very
        embarrassed.
     b. I feel very embarrassed to take his money.

DÌSĀNKE - DZÀI JÀUJYA CHR̄FÀN

I. Dwèihwà

Lyòudyan jūng Jàu Ss. dàu Sz̄ Ss.
wūdzli láile.

Jàu Ss: Fàn hǎule. Chǐng dau fàntīng chr̄fàn ba.

Sz̄:   Hǎu. Wǒ lìkè jyou chyù.

5   (Sz̄ Ss. dàule fàntīng yǐhòu.)

Jàu Tt: Nín chǐng dzwò ba. Wǒ gěi nín yùbeile dāudz
         chādz le.

Sz̄:   Wǒ yùng kwàidz ba. Wǒ dzai Měigwode shŕhou,
         sywé shwō Jūnggwo hwà swéirán méisywéhǎu,
10   kěshr sywé chr̄ Jūnggwo fàn, sywéde bútswò.
         Jūnggwo fàn buyùng kwàidz, buhǎuchr̄.

Jàu Tt: Nínde Jūnggwo hwà, shwōde tài hǎule.

Sz̄:   Gwòjyǎng, gwòjyǎng.

Jàu Tt: Nín sywéle jǐnyán le?

15 Sz̄:   Búdàu lyǎngnyán. Kěshr shwōde jīhwei hěn shǎu.

Jàu Tt: Búdàu lyǎngnyán, jyòu néng shwō dzèmma hǎu ma?
        Kě jēn bùrúngyi. Nín chángcháng jèige tsài ba.
        Yěsyǔ búgòu syán. Jèr yǒu yán, hújyāumyàr,
        jyàngyóu. Nín yàu búyàu?

20 Sz̄:   Syíngle! Búyàule. Jèige tsàide wèr hǎujíle.
        Jèmma dwōde tsài, dōu shr nín yíge rén dzwòde
        ma?

Jàu Tt: Méi shémma tsài. Nín dzài chr̄ yìdyǎr jèige
        yú ba.

25 Sz̄:   Hǎu! Syèsyè nín. Jèige tsài jyàu shémma? Wèr,

wénje jēn syāng.

Jàu Tt: Jèi shr chǎubáitsài.

SZ: Dwèibuchǐ! Wǒ méitīngchīngchu. Chǐng nín dzai
        shwō yítzż.

5 Jàu Tt: Wǒ shwō jèi shr̀ CHǍU-BÁI-TSÀI.

SZ: Où! CHǍU-BÁI-TSÀI. Jēn hǎuchr̄. Yǒuyidyǎr tyán.
        Měigwode Jūnggwo fàngwǎr, dwōbàr dōu shr Gwǎng-
        dūng ren kāide. Tsài ye búhwài. Kěshr wèr
        hǎusyàng méiyou dzèmma hǎu shr̀de. Jèige shr jī
10   ma? Shr dzěmma dzwòde?

Jàu Tt: Shr jáde.

SZ: Dzwò jèige tsài, yùng yóu yùngde hěn dwō ba?

Jàu Tt: Dwèile. Nín dzai chr̄ yìdyar fàn ba.

SZ: Bùchr̄le. Wǒ chr̄bǎule. Nín mànmār chr̄ ba.

15 Jàu Tt: Jēn chr̄bǎule ma? Dzai hē yìdyar jīdàntāng.

SZ: Bùle. Wǒ shr̀ chr̄bǎule. Wǒ búhwèi kèchi.

Jàu Tt: Nèmma nín chǐng dau kètīng hē dyǎr chá ba.

SZ: Hǎu! Syèsye nín.

II. Shēngdż Yùngfǎ

39. swéirán...kěshr...   A: although...(yet)...

    a. Tā swéirán nyàngwo yidyǎr Jūnggwo shū, kěshr kàn
       bàu háishr kànbudǔng.

40. gwòjyǎng   IE: you flatter me

    A: Nínde gēr chàngde jēn hǎu.
    B: Gwòjyǎng, gwòjyǎng.

41. búdàu   V: less than, not quite (usually
                         followed by a numeral)

a. Tā nèige bǐ, búdàu lyǎngkwài chyán.

42. jīhwèi   N: opportunity, chance

43. cháng   V: taste

   a. Nèige tsài hǎuchrjíle. Nǐ chángle méiyou?

44. syán   SV: be salty
   44.1 syányú   N: salted fish
   44.2 syánròu   N: salted meat
   44.3 syánjīdàn   N: salted egg
   44.4 syántsài   N: salted vegetables

   a. Wǒ bútài syǐhwan chr syán dūngsyi.

45. yán   N: salt

46. hújyāumyàr   N: (ground) pepper

47. yóu   N: oil, sauce
   47.1 tsàiyóu   N: vegetable oil
   47.2 jyàngyóu   N: soya sauce

48. wèr   N: taste, flavor, odor.

49. wén   V: smell
   49.1 hǎuwén   SV: be good to smell
   49.2 wénjyan   RV: smelled

   a. Nǐ wénjyanle ma?
   b. Nǐ wénwen, jèi wūdzli shémma wèr?

50. syāng   SV: be fragrant, smell good
   50.1 syāngwèr   N: good smell, aroma
   50.2 syāngshwěi,
        syāngshwěr   N: perfume

   a. Jèige wūdzli dzěmma dzèmma syāng a?

51. chǎu   V: sautè, fry
   51.1 chǎu tsài   VO: to prepare a fried dish
   51.2 chǎutsài   N: a fried dish
   51.3 chǎu fàn   VO: to fry rice
   51.4 chǎufàn   N: fried rice

    a. Děng wo chǎuwán jèige tsài, wǒmen jyòu chr̄fàn.

52. báitsài   N: cabbage (M: -kē, for trees and some
                                vegetables)

53. yǒuyidyǎr   A: a little bit

    a. Jèige fàngwǎrde tsài, yǒuyidyǎr tài gwèi.

54. tyán   SV: be sweet

    a. Tā bùsyǐhwan chr̄ tyán dūngsyi.

55. dwōbàr, dwōbàn   A: most likely, most of, the majority

    a. Wǒde chyán dwōbàr dōu shr tā gěi wǒde.

56. Gwǎngdūng   PW: Kwangtung (province)
  56.1 Gwǎngdūng rèn   N: Cantonese (people)
  56.2 Gwǎngdūng hwà   N: Cantonese (dialect)

57. hǎusyàng   V/A: resemble/a good deal like, just
                          as though, it seems that
  57.1 hǎusyàng...
      de yàngdz   resemble, appearance of...
  57.2 hǎusyàng...shr̀de resemble

    a. Tā hǎusyàng bìngle shr̀de.
    b. Tā hǎusyàng búdà ài shwōhwà.
    c. Nèige rén hǎusyàng yǒubìngde yàngdz.

58. jī   N: chicken (M. -jr̄)
  58.1 jīdàn   N: (chicken) egg (M. -dá, dozen)
  58.2 jīdàntāng   N: egg drop soup
  58.3 chǎujīdàn   N: scrambled egg
  58.4 chǎu jīdàn   VO: scramble an egg

59. já   V: fry in deep fat
  59.1 jáyú   N: fried fish
  59.2 já jú   VO: fry fish
  59.3 jájī   N: fried chicken
  59.4 já jī   VO: fry chicken

    a. Jáde dūngsyi dōu bùrúngyi dzwò.

60. mànmār(de)   A: slowly

a. Bùmáng, nín mànmār syě ba.

III. Jyùdz Gòudzàu

1. <u>Adverbs in Associated Pairs</u>: Certain adverbs are used
to introduce a clause and to show its relation to a
second clause. If the clause introduced by an adverb
is incomplete in sense without a second clause, we term
it a "dependent clause." The second clause usually
requires an adverb to introduce it also. Some of these
'connective adverbs' are used exclusively in the first
clause or in the second; others are 'moveable.' Some
of them are used in associated pairs, a certain adverb
in the first clause calls usually for a certain adverb
in the second clause.

Connective adverbs may be divided into the following
groups based on their location in the sentence:

   1.1 <u>First clause only</u>: (Note: the adverbs introducing
       the second clause are not necessarily the <u>only</u>
       ones which can stand there.)

       <u>Búdàn</u>......, yě......... (not only.. but also.....)
       <u>Yàushr</u>....., jyou....... (If...., then ....)
       <u>Yīnwei</u>....., swóyi...... (Because.., therefore.....)
       <u>Swéirán</u>...., kěshr...... (Although.., nevertheless.)
       <u>Yàubúshr</u>..., jyòushr.... (If not...., then.........)
                    jyou yídìng shr..(If not...then
                                        certainly...........)
       (Gāng) yi...., jyou........ (As soon as ... (then)...)

   1.2 <u>Second clause only</u>: (The adverbs introducing the
       first clauses are suggestive, since they are sometimes
       omitted entirely. For learning purposes, however, the
       student should master and use them in order to reinforce
       meaning.)

       (Hǎusyàng ., kěshr .....(It seems as if.., but...)
       (Syān ....., dzài .....(First ...., then...)
       ...., jyòu .....(When ...., then ..)
       ...., swóyi .....(.............., so ....)
       (Yǐjīng)..., tsái .....(translates best into the
                                negative --
                                Not until .... did ....)

1.3 <u>Either</u> <u>clause</u>:

    ...., <u>yīnwei</u>......(..... because........)
    <u>Yīnwei</u>........, <u>swóyi</u> ......(Since, therefore......)

1.4 <u>Reduplicated</u> <u>Pairs</u>: Note in the following pairs that
some are compounds of <u>shr</u> and some are not. Those
which are not may not be followed by a noun; those
which contain <u>shr</u> may be followed by either a noun
or a verb. The first, of a pair, is often omitted.

    (shr)......shr........?   Is it.....or is it.....?
    (háishr)...háishr.....?   Is it.....or is it.....?
    (hwòshr)...hwòshr.....   Either....or.......
    (yě).......yě.........   Both......and......
    (yěshr)....yěshr......   Both......and......
    (yòu)......yòu........   Both......and......
    (yòushr)...yòushr.....   Both......and......

<u>Note</u> that the distinction of <u>fixed</u> and <u>moveable</u>
adverbs governs the position of these connective
adverbs also.

1.5 <u>Exercise</u>:   Translate into Chinese:

    1.51 If you didn't go to New York, then you must
         have gone to Washington.

    1.52 Because I didn't pay him anything, he wouldn't
         do it for me.

    1.53 This seems rather expensive, but it is imported
         (has come) from abroad.

    1.54 If he is going, then I don't need to.

    1.55 I'll be there, although I may be late.

    1.56 It seems that he studied hard, but just couldn't
         make it. (Couldn't learn well.)

    1.57 If I had had the money, I would have bought it.

    1.58 If it isn't that his car is out of order, then
         it is that he has to go to New York.

1.59 I am not going to buy it even if it is in-
expensive.

1.60 It is just because he isn't rich that I want
to be friends with him.

2. <u>syàng</u>, and <u>hǎusyàng</u> are similar in meaning but differ
somewhat in use.

  2.1 We find three possible situations in the use of
<u>syàng</u>:

    2.11 It may be used as a stative verb:

      Tāmen lyǎngge ren hěn syàng.

    2.12 It may function as a verb:

      Tā hěn syàng ta mǔchin.

    2.13 It may serve as an auxiliary verb:

      Tā syàng syǐ yīshang shrde.

  2.2 There are two possible situations for <u>hǎusyàng</u>:

    2.21 It can be treated as a functive verb:

      Tā hǎusyàng Fàgwo ren.

    2.22 It can also be treated as a movable adverb:

      Tā hǎusyàng shwèijyàu ne.
      Hǎusyàng tā shwèijyàu ne.

  Unlike <u>syàng</u>, <u>hǎusyàng</u> cannot be preceded by hěn,
nor can it function as a stative verb.

  2.3 Note that both <u>syàng</u> and <u>hǎusyàng</u> may take "shrde"
or "de yàngdz" at the end of the sentence without
changing the meaning:

    2.31 Tā hěn syàng ta mǔchin (shrde).
    2.32 Tā hǎusyàng shwèijyàu (de yàngdz).

  2.4 <u>Exercise</u>: Translate the following sentences:

2.41 It seems as though I knew him.
2.42 It looks as though it might be hot today.
2.43 The door seems to be closed.
2.44 Those two students certainly look alike.
2.45 Those two boys both look very much like their father.
2.46 He looks like a school teacher.
2.47 I told him I was an American, but he said I didn't look like one.
2.48 He seems to be unwilling to go, but I think he will go if you ask him to.
2.49 This dish tastes like Chinese food. Don't you think?
2.50 He seems to be quite rich, but I don't believe he can afford this.

3. Reduplicated Stative Verbs: A stative verb may have three functions: to modify a noun, to stand as the predicate of a sentence, and (in some cases) to modify a verb (adverbial function). Reduplicated SV have the same three possible functions, but they more commonly appear as adverbs. In Peking Mandarin, the last syllable of a reduplicated SV acquires the high level tone, and a final er or r is frequently added. So far as meaning is concerned, the reduplication has little effect other than to add a degree of stress.

kwàikwārde dzǒu	(walk quickly)
hǎuhāurde dzwò	(do it nicely)
dzǎudzāurde lái	(come early)
mànmārde chr̄	(eat slowly)

3.1 When a two-syllable SV is reduplicated, the pattern AB becomes AABB, but the final syllable does not necessarily change to a high level tone and a final er or r is seldom added:

swéisweibyanbyànde shwō	(talk freely)
gāugausyingsyìngde hē dyar jyǒu	(drink merrily)
kèkechichīde gēn wo shwō	(speak to me politely)
shūshufūfūde dzwò yihwěr	(sit down for a little while comfortably)
chīngchingchuchūde gàusung ta le	(told him clearly)

3.2 Exercise: Translate into Chinese, using reduplicated

SV as adverbs where appropriate:

3.21 When we get there let's have a meal in comfort.

3.22 If you talk with him politely, I think he'll be very glad to listen.

3.23 You'd better write him a good clear letter telling him all about it.

3.24 I only hope he will finish his work and come back early.

3.25 He just took a walk very casually.

4. Reduplicated <u>Functive Verbs</u>: Most functive verbs may be reduplicated like <u>kànkan</u> and <u>wárwar</u>, but care should be taken with two-syllable functive verbs. The pattern AB becomes ABAB (in contrast to the AABB of SV). The stress is generally on the first syllable. E.G.:

shōushrshōushr   syōusyisyōusyi   jyèshaujyèshau

If however the two-syllable word is a verb-object compound rather than a verb, only the verb part is reduplicated (<u>not</u> the object). E.g.:

syésye dż   kànkan bàu   tántan hwà

4.1 <u>Exercise</u>: Translate into Chinese:

4.11 You have walked so long. You must sit down and rest for a while.

4.12 Come, let me introduce you two to each other.

4.13 After I get home, all I can do is to have a little rest and read the papers.

4.14 I want to take a little walk. Do you want to go with me?

4.15 This room is filthy. I have to clean it up a bit.

IV. Fāyīn Lyànsyí

1. A. Jèige jīde wèr hěn syāng.
   B. Swéiran hǎuwén, kěshr bùyidìng hǎuchī.
2. A. Shémma shŕhou you jīhwei, wǒmen tán yitán, hǎu buhǎu?
   B. Hǎujíle. Míngtyan syàwǔ dzěmmayàng?
3. A. Nǐ chángchang jèige yú dzěmmayàng?
   B. Hǎusyàng yǒuyidyǎr tài tyán le.
4. A. Nín yàu hújyāumyàr buyàu?
   B. Hǎu. Wǒ yàu yidyǎr. Yě yàu yìdyar yán.   Syèsye nín.
5. A. Nín dwōbar bùsyǐhwan chī chǎujīdàn ba?
   B. Syǐhwan. Wǒ shémma dou syǐhwan chī.
6. A. Nǐ dzěmma le?
   B. Wǒ yǒuyidyǎr bushūfu.
7. A. Wǒ syìng Lǐ, jyàu Dényán.
   B. Òu Lǐ Syansheng, jyǒuyǎng jyǒuyǎng.
8. A. Nínde hwàr hwàde jēn hǎu.
   B. Gwòjyǎng gwòjyǎng.
9. A. Wǒ syǎng chǐng nín lǐbailyòu chī wǎnfàn.
   B. Nín byé kèchi, lǐbailyòu wǒ dwōbàr méi gūngfu.
10. A. Nín dzài chī yidyar fàn.
    B. Wǒ chībǎule. Nín mànmār chī ba.

V. Wèntí

1. Jàu Ss. wèi shémma dau Sz Ss. wūdzli chyu? Tā gen Sz
   Ss. shwō shémma?

2. Sz Ss. dàule kètīng yǐhòu, Jàu Tt. gēn ta shwō shémma?

3. Jàu Tt. wèi shémma gěi Sz Ss. yùbei dāudz chādz?

4. Sz Ss. wèi shémma búyùng dāudz chādz?

5. Sz Ss. dzài shémma dìfang sywéde yùng kwàidz?

6. Sz Ss.de Jūnggwo hwà shr dzài shémma dìfang sywéde?
   Sywéle dwōshau shŕhou?

7. Jàu Tt. jywéde Sz Ss.de Jūnggwo hwà dzěmmayàng?

8. Sz Ss. tīng Jàu Tt. shwō tāde Jūnggwo hwà shwōde hǎu,
   tā shwō shémma?

9. Jàu Tt. dzwò fàn dzwòde dzĕmmayàng? Gòu syán búgòu?

10. Yàushr tsài búgòu syán, nǐ dzĕmma bàn?

11. Sz̄ Ss. shwō Jàu Tt.de tsài dzwòde dzĕmmayàng?

12. Sz̄ Ss. dzài Měigwo de shŕhou, dau Jūnggwo fàngwǎr chyùgwo méiyou?

13. Sz̄ Ss. shwō Měigwóde Jūnggwo fàngwǎr dwōbàr shr shémma dìfangde rén kāide? Tsàide wèr dzĕmmayàng?

14. Mèigwóde Jūnggwo fàngwǎr nǐ chyùgwo méiyou? Chŕgwo shémma tsài?

15. Jàu Tt. shwōle yijyu hwà, Sz̄ Ss. méitīngchīngchu, tā shwō shémma?

16. Sz̄ Ss. wèi shémma yàu wèn nèige jī shŕ dzĕmma dzwòde?

17. Sz̄ Ss. chŕbǎule yǐhòu, tā gen Jàu Ss. Jàu Tt. shwō shémma?

18. Sz̄ Ss. chŕwánle fàn, Jàu Tt. chǐng ta dàu shémma dìfang dzwò?

19. Nǐ dzài Gwǎngdūng fàngwǎr chŕgwo Jūnggwo fàn méiyou? Fànde wèr dzĕmmayàng?

20. Nǐ hwèi dzwò shémma tsài?

VI. Nǐ Shwō Shémma?

1. Fàn dzwòhǎule, nǐ yàu chǐng nǐde péngyou dau fàntīng chŕfàn, nǐ gēn ta shwō shémma?

2. Yàushr yǒurén shwō nǐde Jūnggwo hwà shwōde hǎu, nǐ shwō shémma?

3. Yàushr nǐ tīngjyan yige Měigwo rén shwō Jūnggwo hwà shwōde hěn hǎu; nǐ wèn ta shémma?

4. Yǒurén chǐng ni chŕfàn, nǐ syǎng shwō nèige tsài hěn hǎu, nǐ dzĕmma shwō?

5. Yàushr yǒurén gēn nǐ shwō hwà, nǐ méitīngjyàn, nǐ shwō shémma?

6. Nǐ gēn nǐde péngyou dzai yikwàr chīfàn, nǐ chīwánle, kěshr nǐde péngyou hái méichīwán ne, nǐ gēn ta shwō shémma?

VII. Bèishū

A: Lái, Lái, wǒ géi nimen jyèshau jyèshau. Jèiwei shr Lǐ Ss., jèiwei shr Lù Ss.

Lǐ and Lù: Jyǒuyǎng jyǒuyǎng.

Lǐ: Wǒ jyàu Dényán. Dé shr Dégwode Dé, Nyán shr syīnnyánde Nyán. Nín dzai Jūnggwo jùle dwōshau shŕhou le?

Lù: Bànnyándwō le.

Lǐ: Nínde Jūnggwo hwà shwōde jēn hǎu.

Lù: Gwòjyǎng gwòjyǎng. Nín dzai shémma difang dzwòshr?

Lǐ: Wǒ dzai Syīn-gwó sywésyàu jyāu shū.

Lù: Òu! Syīn-gwó sywésyàu. Nèr yǒu yiwèi Jāng Ss., nín rènshr búrènshr?

Lǐ: Rènshr. Jāng Ss., rén hěn hǎu.

VIII.   Fānyì

1. Translate into Chinese:

   1.1 I must go there, although the weather is not good.
   1.2 That trolley ticket is less than a dollar and a half.
   1.3 This is a big opportunity.
   1.4 You taste it and tell me whether I put enough pepper in it.
   1.5 Have you ever tasted this fried chicken?
   1.6 Smell it, it is very fragrant.
   1.7 Have you smelled it? It certainly smells good.

1.8 It sounds good.
1.9 This cabbage is a little too salty.
1.10 Most of the Chinese in the United States are
     Cantonese.
1.11 Most likely he doesn't know.
1.12 It seems that the flavor is very good.
1.13 This sounds a good deal like Japanese.
1.14 That dish tastes a good deal like fried eggs.
1.15 Let's walk slowly.

2. Translate back into Chinese:

39.a Although he studied some Chinese, he still cannot
     read newspapers.

40.A: Your singing is wonderful.
   B: You flatter me.

41.a. He bought his pen for less than two dollars.

43.a. That dish is delicious. Did you taste it?

44.a. I don't care much for salty things.

49.a. Did you smell it?
   b. Take a sniff, what's the odor in this room?

50.a. Why is it that this room is so fragrant?

51.a. Wait until I finish preparing this dish, then
     we'll eat.

53.a. The food in this restaurant is rather expensive.

54.a. He doesn't like to eat sweet things.

55.a. He gave me most of my money.

57. a. It seems as though were sick.
    b. It seems that he doesn't like to talk.
    c. That man looks like he is sick.

59. a. All fried food is difficult to cook.

60. a. No hurry. Write it slowly.

DISÌKE - TÁN TYĀNCHI

I. Dwèihwà

Sz Ss. dzǎushang chǐlai, dzai
ywàndzli sànbù. Jàu Ss. ye chūlaile.

Sz: Nín dzǎu a !

Jàu: Dzǎu. Nín kàn, jīntyande tyānchi dwóma hǎu a!

5 Sz: Kě búshr̀ ma! Yòu lyángkwài yòu shūfu. Jèrde
tyānchi dzǔngshr dzèmma hǎu ma?

Jàu: Bùyídìng. Děi kàn shr shémma shŕhou. Chwūntyan
gēn dūngtyan bútswò; syàtyan tài rè, chyōutyan
búshr syà yǔ, jyòushr yīn tyān, yàuburán jyòu
10   gwà fēng.

Sz: Dūngtyan jèr yě syà sywě ma?

Jàu: Jèr dūngtyan yǒu shŕhou syà sywě, kěshr syàde
búdà. Běifāng tyānchi lěng, sywě syà dàle de
shŕhou, nǎr dōu shr báide, jēn hǎukàn.

15 Sz: Wǒ tīngshwō Běijīng cháng gwà fēng, shr jēnde ma?

Jàu: Shr̀ jēnde. Běijīngde fēng hěn dà, tǔ yě hěn dwō.
Běijīng shémma dōu hǎu, jyòushr jèiyangr, wǒ
bùsyǐhwan.

Sz: Rén dōu shwō Běijīngde fēngjǐng hěn hǎu, wǒ jēn
20   syǎng chyù kànkan.

Jàu: Běijīng jèige chéng, gēn byéde chéng bùyíyàng. Yǒu
hěn dwō yǒuyìszde dìfang. Yě yǒu hěn dwō hǎuchŕde
dūngsyi. Kěshr yàushr shwō fēngjǐng, háishr nán-
fāngde hǎu. Nánfāng yòu yǒu shān, yòu yǒu shwěi,
25   yòu yǒu shù. Tèbyé shr chwūntyan, tyānchi nwǎnhwo,
hwār kāile de shŕhou, yǒu húngde, yǒu hwángde.
Jèisye yánsher gēn lyùde yèdz, lyùde tsǎu dzai

yíkwàr, jēnshr hǎukànjíle. Yóuchíshr chíngtyānde
shŕhou, tyān shr lánde, yúntsai shr báide, shwěi
shr lyùde. Rén hǎusyàng dzai hwàrli shŕde. Dzai
wénwen hwārde syāng wèr, tīngting nyǎur jyàu,
5   syīnli jēnshr tùngkwaijíle.

Sz̄:   Nà dwóma hǎu a! Jèr ye cháng syà wù ma?

Jàu: Shànghǎi syà wù de shŕhou bútài dwō. Chúngchìng
       cháng syà wù. Yóuyidyǎr syàng Lwúndwūn. Dzǎufàn
       dàgài kwài hǎule. Wǒmen chyu chŕ dzǎufàn ba.

10 Sz̄: Hǎu! Nín chǐng.

II. Shēngdz̀ Yùngfǎ

61. ywàndz	N:	yard
61.1 chyánywàn(r)	N:	frontyard
61.2 hòuywàn(r)	N:	backyard
61.3 dūngywàn(r)	N:	east yeard

62. sànbù   VO: take a stroll, take a walk

   a. Wǒ měityan chŕwán wǎnfàn, dōu dzài wàitou sànsanbù.

63. kě búshŕ ma!   IE: isn't that the truth! sure enough!

   A: Měigwode dūngsyi, syàndzài dōu gwèile.
   B: Kě búshŕ ma!

64. lyángkwai   SV: be cool (comfortably cold)

   a. Wūdzli bǐ ywàndzli lyángkwaidwōle.

65. dzǔng(shr)   A: always

   a. Jēn chígwài, jèige dz̀, tā dzǔng búhwèi syě.

66. chwūnsyàchyōudūng	N:	spring, summer, fall and winter
66.1 chwūntyan	TW:	spring
66.2 syàtyan	TW:	summer
66.3 chyōutyan	TW:	fall
66.4 dūngtyan	TW:	winter

67. yǔ	N:	rain
67.1 syà yǔ	VO:	rain (falls)

a. Yǔ syàde dà budà?

68. yīn tyān   N/VO: cloudy day

a. Yīn tyān de shŕhou wǒ dzǔng búdà shūfu.

69. sywě   N: snow
69.1 syà sywě   VO: snow (falls)

a. Jīnnyánde sywě syàde tài dwōle.

70. -fāng   BF: direction, a region
70.1 nánfāng   N: the South
70.2 běifāng   N: the North
70.3 nánfāng rén   N: Southerner
70.4 běifāng rén   N: Northerner

71. fēng   N: wind
71.1 gwā fēng   VO: wind blows

a. Syàwánle sywě yòu gwā fēng, lěngjíle.

72. tǔ   N: dust, earth

73. fēngjǐng   N: scenery, view

74. shù   N: tree, (M. kē)

75. nwǎnhwo   SV: be warm (comfortably warm)

a. Jèige fángdz hǎujíle, dūngtyān nwǎnhwo, syàtyān
   lyángkwai.

76. hwār   N: flower (M. -dwǒ)

a. Tyānchi yīnwǎnhwo, hwār jyòu dōu kāile.

77. yánsher, yánsè N: color

78. yèdz   N: leaf
78.1 shùyèdz   N: tree leaf
78.2 cháyè   N: tea leaf

79. tsǎu   N: grass, straw
79.1 tsǎudì   N: lawn
79.2 tsǎumàur   N: straw hat

80. yóuchí(shr̀)   A: especially, above all

   a. Nèige rén jēn yǒuyìsz, yóuchíshr̀ shwōhwàde shŕhou,
      jyǎnjŕde yǒuyìszjíle.

81. chíng tyān   N/VO: clear sky, day or weather

   a. Syàndzài tyān chíngle.

82. yúntsai   N: cloud (M. -kwài)

83. nyǎur   N: bird (M. -jr̄)
   83.1 nyǎur jyàu   singing of birds

84. wù   N: fog
   84.1 syà wù   VO: become foggy

   a. Syà wù de shŕhou kāi chìchē, jēn děi syǎusyin.

85. Nín chǐng   IE: please go ahead, after you

III. Jyùdz Gòudzàu

1. Time Expressions may be classified into two general
   groups: time-when group, denoting when the action hap-
   pened or will happen, and time-spent group, indicating
   the length of time of the action.

   1.1 Time-when group of time expressions all serve as
       movable adverbs which precede the main verb. It
       consists of three kinds:

       1.11 A time word or a combination of them such as
            jīntyan, jīntyan wǎnshang and jīntyan wǎnshang
            bādyan jūng:

            Wǒ syǎng wǒ míngtyan syàwǔ tsái néng hwéilai
            ne.

            Note when such time words are used as nouns,
            they may either precede or follow the verb which
            is limited to a very few verbs used in the equa-
            tional sense, such as shr̀ and jyàu:

Míngtyan shr̀ lǐbaiwǔ.
Jèige ywè jyàu lyòuywè.

1.12 Time clauses ending with yǐchyán, yǐhòu, de
     shŕhou, etc.:

          Chr̄fàn yǐchyán byé nyànshū.
          Wǒ syǎude shŕhou syǐhwan wár.

1.13 A Nu-M-(N) preceded by a specifier:

          Tā měi sānge ywè chyù yítsż.

1.2 Time-spent group of time expressions generally
    follows the Nu-M-(N) pattern such as:

          sānge jūngtóu,
          lyòunyán, etc.

However, in this group, there are certain expressions
which denote an indefinite amount of time, such as:

          bùjyǒu,
          hěn jyǒu,
          hěn dwōde shŕhou,
          hěn dàde gūngfu, etc.

1.21 The time-spent expression generally follows the
     main verb and precedes the object if there is
     one:

          Tā dzài jèr jànle bàntyān le.
          Tā yàu nyàn sānnyan shū.

1.22 In certain cases, it may precede the main verb.
     It will be explained more in detail in Lesson VI.

1.3 Exercise: Translate into Chinese:

1.31 Three days ago, I didn't know whether he would
     come or not.

1.32 When it rains, it is a little cold here.

1.33 It has been foggy here for a week already.

1.34 This tree has been in blossom for quite a while.

1.35 I usually take a walk before breakfast.

2. <u>THE POSITION OF SV-YIDYǍR</u> - This phrase may function
   either as an adverbial modifier of the verb, or as a
   predicate complement. In the first case it precedes the
   verb; in the second it follows it. Some SV followed by
   <u>yidyǎr</u> may take either position.

   2.1 PREDICATE COMPLEMENT

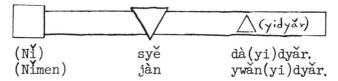

   (Nǐ)   sy ě   dà(yi)dyǎr.
   (Nǐmen)   jàn   ywǎn(yi)dyǎr.

   2.2 ADVERBIAL POSITION

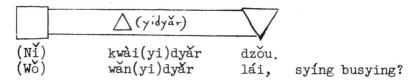

   (Nǐ)   kwài(yi)dyǎr   dzǒu.
   (Wǒ)   wǎn(yi)dyǎr   lái,   syíng busying?

   2.3 BOTH POSITIONS PERMISSIBLE: kwài, màn, dzǎu, wǎn
       (plus <u>yidyǎr</u>)

   2.4 <u>Exercise</u>: Translate the following:

       2.41 Will you please come a little earlier tomorrow?
       2.42 May we eat a little later today?
       2.43 It's getting late; let's go faster.
       2.44 When you write, write a little slower and make
            it clearer.
       2.45 Please speak a little more slowly.

3. <u>If not....then....otherwise....</u>
   The pattern in Chinese is:
   Búshr̀....jyòushr̀....yàuburán....

   3.1 <u>Exercise</u>: Translate into Chinese:

       3.11 The weather was very bad these several days.
            If it didn't rain, (then) it snowed, otherwise,
            the wind was very bad.

       3.12 None of these tables will do. If they aren't
            too high, (then) they are too long, otherwise

they are too expensive.

3.13 He didn't buy a thing. It was either that he didn't like the color, or else that he didn't care for the style, otherwise, he said that the article was too expensive.

3.14 How did people know that spring is here? If they didn't notice that the weather was getting warmer, (then) they must have heard the singing of the birds, otherwise, they must have seen those blossomed trees.

3.15 When I get a letter from my son, if he doesn't ask for money, (then) he wants to use the car, otherwise, he would say that he cannot come back this weekend.

IV. Fāyīn Lyànsyí

1. A. Jīntyan tyānchi dzěmmayàng?
   B. Yīntyān, kěshr hěn lyángkwai.

2. A. Jèige dìfang chyōutyan cháng syà yǔ ma?
   B. Bùcháng syà yǔ, kěshr cháng gwā fēng.

3. A. Nǐ měityan dzai ywàndzli sànbù ma?
   B. Wǒ dzai jyēshang sànbù.

4. A. Jèige dìfang hěn nwǎnhwo.
   B. Kě búshr ma!

5. A. Nèige hwār shr shémma yánsher?
   B. Wǒ syǎng shr húngde.

6. A. Syàndzài yòu shr chyōutyan le.
   B. Shéi shwō búshr ne. Shùyèdz dou hwángle.

7. A. Yòu syà sywè le.
   B. Syà sywě de shŕhou, fēngjǐng hěn hǎu.

8. A. Jèige nyǎur jyàude hěn hǎutīng.
   B. Kěshr yánsher bútài hǎukàn.

9. A. Jīntyan shr <u>chíng</u>tyan ma?
   B. Yí<u>dyǎr</u> yúntsai dou méiyou.

10. A. Jèige dìfang wèi shémma dzǔng syà <u>wù</u>?
    B. Yīnwei lí hǎi tài <u>jìn</u>.

V. Wèntí

1. Sz̄ Ss. dzǎushang chǐlai, dzwò shémma?
2. Nèityande tyānchi dzěmmayàng?
3. Nèige dìfangde tyānchi dzǔngshr nèmma hǎu ma?
   Chwūntyan dzěmmayàng? Syàtyan ne? Chyōutyan gen
   dūngtyan ne?
4. Jūnggwode běifang, dūngtyan syà sywě ma? Syà sywě de
   shŕhou hǎukàn ma?
5. Běijīng cháng gwā fēng ma? Gwā fēng de shŕhou dzěmma
   bùhǎu?
6. Běijīngde fēngjǐng dzěmmayàng?
7. Běijǐng gēn byéde chéng dzěmma bùyíyàng?
8. Nánfangde fēngjǐng dzěmma hǎu? Hwār dou shr shémma
   yánsher? Yèdz shr shémma yánsher?
9. Chíngtyande shŕhou, tyān shr shémma yánsher? Yúntsai
   gen shwěi ne?
10. Shànghǎi syà wù búsyà? Shémma dìfang cháng syà wù?
11. Jèige dìfàng chwūntyande tyānchi dzěmmayàng? Syàtyan
    dzěmmayàng? Chyōutyan gen dūngtyan ne?
12. Jèige dìfang shémma shŕhou cháng syà yǔ?
13. Jèige dìfang yǒu shŕhou syà sywě ma?
14. Dzài jèr cháng gwā fēng ma?
15. Jèige dìfang chyōutyan, shr̀ chíngtyande shŕhou dwō
    háishr yīntyande shŕhou dwō?
16. Nǐ jywéde shémma dìfangde fēngjǐng dzwèi hǎu? Dzěmma hǎu?
17. Nǐ syǐhwan chwūntyan ma? Wèi shémma?
18. Nǐ jywéde shémma yánsher dzwèi hǎukàn? Shémma yánsher
    gen shémma yánsher dzài yíkwàr dzwèi kǎukàn?
19. Jèige dìfang chwūntyande hwār dōu shr shémma yánsher?
20. Nǐ shr̀ nǎrde rén? Nǐmen nèige dìfangde tyānchi
    dzěmmayàng?

VI. Nǐ Shwō Shémma?

1. Yàushr yǒu rén wèn nǐ Měigwode tyānchi dzěmmayàng, nǐ
   shwō shémma? Nǐ wèn ta shémma?

2. Yàushr nǐ syǎng wèn, yige dìfangde tyānchi dzěmmayàng,
   nǐ dzěmma wèn?

3. Yàushr yǒu rén shwō Nyǒuywēde tyānchi búdà hǎu, nǐ
   jywéde dzěmmayàng? Nǐ gēn tā shwō shémma?

4. Yàushr yǒu rén wèn nǐ chwūnsyàchyōudūng, shémma shŕhou
   dzwèi hǎu, nǐ shwō shémma? Yàushr nǐ wèn,nǐ dzěmma wèn?

5. Yàushr nǐ syǎng wèn yige dìfangde fēngjǐng, nǐ dzěmma
   wèn?

VII. Gùshr

(On Record)

VIII. Fānyì

1. Translate into Chinese:

   1.1 There are some beautiful birds in his backyard.

   1.2 I take a walk along the bank of the river everyday.

   1.3 It is always very cloudy in the fall here.

   1.4 We have a lot of rain in the spring.

   1.5 Don't you think it is a pretty flower? It certainly
       is.

   1.6 What is the color of the grass? It is green.

   1.7 We had a snow storm last night here.

   1.8 I never feel good when it is foggy.

1.9 She is very talkative, especially when she has been drinking.

1.10 The leaves on this tree are very pretty, especially in the fall.

2. Translate back into Chinese:

(62) a. I take a walk after supper every day.

(63) A. Everything in America is expensive now.
     B. Isn't that the truth!

(64) a. It is much cooler inside that out in the yard.

(65) a. It's really strange. He can never write this word.

(67) a. Is it raining hard?

(68) a. I never feel good when it's cloudy.

(69) a. We have had a lot of snow this year.

(71) a. The wind blew after the snow and it was terribly cold.

(76) a. As soon as the weather gets warm, the flowers bloom.

(80) a. That person is very interesting, especially when he is talking.

(81) a. Now the sky is clear.

(84) a. One has to be very careful when one drives on a foggy day.

DIWŬKE - SWÉIBYÀN TÁNTAN

I. Dwèihwà

Sź Ss. gēn Jàu Ss. Jàu Tt. chīwánle
dzăufàn, dzai kètīngli dzwòje, chōu
yān de chōu yān, hē chá de hē chá.
Tāmen yìbyār hē chá yìbyār tán hwà.

5 Sź: Jàu Tt., nín fùshang shr shémma dìfang?

Jàu Tt: Wŏ shēngdzai Tyānjing kěshr wŏ shr dzai
         Běijīng jăngdàle de.

Sź: Nín jyāli dōu yŏu shémma rén?

Jàu Tt: Wŏ yŏu fùchin, mŭchin, yíge gēge, yíge dìdi, hái
10   yŏu yíge syău mèimei.

Sź: Nínde gēge dìdi dōu jyéhwūn le ma?

Jàu Tt: Gēge jyéhwūn le. Dìdi swèishu hái syău, hái méi
         ne. Syàndzài gēge tāmen gēn fùmŭ dzai Tyānjing
         jù, dìdi, mèimei dzai Běijīng shàngsywé.

15 Sź: Džān, nín shr shémma dìfang rén?

Jàu Ss: Wŏ lăujyā dzai Shāndung. Wŏde fùmŭ syàndzài hái
         dzai nèr jù.

Sź: Nín shr Shāndūngshěng něi yísyàn?

Jàu Ss: Yāntai. Nín tīngshwōgwo ba?

20 Sź: Dāngrán dāngrán! Nà shr yŏumíngde dìfang.
         Tīngshwō nèr you yijŭng pínggwŏ, yŏu syāngjyāu
         wèr. Shr jēnde ma?

Jàu Ss: Kě búshr ma! Jyàu syāngjyāu-pínggwŏ, jēn hău.

Sz̄:   Nínde dàsywé shr dzài shémma dìfang shàngde?

Jàu Ss: Wǒ shr Běijīng Dàsywé bìyè de.

Sz̄:   Nín shr něinyán bìde yè?

Jàu Ss: Yījyǒuchīlǐng. Bìle yè, dzwòle lyǎngnyán shr̀,
5   jyou dau Měigwo chyùle. Wǒmen yikwàr dzai
           Yēlǔ Dàsywé de shŕhou, nà shr yījyǒuchījǐ?
           Nín děng wǒ syángsyang.

Sz̄:   Shr̀ yījyǒuchīsānnyánde chyōutyān, dwèi budwèi?
           Wǒ jìde wǒmen pèngjyande dièrtyan, wǒmen yíkwàr
10   kāi chìchē chūchyu kàn húngyè. Nín syángsyang,
           dwèi búdwèi?

Jàu Ss: Yìdyǎr ye bútswò. Wǒ jìde wǒ gāng dàu Yēlǔ
           Dàsywé méi jityān, jyou pèngjyan nín le.
           Hǎusyàng shr̀ dzài yíge .Jūnggwo fàngwǎrli pèng-
15   jyande, shr̀ bushr? Dàu syàndzài yǐjing chàbudwō
           shŕnyán le. R̂dz gwòde jēn kwài.

Sz̄:   Nín dzai Yēlǔ de shŕhou shr yánjyou shèhwèisywé,
           shr̀ bushr?

Jàu Ss: Dwèile.

20 Sz̄:   (Dwèi Jàu Tt.) Džān dzai Yēlǔ Dàsywé de shŕhou,
           hěn yùnggūng, gūngke hǎujíle. Péngyoumen dōu
           shwō tade sywéwen hǎu.

Jàu Ss: Nín byé kèchile. Shwō jēnde, nín dǎswan dzai
           Shànghǎi jù dwōshau r̀dz?

25 Sz̄:   Hái bùyidìng. Wǒ syǎng búhwèi tài cháng.

Jàu Ss: Yǐhòu cháng jùdzai nǎr ne?

Sz̄:   Yě hái méiyidìng. Děi děng Měigwo lái syìn dzài
           shwō.

Jàu Ss: Wǒ syīwang nín neng dzai jèr dwō jù syē r̀dz.

30 Sz̄:   Wǒ ye ywànyi dwō jù jityān. Kěshr shéi jŕdàu
           ne!

Jàu Ss: Dzài chōu yijř yān ba.

Sz̄:   Hǎu.

Jàu Tt: Yánghwǒ dzai jèr ne. Wǒ gěi nín dyǎn ba.

Sz̄:   Wǒ lái, wǒ dzjǐ lái.

II. Shēngdz̀ Yùngfǎ

86. yān   N: tobacco, cigarette (M: -jř, gēn for
                           individual cigarette; -hé(r), box;
                           -bāu, pack; -tyáur, carton.
                        N: smoke
86.1 chōu yān   VO: smoke

   a. Nín chōu yān buchōu?

87. yìbyār ... yìbyār ...   on one side...on the other,
                             on one hand...on the other

   a. Tā yìbyār chř fàn, yìbyār kàn bàu.

   b. Nèige fángdz yìbyār shr̀ fàngwǎr, yìbyār shr̀ sywésyàu.

88. fǔshang   IE: home, residence, family (very
                           courteous reference to other
                           people's home, family, etc.
                           Usually equivalent to jyā, a
                           more neutral term.

   a. Wǒ míngtyān dau nín fǔshang chyu kàn nín, hǎu ma?

   b. Bùgǎndāng. Yǒu gūngfu chǐng cháng lái wár.

   c. A. Nín fǔshàng dzai shémma dìfang?
      B. Wǒ jyā dzai Shāndūng.

   d. A. Fǔshang dōu hǎu?
      B. Dōu hǎu, syèsyè nín.

89. shēng   V: give birth to; be born

   a. Tā mǔchin dzwótyan shēngle yíge syǎuhár.
   b. Tā shr něinyán shēngde?

90. jǎng   V: grow, rise in price

    a. Nèiwei syáujye jǎngde jēn hǎukàn.
    b. Nèige háidz jèi lyangnyán jǎnggāule.
    c. Syàndzài chr̄de dūngsyi yòu dōu jǎngle.

91. jyéhwūn   VO: marry
 91.1 gēn...jyéhwūn   get married to

    a. Jāng Ss. gēn Lǐ Sj. shémma shŕhou jyéde hwūn?
    b. Tāmen yǐjing jyéhwūn sānnyán le.

92. shěng   N: province
                 M: province
 92.1 Shāngdūngshěng   Shantung province

    a. Nǐ shr něishěng ren?

93. syàn   M/N: hsien, county

94. -jǔng   M: kind of, sort of, race
 94.1 jèijǔng rén   this kind of person
 94.2 hwángjǔngrén   yellow. race

95. pínggwǒ   N: apple

96. syāngjyāu   N: banana

97. dàsywé   N: College, University
 97.1 Yēlǔ Dàsywé   Yale University
 97.2 Běijīng Dàsywé   National Peking University
 97.3 shàng dàsywé   go to college
 97.4 nyàn dàsywé   study in college
 97.5 dàsywé yīnyánjí   freshman

98. bìyè   VO: graduate

    a. Tā yǐjing bìyè háujinyán le.

99. húngyè   N: red leaf

100. pèng   V: bump into, run into
 100.1 pèngjyan   RV: meet by accident
 100.2 pèngshang   RV: run into
 100.3 pènghwài   RV: bump into and break

    a. Nǐ míngtyan pèngdejyàn ta ma?
    b. Lyǎngge chìchē pèngshangle.

101. yánjyou   V: study, make special investigation
                      or study of
  101.1 yǒuyánjyou SV/VO: have specialized knowledge
  101.2 dwèi...yǒuyánjyou have specialized knowledge in...

    a. Jèijyan shr̀ching wǒ dei hǎuhāurde yánjyou yánjyou.
    b. Tā dwei Yīngwén hěn yǒuyánjyou.

102. shèhwèisywé   N: sociology
  102.1 shèhwèi   N: society

103. yùnggūng   VO: put time and effort into
                 SV: work or study hard

    a. Yǒude tsūngming rén búài yùnggūng.

104. gūngkè   N: field of learning, course, lessons,
                    school work (M: -mén: course)

    a. Nǐ nyàn jǐmén gūngkè?
    b. Nǐde gūngkè máng bumáng?

105. sywéwen   N: learning, knowledge
  105.1 yǒusywéwen SV: learned

    a. Nèige rén hěn yǒusywéwen.

106. hwèi   AV: may, would

    a. Tā búhwèi bulái ba.

107. lái syìn   VO: send a letter (here)
  107.1 chyù syìn   VO: send a letter (there)

    a. Jyālǐ lái syìn le méiyou?
    b. Dàule gei wo lái syìn!

108. dzài shwō   A-V: see about it, talk further, consider
                 it further.
              A: furthermore, moreover

    a. Děng ta láile dzài shwō.
    b. Jèige màudz tài gwèi, dzàishwō ye bùhǎukàn, búyùng
       mǎile.

109. hwǒ   N: fire, stove
  109.1 yánghwǒ   N: matches (M: -gēn for stick; -hé(r)
                               for box; bāu for package) -- lit.
                               foreign fire

110. dyǎn   V: light, ignite, apply a match to
  110.1 dyǎn yánghwǒ   VO: light a match
  110.2 dyǎn yān   VO: light a cigarette
  110.3 dyǎn hwǒ   VO: light a fire
  110.4 dyǎnjáule   RC: lighted

      a. Láujyà bǎ hwǒ dyǎnjau.
      b. Wǒ dzjǐ dyǎn ba.

111. Wǒ lái   IE: let me do it
  111.1 Wǒ dzjǐ lai   IE: let me do it myself

                III. Jyùdz Gòudzàu

1. VOde VO, VOde VO:

   This is one of those expressions which cannot be trans-
   lated literally. It gives the idea that some are doing
   this and some are doing that--everybody is engaged in
   some activity. For instance:

      Wǒ jìnchyu yíkàn, wūdzlide rén chōu yān de chōu yān,
        hē jyǒu de hē jyǒu.
      (As soon as I went in, I saw some people in the room
        were smoking and some were drinking.)

   1.1 Exercise: Translate into Chinese:

      1.11 They all have a lot of money. Some of them
           bought houses and some bought new cars.

      1.12 As soon as the teacher leaves the room, some
           of the students will start chatting, some will
           go to sleep--none of them will study.

      1.13 The children are all grown up now. Some of
           them got married and some graduated from
           college.
2. Dwō as an Indefinite Number:

The position of <u>dwō</u> as an indefinite number is determined
by whether it refers to a fractional amount above the
definite number or to a whole number within the bracket
set by the round number -- <u>shŕ</u>, <u>băi</u>, <u>chyān</u>, <u>wàn</u>, etc.

2.1 <u>Dwō</u> always follows the measure·when it refers to an
    indefinite fractional amount above the definite
    number:

      sāngedwō ywè (more than three but less than four
                 months)
      shŕgedwō lĭbài (more than ten but less than eleven
                 weeks)
      èrshrwŭkwaidwō chyán (more than $25 but less than
                 $26)
      shŕyīdyăndwō jūng (past 11:00 but not yet 12:00)
      shŕwŭnyándwō (more than 15 but less than 16 years)

2.2 When <u>dwō</u> refers to an indefinite amount within the
    bracket set by the round number, it follows the round
    number and precedes the measure if there is any:

      sānshrdwō (ge) ywè (more than thirty but less than
                 forty months)
      èrshrdwō (ge) lĭbài (more than twenty but less than
                 thirty weeks)
      lyòuchyāndwō kwai chyán (more than $6000 but less
                 than $7000)
      sżbăidwō nyán (more than 400 but less than 500
                 years)
      wŭshrdwō (ge) jūngtóu (more than 50 but less than
                 60 hours)

2.3 Now we can see that <u>èrshrkwaidwō chyán</u> means more
    than $20 but less than $21 while <u>èrshrdwō kwai chyán</u>
    means more than $20 but less than $30. The former is
    seldom used simply because, in actual life, an infefi-
    nite amount is seldom referred to in such an exact
    manner, and generally is loosely referred to in the
    latter way.

2.4 When <u>bàn</u> is used in a mixed number such as 1 1/2,
    2 1/2, etc., it is preceded by the measure as well as
    by the whole number:

lyǎngkwaibàn (chyán)
yígebàn jūngtóu
sāndyǎnbàn (jūng)
sżwǎnbàn (fàn)

2.5 <u>Exercise</u>: Translate into Chinese:

a little more than $32.00	more than $100.00
more than twenty cents	a little more than an hour
over three sheets of paper	more than 20,000 people
seventy-odd dollars	$1.50
two and a half days	11:30 P.M.

3. <u>Adverbial Use of Stative Verbs</u> - Many stative verbs may be used as adverbs; others are not so used at all.

Kwàidz	<u>rúngyi</u>	yùng	ma?
Jūnggwo hwà jēn	<u>nán</u>	sywé.	
Jūnggwo dż	<u>hǎu</u>	syě	buh<u>ǎu</u> syě?

3.1 The most commonly used stative verbs in the adverbial function are:

hǎu	kwài	dwō
gòu	màn	shǎu
rúngyi	dzǎu	
nán	wǎn	

3.2 <u>Exercise I</u> - Make sentences using the above stative verbs as adverbs.

3.3 <u>Exercise II</u> - Translate into Chinese:

easy to walk	big enough
difficult to say	eat a little more
walk slowly	take one piece less
come early	not fast enough
go to bed late	give him one dollar less
sleep late	bought one hat too many
eat fast	

4. <u>Unusual Relationship of S-V-O</u>: Spoken Chinese and English have certain common patterns, among them the basic structural order: Actor - Action - Receiver,

better known to language students as Subject - Verb -
Object (S-V-O). "I hit him" in English becomes "Wǒ dǎ
ta" in Chinese. But the normal relationship of Actor -
Action - Receiver does not hold in every case. Some of
the seemingly V-O combinations do not express the rela-
tion of Action - Receiver. Lái and chyù are among this
group:

> Lái yige rén!   (Will somebody please come!)
> Lái rén le.   (Some one has come.)
> Chyùle sānge sywéshang.   (Three students went.)
> Chyùle lyǎngjyà fēijī.   (Two planes went.)

The "objects" in position are really subjects in meaning
in all the above illustrations.

4.1 Exercise - Translate into Chinese:

4.11 He have a party last Saturday and invited more
than twenty people. Only eight showed up.

4.12 As soon as he arrived there, he sent me a wire.

4.13 He has been gone three months already, but
there has been no word from him.

4.14 Ten planes came to New York this morning.

4.15 I would like to go with you, but some guests
just came.

IV. Fāyīn Lyànsyí

1. A: Nín fùshang shr shémma dìfang?
   B: Wǒde jyā dzai Měigwo.

2. A: Nín tsúngchyán dzǎi něige dàsywé nyànshū?
   B: Wǒ shr Yēlǔ Dàsywé bìyède.

3. A: Nín yánjyou shémma?
   B: Wǒ sywé Jūngwén.

4. A: Nín shr dzài Jūnggwo shēngde ma?
   B: Búshr. Wǒ shr dzai Nyǒuywē shēngde.

5. A: Nín jyéhwūnle méiyou?
   B: Wǒ yǐjing yǒu lyǎngge háidz le.

6. A: Nín dzěmma dzèmma yùnggūng?
   B: Sywésyàude gūngkè tài dwō.

7. A: Nínde sywéwèn tài hǎule.
   B: Gwòjyǎng gwòjyǎng.

8. A: Chōuyān buchōu?
   B: Wǒ gāng chōuwán. Děng yihwěr dzài shwō ba.

9. A: Láujyà, nín you yánghwǒ méiyou?
   B: Dwèibuchǐ, wǒ buchōuyān.

10. A: Dàule gěi wǒmen lái syìn.
    B: Yídìng, yídìng.

V. Wèntí

1. Sz̄ Ss., Jàu Ss., Jàu Tt. chr̄wánle fàn dzwò shémma?

2. Jàu Tt. shr shémma dìfangde rén? Tā shēngdzai shémma
   dìfang? Shr̀ dzai shémma dìfang jǎngdàlede?

3. Jàu Džān Ss.de lǎujyā dzai shémma dìfang? Tā fùmǔ
   jùdzai shémma dìfang?

4. Jàu Tt. jyāli you shémma rén?

5. Jàu Tt.de gēge dìdi dōu jyéhwūn le méiyou? Tāmen
   dzai shémma dìfang jù?

6. Jàu Ss. shr dzài shémma dìfang shàngde dàsywé? Shr
   něige sywésyàu bìde yè? Shr̀ něinyán bìde yè?

7. Tā bìle yè yǐhòu dzwò shémma le?

8. Jàu Ss. gen Sz̄ Ss. shr dzài shémma dìfang pèngjyande?
   Shr něinyán pèngjyande?

9. Dzài tāmen pèngjyande dièrtyan tāmen yíkwàr chyu dzwò
   shémma?

10. Jàu Ss. dzài dàsywé de shŕhou yánjyou shémma? Tāde
    gūngkè dzěmmayàng?

11. Sz̄ Ss. dǎswan dzai Shànghǎi jù dwōshau ŕdz?

12. Sz̄ Ss. ywànyi dzai Shànghǎi dwō jù syē ŕdz ma? Wèi
    shémma hái bùyidìng?

13. Nǐ fǔshang shr shémma dìfang? Shŕ něi yishēng? Něi
    yisyàn?

14. Nǐ jyāli yǒu shémma rén? Nǐ jyéhwūn le méiyou?

15. Nǐ dzai shémma dìfang shàngde dàsywé? Sh' dzai něige
    sywésyàu bìde yè?

16. Nǐ dzài dàsywé de shŕhou yánjyou shémma? Gūngkè yidìng
    hěn hǎu ba?

17. Nǐ shr dzai shémma dìfang shēngde? Shŕ něinyán shēngde?

18. Nǐ chōu yān bùchōu? Yìtyan chōu dwōshau? Nǐ syǐhwan
    chōu něi yijǔng yān?

19. Nǐ dzwótyan pèngjyan shéi le?

20. Nèiwei syānsheng dwèi shèhwèisywé yǒu yánjyou ma?

VI. Nǐ Shwō Shémma?

1. Yàushr nǐ syǎng wèn yige ren tā shr nǎrde rén, nǐ
   dzěmma wèn?

2. Yàushr nǐ syǎng wèn yige rén, tā dzài nǎr shàngde
   dàsywé, shŕ dzài něige dàsywé bìde yè, nǐ dzěmma wèn?

3. Yàushr nǐ syǎng wèn yige rén tā dzai sywésyàu de shŕhou
   sywé shémma, nǐ dzěmma wèn?

4. Yàushr nǐ syǎng chǐng nǐde péngyou dzai nǐ jyā dwō jù
   jityan, nǐ dzěmma gen ta shwō?

5. Yàushr yǒu rén shwō nǐde sywéwen hěn hǎu, nǐ gen ta shwō
   shémma?

VII. Bèishū

A: Chǐngdzwò, chǐng swéibyàn dzwò.
B: Swéibyàn dzwò, swéibyàn dzwò.

A: Nín chǐng hē yìdyǎr jyǒu ba.
B: Dwèibuchǐ, wǒ búhwèi hē jyǒu.

A: Hē yìdyǎr.
B: Wǒ jēn bùnéng hē. Syèsye nín.

A: Byé kèchi. Méi shemma tsài. Nín chī yidyǎr jèige jájī.
B: Jèige tsàide wèr jēn hǎu. Shr dzěmma dzwòde?

A: Jyòushr yùng yóu jáde. Wǒ dzai já yǐchyán fàngle
   yìdyǎr jyàngyóu.
B: Àu. Jēnshr tài hǎuchīle.

A: Dzài chī yìdyǎr fàn.
B: Wǒ chībǎule, nín mànmār chī ba.

VIII. Fānyì

1. Translate into Chinese:

   1.1 How long have you been smoking?
   1.2 He is sending a letter and sending a telegram at
       the same time.
   1.3 I was born in the United States but was brought up
       in China.
   1.4 That girl has been getting prettier these last two
       years.
   1.5 The price of everything has gone up again.
   1.6 He has been married for three years.
   1.7 When did he graduate from college?
   1.8 I didn't bump into him.
   1.9 That bus bumped into this car and damaged it.
   1.10 What's your major?
   1.11 He has specialized in sociology.
   1.12 That student worked very hard.
   1.13 What courses are you taking (in college)?
   1.14 He's a learned man.
   1.15 Write us when you arrive.
   1.16 We'll see about it tomorrow.

1.17 I don't have too much to do there; besides, it's
     raining. I'd better not go.
1.18 He doesn't want to come, further more, I don't
     want to see him. You'd better not ask him to come.
1.19 Will you light a match for me?
1.20 The wind is too strong, if you cannot light the
     match, let me do it.

2. Translate back into Chinese:

(86) a. Do you smoke?

(87) a. He reads while he eats.
     b. On one side of that house is a restaurant, and
        on the other, a school.
(88) a. May I come (to your house) to see you tomorrow?
     b. Delighted! Please come when you have time.
     c. A. Where do you live?
        B. My home is in Shantung. (or) I live just in
           front of the school.
     d. A. Is your family well?
        B. All very well, thank you.

(89) a. His mother had a baby yesterday.
     b. What year was he born?

(90) a. That girl is very pretty.
     b. That child has grown tall these last two years.
     c. Food prices have gone up again now.

(91) a. When were Mr. Jāng and Miss Lǐ married?
     b. They have been married for three years.

(92) a. Which province are you from?

(98) a. He already graduated several years ago.

(100) a. Will you be able to meet him tomorrow?
      b. Two cars collided.

(101) a. I have to study this matter very carefully.
      b. He is a specialist in English.

(103) a. There are some brilliant people who don't like
         to work hard.

(104) a. How many courses are you taking?
      b. Is your (school) work busy or not?

(105) a. That man is very learned.

(106) a. He won't fail to show up, will he?

(107) a. Have you had any word from home?
      b. Write me when you arrive.

(108) a. We'll see about it when he arrives.
      b. This hat is too expensive, moreover, it
         isn't good looking. Don't buy it.

(110) a. Please light the fire.
      b. Let me light it myself.

DILYÒUKE - JÌ SYÌN

I. Dwèihwà

Sz̄ Ss. syěle lyǎngfēng syìn,
syǎng jìchuchyu, kěshr burènshr
yóujyú dzai nǎr. Gwò yihwěr Jàu
Ss. dau ta wūdzli láile. Tā jyou
5   gēn Jàu Ss. dǎting dǎting:

Sz̄: Wǒ gāng syěle lyǎngfēng syìn, yau jìchuchyu. Jèr
      fùjin you yóujyú ma?

Jàu: Yǒu. Lí jér bùywǎn. Tsúng women jyā chūchyu wàng
      dūng dzǒu gwò lyǎngtyau jyē, dzwǒbyar jyou shr̀.
10   Nín yau wàng nǎr jì? Shr̀ Měigwo ma?

Sz̄: Yifēng shr Měigwo, yifēng shr Běijīng.

Jàu: Nín dǎswan jì píngsyìn háishr jì hángkūngsyìn ne?

Sz̄: Wǒ yau jì hángkūngsyìn. Yīnwei kéyi kwài yidyǎr.
      Hángkūngsyìn dàu Měigwo děi dwōshau yóufèi?

15 Jàu: Wǒ jr̄daude búda chīngchu. Jèisye r̀dz yóufèi cháng
      jǎng. Gwò jityan, jyou jǎng yitsz̀. Wǒde jìsying
      běnlái jyou buhǎu. Gāng yíjìju, jyou yòu jǎngle.
      Syàndzài wǒ ye bújìle. Wǒ gen nín dau yóujyú
      chyu wènwen chyu ba. Fǎnjèng ye dei dàu nèr chyu
20   mǎi yóupyàu.

Sz̄: Hángkūngsyìn dau Běijīng dzǒu jǐtyān?

Jàu: Dàgài lyǎngtyan jyou dàule. Kwàisyìn dei sāntyan
      Hángkūng-kwàisyìn yìtyan jyou dàule.

Sz̄: Yàushr gwàhàu ne?

25 Jàu: Gwàhàu dau mànle. Hángkūng-kwàisyìn dzwèi hǎu.
      Yòu kwài, yòu dyōubulyǎu.

Sz̄: Dàu Měigwode hángkūng-bāugwǒ néng jì bunéng?

Jàu: Wǒ méijìgwo, bùjrdàu. Wǒ syǎng chéng.

Sz̄: Lí wǒmen jer dzwei jìnde syìntǔng dzai nǎr?

Jàu: Yóujyú chyántoude lí wǒmen jyā dzwèi jìn.

5 Sz̄ : Jèr yóudìywán yityān sùng jìtsz syìn?

Jàu: Lyǎngtsz. Shàngwǔ yitsz, syàwǔ yitsz.

Sz̄: Dyànbàujyú, jèr fùjin yǒu meiyou?

Jàu: Yóujyú gwòchyu yidyǎr jyòu shr dyànbàujyú. Yóu-
jyú, dyànbàujyú, dyànhwàjyú, dou dzai yikwàr.
Dyànhwàjyú dzai dāngjūng, yibyār shr yóujyú,
yibyār shr dyànbàujyú.

Sz̄: Dzai Shànghǎi dǎ dyànbàu, búdau dyànbàujyú chyu,
yùng dyànhwà dǎ chéng buchéng?

Jàu: Kǔngpà bùchéng. Wǒ méishr̀gwo.

Sz̄: Yīngwén dyànbàu néng dǎ bunéng?

Jàu: Néng. Dàgài bǐ yung Jūngwén gwèi yidyǎr. Nín jeige
syìnjr̀ syìngfēngr dōu shr tsúng Měigwó dàilaide ba?
Jēn hǎukàn.

Sz̄: Hái butswò. Jyòushr jr̀ tài hòu. Jèijung jr̀ syě
sānjāng, yàushr jì hángkūngsyìn, jyou gwòjùngle.
Nèijung báude hángkūng-syìnjr̀ hǎu, bǐ jèijung chīng-
dwōle. Kéyi syě bājyǒujāng. Kěshr wǒ wàngle
dàilaile.

Jàu: Wǒ kàn wǒmen syàndzài jyou dau yóujèngjyú chyù ba.

Sz̄: Hǎu! Wǒmen dzǒu ba.

II. Shēngdż Yùngfǎ

112. jì   V: mail, send by mail
  112.1 jì syìn   VO: mail letters
  112.2 jì dūngsyi   VO: mail things
  112.3 jìchuchyu   RV: mail out
  112.4 jìdzǒu   RV: mail out
  112.5 jìlai   RV: send by mail (here)
  112.6 jìchyu   RV: send by mail (there)
  112.7 jìgei   V: mail to

   a. Wǒ yídìng děi bǎ jèifēng syìn jìchuchyu.
   b. Wǒ jìgei wo mèimei jikwai yídz.
   c. Tā ràng wǒ bǎ jèiběn shū gěi ta jìchyu.

113. -jyú   BF: office
  113.1 yóujyú OR yóujèngjyú   N: Post Office
  113.2 dyànbàujyú   N: Telegraph Office
  113.3 dyànhwàjyú   N: Telephone Office

114. dǎting   V: inquire or ask about

   a. Wǒ gēn nín dǎting yìdyǎr shr̀.

115. fùjìn   N: vicinity, near by

116. píngsyìn   N: ordinary mail (M. -fēng)

117. hángkūngsyìn   N: air mail (M. -fēng)

118. kwàisyìn   N: special delivery (M. -fēng)

119. hángkūng-
        kwàisyìn   N: air mail special delivery (M. -fēng)

120. yóufèi   N: postage

121. jìsying   N: memory
  121.1 jì   V: remember, keep in mind
  121.2 jìjù   RV: fix or hold in mind
  121.3 jìje   V: keep in mind
  121.4 jìde   V: remember

   a. Tā shwōde hwà, wǒ dōu méijìjù.
   b. Nǐ jìje, byé wàngle, wǒmen míngtyan sāndyǎn jūng
      chyu jyē ta.

    c. Nèige rén wǒmen yǐchyán cháng gen ta yíkwàr wár,
       nǐ hái jìde ta ma?

122. -jù   BF: (denoting firmness or security)
  122.1 jànjù   RV: stop, stand still
  122.2 nájù   RV: take hold of

    a. Wǒde byǎu jànjule.
    b. Nǐ jèiyàngr ná, nádejù ma?

123. fǎnjèng   MA: anyway, anyhow

    a. Jīntyan syà yǔ yě hǎu, chǐng tyān yě hǎu, fǎnjèng
       wǒ bùchūchyu.

124. yóupyàu   N: postage stamp (M. -jāng)
  124.1 bāfēnde yóupyàu   an eight-cent stamp
      hángkūngyóupyàu   air-mail stamp

125. gwàhàu   VO: register
  125.1 gwàhàu-syìn N: registered letter (M. -fēng)

    a. Jèifeng syìn wǒ děi gwàhàu.

126. dàu(shr)   A: and yet, on the contrary

    a. Wǒmen dōu méichyán, swóyi chyùbulyǎu. Tā dàu(shr)
      yǒuchyán, kěshr tā yòu yǒu shr, yě bùnéng chyù.

127. bāugwǒ   N: parcel, parcel post (M. -jyàn, -ge)
  127.1 jì bāugwǒ   VO: mail parcel post
  127.2 chyǔ bāugwǒ VO: get parcel post

128. chéng   SV: be O.K., be satisfactory

    a. Jèige chéng buchéng?

129. syìntǔng   N: mail box (M. -ge)
   (yóutǔng)
  129.1 syìnsyāng   N: mail box (M. -ge)
   (yóusyāng)

130. yóudìyuán   N: mail man

131. dāngjūng   PW: the center of, middle of

a. Nǐ jàndzai jèibyar, tā jàndzai nèibyar, wǒ jàndzai
   dāngjūng.

132. shr̀   V: try

   a. Nǐ shr̀le jèijyàn yīshang le ma?

133. Jūngwén   N: Chinese (language)
  133.1 nyàn Jūngwen VO: study Chinese
  133.2 sywé Jūngwén VO: study Chinese
  133.3 Jūngwén shū   N: Chinese book
  133.4 yùng Jūngwén
        syě   Ph: write in Chinese

  134 syìnfēngr   N: envelope
  134.1 hánkūng-
        syìnfēngr   N: air mail envelope

135. syìnjř   N: letter paper (M. -jāng)
  135.1 hángkūng-
        syìnjř   N: Air mail letter paper

136. hòu   SV: thick (in dimension)

   a. Wǒ jèijyàn yīshang búgòu hòu.

137. báu   SV: thin (in dimension)

   a. Jèijāng jř tài báu.

138. jùng   SV: heavy (in weight)
  138.1 gwòjùng   SV: overweight, too heavy

      a. Nǐ dwó jùng?
      b. Jèifēng syìn, méigwòjùng.

139. chīng   SV: light (in weight)

   a. Jèige jwōdz bùchīng, yíge rén dàgài bānbushangchyù.

III. Jyùdz Gòudzàu

1. Time-Spent Expressions (Continued):

It has been said in Part III of Lesson IV that the time-spent expression generally follows the main verb. However, it may precede the verb in a negative sentence. When the action associated with the time expression is negative, indicating that for a certain length of time something didn't happen, the time-spent expression may precede the verb:

Tā sāntyan méichr̄fàn, swóyi bìngle.
(He didn't eat for three days, so he got sick.)

Rén yàushr sāntyan bùchr̄fàn, yídìng děi bìng.
(If people don't eat for three days, they certainly will get sick.)

Tāde bìng sāntyan méihǎu.
(He hasn't recovered after three days of illness.)

1.1 When a time-spent expression follows a verb in a negative sentence, the meaning is changed from stressing the time expression to a denial of the whole statement. However, this form is less often used.
Compare:
Wǒ sāntyan méishwèijyàu.
(For three days I didn't sleep at all.)--as in 1.
                                    Most common format.
Wǒ méishwèi sāntyan jyàu.
(I didn't sleep for three days.)

1.2 Certain NU-M time expressions preceding the verb in a sentence may look like a time-spent expression. But actually, they are time-when expressions with specifiers like jèi, nèi and měi or verbs which they modify preceding them understood. Here are some of the common forms:

"Wǒ sz̀tyan dōu dzai jèr." means "Wǒ jèi sz̀tyan dōu dzai jèr."
(I'll be here for these four days.)

"Tā yíge ywè èrbǎikwai chyán" means "Tā měi yíge

ywè (yùng) èrbǎikwai chyán."
(He spends two hundred dollars every month.)

"Wǒ wǔtyan chyù yitsz̀" means "Wǒ měi wǔtyan chyù
   yitsz̀."
(I go there once every five days.)

"Yíge ywè jyou syíngle" means "Yùng yíge ywè jyou
   syíngle."
(Only one month will do.)

"Yíge ywè tsai syíng ne" means "Yùng yíge ywè tsai
   syíng ne."
(It will take a whole month to do it.)

"Yìtyan chyù, yìtyan búchyù" means "Jèi yìtyan
   chyù, nèi yìtyan búchyù," or "Yǒu yìtyan chyù,
   yǒu yìtyan búchyù."
(Goes there one day and doesn't the next.)

1.3 <u>Exercise</u> - Translate into Chinese:

   1.31 I haven't bumped into him for almost a month.

   1.32 I don't think you can finish that work in one
        year.

   1.33 He can read one book a day.

   1.34 I want to try not to smoke for a week.

   1.35 It's very strange about his illness. He feels
        fine one day and not so well the next day.

   1.36 If you don't go to her for one day, you'll see
        what happens.

   1.37 I give him three hundred dollars every month.

   1.38 He lives in the United States for one year and
        in France the other.

   1.39 I don't think three months will be enough.

   1.40 He hasn't graduated from college for six years.

2. ...(Dàu)shr..., Kěshr (Jyòushr or Búgwò)...:

The verb before the dàushr in the first clause has the
sense: "so far as such-and-such is concerned." The same
verb is repeated after dàushr to state the actual situa-
tion. A second clause, introduced by an adverb such as
kěshr, jyòushr, búgwò, introduces an exception to the
general pronouncement just made.

   Chyù (dàu)shr ywànyi chyù, kěshr wǒ méi chyán.
   (I'm willing to go all right, but I don't have any
    money.)

2.1 The verb that follows dàushr may be negative, in which
   case it is best translated "It isn't that..." In this
   usage, the verb is usually a stative verb.

      Tā hǎukàn dàushr bùhǎukàn, búgwò wǒ syǐhwan ta.
      (It isn't that she is good-looking, but I like her.)

   Of course literally, it means: "So far as her looks
   are concerned, she is not good-looking, nevertheless
   I like her."

2.2 Exercise - Answer the following questions, using the
   above patterns:

    2.21 Nǐ búhwèi kāi fēijī ma?
    2.22 Nǐ yau gēn wǒmen chūchyu yíkwàr wár ma?
    2.23 Nǐ kàn wǒ mǎide jèijāng hwàr pyányi bupyányi?
    2.24 Tāde nyǔpéngyou yídìng hěn yǒu chyán ba?
    2.25 Nǐ jywéde Jūngwén tài nán ma?

2.3 Exercise - Translate into Chinese:

    2.31 He will go all right, but it seems that he is not
       happy about it.

    2.32 It is a little too expensive (all right), but I
       still think we ought to buy it.

    2.33 It isn't that I am afraid of her, but because I
       love her so much, I just had to buy that hat for
       her.

    2.34 I bought the stamps all right, but I couldn't

find the mail box.

2.35 It isn't that my memory is bad, but there are too many new words.

3. Must and Mustn't:

In expressing the idea "must", děi and bìděi are the same in meaning and usage. They are often preceded by yídìng for stress.

Wǒ (yídìng) děi chyù.
Tā (bì)děi míngtyan dàu tsái jyàndejáu wǒ.

However, děi and bìděi generally are not preceded by bù or méi. To express the idea "mustn't", expressions like byé (don't) and chyānwàn byé (by no means) are used instead. The stress word kě may precede either.

Nǐ (kě) chyānwàn byé chyù.

3.1 Exercise - Translate into Chinese:

3.11 I think you have to go there by yourself.
3.12 It's getting late. I must go now.
3.13 You must'nt give him that money.
3.14 You should by no means go to see them.
3.15 It mustn't rain tomorrow.

IV. Fāyīn Lyànsyí

1. A: Jèige bāugwǒ nǐ yau gei shéi jì?
   B: Wǒ yau jìgei wo péngyou.

2. A: Wǒ gen nín dǎting, yóujèngjyú dzai nǎr?
   B: Dzai dyànbàujyú fùjìn.

3. A: Hángkūngsyìnde yóufèi děi dwōshau?
   B: Wǒ bújìde le.

4. A: Jèmma dwōde dz, nǐ jìdejù ma?
   B: Jìdejù. Wǒde jìsying bùhwài.

5. A: Yàushr syà yǔ, nǐ hái chyù ma?

B: Bùgwǎn syà yǔ búsyà, fǎnjèng wǒ děi chyù.

6. A: Jèijǔng syìnjř syìnfēngr gwèi búgwèi?
   B: Gwèi dàushr búgwèi, kěshr mǎibujáu.

7. A: Jūngwén bùnánsywé ba?
   B: Nǐ sywésywe shřshr, jyou jřdaule.

8. A: Nǐ kàn jèifēng syìn gwòjùng búgwò?
   B: Wǒ syǎng méigwò. Nǐ shwō ne?

9. A: Jèige jwōdz jēn bùchīng a!
   B: Nèige bǐ jèige hái jùng.

10. A: Jèijāng jř tài hòule ba?
    B: Búyaujǐn, wǒ hái yǒu báude.

V. Wèntí

1. Sž Ss. yàu jì syìn, tā jřdau bujřdàu yóujyú dzai
   shémma dìfang? Tā gen shéi dǎting?

2. Jàujyade fùjìn yǒu yóujyú ma. Dzai shémma dìfang?

3. Sž Ss. de syìn shr yàu wàng shémma dìfang jì? Tā yàu
   jì píngsyìn háishr hángkūngsyìn?

4. Hángkūngsyìn dàu Měigwó de yóufèi dwōshau? Jàu Ss. jřdau
   bujřdàu?

5. Jàu Ss. wèi shémma jìbujù yóufèi dwōshau chyán?

6. Tāmen bùjřdàu yóufèi dwōshau, dzěmma bàn?

7. Hángkūngsyìn tsúng Shànghǎi dau Běijīng dzǒu jǐtyān?
   Kwàisyìn ne? Hángkūng-kwàisyìn ne? Gwàhàu ne?

8. Wèi shémma hángkūngkwàisyìn dzwèi hǎu?

9. Dzài Měigwo néng wàng wàigwo jì hángkūng-bāugwǒ bùnéng?

10. Jàujya fùjìn yǒu dyànbàujyú meiyou? Dzài shémma dìfang?
    Yǒu dyànhwàjyú meiyou?

11. Dzài Shànghǎi dǎ dyànbàu, búdau dyànbàujyú chyu, yùng
    dyànhwà dǎ, syíng busyíng? Jàu Ss. shr̀gwo meiyou?

12. Dzài Shànghǎi dǎ Yīngwén dyànbàu bǐ Jūngwén dyànbàu
    gwèi ma?

13. Jì hángkūngsyìn, yídìng děi yùng hángkūng-syìnjř
    hángkūng-syìnfēngr ma? Wèi shémma?

14. Yùng hángkūng-syìnjř syě syìn, yìfēng syìn syě jǐjāng,
    kéyi búgwòjùng?

15. Jìsyìn yídìng děi dàu yóujèngjyú chyù ma? Búdau
    yóujèngjyú chyù dzěmma bàn?

16. Dzai Měigwo dà chéng lǐtou, yóudǐywán yìtyān
    sùng jǐtsž syìn?

17. Dzài Měigwo, píngsyìn, hángkūngsyìn, kwàisyìn, gwàhàusyìn,
    yóufèi dou shr dwōshau? Nǐ jìde ma?

18. Dzài Měigwo dǎ dyànbàu, kéyi búdàu dyànbàujyú chyù ma?

19. Dzài Měigwo dǎ dyànbàu yùng Jūngwén chéng buchéng?

20. Lí jèr dzwèi jìnde syìntǔng dzài shémma dìfang?

VI. Nǐ Shwō Shemma?

1. Yàushr nǐ bùjrdàu yóujèngjyú dzai nǎr, syǎng gēn byéren
   dǎting, nǐ dzěmma shwō?

2. Yàushr nǐ dàule yóujèngjyú chyu jì syìn, syǎng wènwen
   yóufèi dwōshau, nǐ shwō shémma?

3. Dzài yóujèngjyú mǎi yóupyàu, nǐ dzěmma shwō?

4. Yàushr dzài dyànbàujyú lǐtou, nǐ syǎng dǎting dwōshau
   chyán yíge dž, nǐ dzěmma shwō?

5. Yàushr nǐ chyu mǎi syìnjř syìnfēngr, nǐ syǎng yàu báu
   yìdyǎrde, nǐ dzěmma shwō?

VII. Gùshr

(on record)

VIII. Fānyì

1. Translate into Chinese:

1.1 I mailed him a parcel post package, but he said he
    didn't receive it. Next time I will register it.

1.2 This air mail letter has to be mailed today.

1.3 May I inquire if there is a post office in the
    vicinity of the school?

1.4 He has a very good memory.

1.5 Do you still remember how much air mail special
    delivery postage to China is? No, I don't. I tried
    to recall it but didn't succeed.

1.6 Be sure to remember what I told you. Don't forget.

1.7 Can you remember all the things he asked you to do?

1.8 I don't care whether it is expensive or not, I am
    going to buy one anyway.

1.9 Will you buy me ten 25 cent air-mail stamps?

1.10 You can mail it by parcel post all right, but you
     can't be sure he will get it.

1.11 I have tried this kind of soap several times, but it
     isn't very satisfactory.

1.12 Can you telegraph him in Chinese?

1.13 How do you like my stationery?

1.14 This letter paper is too thick.

1.15 I want some lighter clothing.

2. Translate back into Chinese:

(112) a. I have to mail this letter today.
      b. I mailed my younger sister several cakes of soap.
      c. He asked me to mail him this book.

(114) a. I want to ask you about something.

 (121) a. I don't remember a word of what he said.
       b. Keep it in mind and don't forget. We are
          going to meet him at three tomorrow.
       c. We used to play with him often. Do you
          still remember him?

(122) a. My watch stopped.
      b. Can you hold it securely this way?

(123) a. It may rain or shine, for all I care; I am not
         going out today anyway.

(125) a. I have to register this letter.

(126) a. None of us has any money, so we can't go. He
         has money all right, but he is busy, so he can't
         go either.

(128) a. Will this do?

(131) a. You stand over here, let him stand over
         there, and I'll stand in between.

(132) a. Did you try this suit on?

(136) a. This coat of mine is not heavy enough.

(137) a. This paper is too thin.

(138) a. How much do you weigh?

(139) a. This table is not light. One person probably
         can't move it up there.

DICHÍKE - MǍI SYÉ

I. Dwèihwà

Sȳ Ss. syǎng chyu mǎi syé. Dau Jàu
Ss. wūdzli lai gēn Jàu Ss. shwō:

Sȳ: Džān, wǒ syǎng chǐng nín gen wo chyu mǎi dyǎr
dūngsyi, nín you gūngfu ma?

5 Jàu: Nín dǎswan shémma shŕhou chyù?

Sȳ: Sāndyan jūng chéng buchéng?

Jàu: Nín děng wo kànkan. Syàndzài shŕ yìdyǎnbàn.
Syíng. Sāndyan jūng nín dau wǒ jèr lái, wǒ gen nín
yíkwàr chyù.

10   (Dàule syédyàn, dyànyẃan gwòlai shwō:)

Dyànyẃan: Nín láile. Chǐngdzwò, chǐngdzwò.

Jàu: Jèiwèi syānsheng yau mǎi yishwāng syé.

Dyànyẃan: Shr yau píde, háishr yau bùde?

Sȳ: Wǒ yau yishwāng písyé, yau hwángde.

Dyànyẃan: Nín chwān jǐhàurde?

Sȳ: Dàgài shr báhàurbàn. Wǒ jìbuchīngchule. Nǐ
lyánglyang ba.

(Dyànyẃan lyángwánle, bǎ syé náchulai shwō:)

Dyànyẃan: Nín shŕshr jèishwāng. Syān kànkan dàsyǎu héshr bu-
20   héshr?

(Sȳ Ss. chwānshang syé, shŕle shr, shwō:)

Sȳ: Chángdwǎn chàbudwō. Kwānjǎi hǎusyàng syǎu yidyǎr.

Wǒde jyǎu tài kwān. Jèige yàngdz wo ye búdà
syǐhwan.

(Dyànywán gǎnjǐn shwō:)

Dyànywán: Búyàujǐn, yǒu byéde yàngdzde. (Tā shwōje jyou
5   yòu náchu yishwāng lai.) Nín kàn jèishwāng
            dzěmmayàng? Pídz jēn hǎu.

   Sz̄:   Jèishwāng bútswò. Jyòushr yánsher chyǎn yìdyǎr.
            Yǒu shēn yánsherde meiyou?

Dyànywán: Chyǎn yánsher pyàulyang. Nín jèige pyàulyang rén,
10   yīnggāi chwān pyàulyang syé.

   Sz̄:   Chyǎn yánsher rúngyi dzāng. Džān, nín kàn
            jèishwāng dzěmmayàng?

   Jàu: Jèishwāng yàngdz bútswò.

   Sz̄:   Dwōshau chyán?

Dyànywán: Shŕèrkwài-èrmáuwǔ.

   Sz̄:   Hē! Dzěmma dzèmma gwèi a?

Dyànywán: Dūngsyi hǎu. Wǒmen jèrde syé tèbyé jyēshr. Nín
            jŕdau mǎi dūngsyi shr "gwèide búgwèi, jyànde
            bújyàn". Dzàishwo jyàchyan ye bùbǐ byéde pùdz
20   gwèi.

   Sz̄:   Hǎu. Wǒ jyou mǎi jèishwāng ba. Láujyà, gěi wǒ
            bāushang ba.

Dyànywán: Wǒmen yǒu hédz. Gěi nín jwāngchilai ba. Wǒmen
            yǒu hǎu wàdz, nín yàu lyangshwāng hǎu buhǎu?
25   Wǔmáuwǔ yìshwāng. Jēn pyányi.

   Sz̄:   Wǒ kànkan. Hǎu. Gěi wǒ ná bàndá ba. Dōu jwāng-
            dzai nèige hédzli, jwāngdesyà jwāngbusyà?

Dyànywán: Jwāngdesyà. Nín hái yau yùng dyǎr shémma?

   Sz̄   Búyàu shémma le. Gwò lyǎngtyān dzài shwō ba.
30   Jè shr èrshŕkwài chyán.

Dyànywán: **Syèsye nín. Jáugei nín sɀkwai-sɀmáuwǔ.**

II. Shēngdɀ Yùngfǎ

140. syé   N: shoe (M: -shwāng for pair, -jr̄
                                for one of a pair
 140.1 -dyàn OR -pù N: suffix for -'shop, -store'
 140.2 syédyàn, syépù N: shoe store
 140.2 shāngdyàn, pùdz N: store

141. -ywán   N: suffix for 'person, one who serves in
                                some capacity'
 141.1 dyànywán   N: clerk in a store

142. -shwāng   M: pair (for shoes, socks, gloves, chop-
                                sticks, etc.)

143. pí   N: skin, fur, leather, hide.(M: -kwài,
                                        jāng)
 143.1 pídz   N: fur, leather, hide
 143.2 písyé   N: leather shoes
 143.3 píbāu   N: hand bag, brief case, suit case
 143.4 pídz dzwòde made of leather

144. bù   N: cotton cloth (M: -pǐ, bolt; -mǎ,
                                yard; -chř, foot; tswūn, inch)
 144.1 bùyīshang   N: cotton garment
 144.2 bùsyé   N: cotton shoes
 144.3 jwōbù   N: table cloth
 144.4 bù dzwòde   made of cloth

145. -hàu(r)   M: number, size

    a. Nín dài jǐhàur màudz?
    b. Nín dyànhwà dwōshau hàu?

146. lyáng   V: measure

    a. Nǐ lyánglyang jèige jwōdz yǒu dwōshau chř?

147. kwān   SV: be wide, broad

    a. Jèige chwānghu yǒu sānchř kwān, lyòuchř gāu.

148. jǎi   SV: be narrow

    a. Jèityáu jyē tài jǎi.

149. dàsyǎu   N: size

150. chángdwǎn   N: length

151. kwānjǎi   N: width

152. jyǎu   N: foot (of a person)

153. héshr̀   SV: be suitable, fit
  153.1 jèng héshr̀   just right

    a. Jèijyan yīshang, wǒ chwānje bùhéshr̀.
    b. Jèige jwōdz fàngdzai nèr jèng héshr̀.

154. gǎnjǐn   A: hurriedly, at once, promptly

    a. Tā yíjyàu wo, wǒ jyou gǎnjǐn gwòchyule.

155. chyǎn   SV: be light (in color), shallow
                            (of water, thought)
  155.1 chyǎnlán   N: light blue
  155.2 chyǎnhúng   N: light red

    a. Wǒ búwànyi chwān chyǎn yánsherde yīshang.
    b. Nèityáu hé, shwěi hěn chyǎn.

156. shēn   SV: be deep (color, water, thought)
  156.1 shēnlyù   N: deep green
  156.2 shēnhwáng   N: deep yellow

    a. Jèige jwōdzde hwáng yánsher tài shēn.

157. pyàulyang   SV: be attractive, smart looking

    a. Nèige rénde yīshang jen pyàulyang.

158. yīnggāi   A: ought to (interchangable with
                                    yīngdāng)
    a. Nǐ yīnggāi gàusung ta.

159. jyēshr   SV: be strong, durable, sturdy

    a. Nèige fángdz jyēshrjíle.
    b. Tāde háidz jǎngde jēn jyēshr.

160. jyàn   SV: be cheap

a. "Gwèide búgwèi, jyànde bújyàn."

161. jyàchyan   N: price, cost
  161.1 jyàchyan gwèi   expensive
  161.2 jyàchyan gāu   high priced
  161.3 jyàchyan dī   low priced
  161.4 jyàchyan pyányi   inexpensive, cheap in price
  161.5 jyàchyan hǎu   priced right

    a. Měigwo shū, dzai Jūnggwo, kéyi mài hěn hǎude
       jyàchyan.

162. bāu   V/M: wrap/package, parcel
  162.1 yìbāu
          dūngsyi   N: a package of something
  162.2 yìbāu yān   N: a package of cigarettes
  162.3 bāuchilai   RV: wrap up
  162.4 bāushang   RV: wrap up

    a. Chǐng ni bǎ jèige dūngsyi gei wo bāushang.

163. hédz   N: box (small)
  163.1 -hé(r)   M: a box of

164. jwāng   V: pack, load
  164.1 jwāngshang   RV: pack up
  164.2 jwāngchilai   RV: pack up

    a. Wǒ bǎ yīshang dou jwāngdzai píbāuli le.
    b. Chǐng ni bǎ jèisye dūngsyi jwāngchilai.

165. wàdz   N: sock, stocking (M: -shwāng, for
                          pair; -jr̄ for one of a pair)
  165.1 cháng wàdz   stocking
  165.2 dwǎn wàdz   socks

    a. Wǒ děi chyu mǎi lyǎngshwāng wàdz.

166. -dá   M: dozen

167. -syà   BF: (RV-ending indicating downward
                          motion or capacity)
  167.1 fàngsya   RV: put down
  167.2 dzwòbusyà   RV: will not seat

168. jǎu(chyán)   V(0): make change

a. Tā hái méijǎu wǒ chyán ne.
b. Jè shr wǔkwài chyán, chǐng nǐ jǎugei wǒ.

III. Jyùdz Gòudzàu

1. Placewords as Objects:

Tsúng, dàu and dzài may take only a placeword as object,
not just any noun. Most nouns can be made into a Place
Word by adding a localizer. In English we say 'come to me'
and 'go to him', but in Chinese the literal equivalents
'dàu wǒ lái' and 'dàu tā chyù' are not possible. To turn
the pronouns wǒ and tā into Place Words, we can add to them
such place words as jèr and nèr. Thus: Dàu wǒ jèr lái and
dàu tā nèr chyù.

1.1 The PW most commonly added to pronouns are:

jèr (jèli)	Nǐde shū méidzai wǒ jer.
nèr (nàli)	Chǐng nǐ dau chwānghu ner chyù.
jèibyar	Nǐ dau jèibyar lai.
nèibyar	Byé dau nèibyar chyu.
jèige dìfang	Wǒ jeige dìfang méiyou dwōshau rén.
nèige dìfang	Dzai tāmen neige dìfang yǒu fàngwǎr.
chyántou	Chǐng nǐ byé jàndzai wǒ chyántou.
hòutou	Bǎ jèige yǐdz fàngdzai tā hòutou.
chyánbyar	Wǒ kéyi bukéyi dzwòdzai nǐ chyánbyar?
hòubyar	Nǐ kě chyānwàn byé tsúng ta hòubyar gwòchyu.
dzwǒbyar	Tā búywànyi dzwòdzai wǒ dzwòbyar.
yòubyar	Dàu wǒ yòubyar lai.

1.2 All the above placewords may also be added to nouns.
In addition, there are certain localizers which can
only be added to nouns but not to pronouns:

lǐtou	Wǒ jùdzai chéng litou.
wàitou	Wǒ dau wūdz wàitou chyù yihwěr.
shǎngtou	(Dzai) chìchē shàngtou yǒu yige rén.
syàtou	Wǒde míngdz dzai tā míngdz syàtou.
lǐbyar	Háishr dzai wūdz lǐbyar chr hǎu yidyǎr.
wàibyar	Dzai lóu wàibyar yǒu hěn dwō shù.
shàngbyar	Chǐng nǐ dzai hwàr shàngbyar syě jige dž.

syàbyar	Byé syĕdzai hwàr syàbyar.
dĭsya	Dzwèihău bă yīshang fàngdzai jwōdz dĭsya.
-li	Nĭ dzĕmma bă wŏde chyán dōu jwāngdzai nĭde kŏudarli le.
-shang	Tā yau dàu jyēshang chyu măi yidyăr dūngsyi.

1.3 All proper nouns which are the names of places are
    PW. In addition there are certain common nouns which
    are treated as PW and do not require a localizer when
    used after tsúng, dàu and dzài. They generally are
    common nouns which indicate a place:

jyā	kètīng	chúfáng
sywésyàu	fàntīng	fēijīchăng
pùdz	shūfáng	dyànhwàjyú
fàngwăr	yóujèngjyú	hwŏchējàn

1.4 There are other nouns which should from the point of
    view of meaning be considered PW, but which do not so
    function; i.e., they cannot stand as the object of a
    coverb of·motion without the addition of a localizer:

hé	shān	jyē
hú	lù	
hăi	chéng	

1.5 Exercise - Translate into Chinese:

    1.51 Please go to the table.
    1.52 Please come to me.
    1.53 Have you come from Shanghai?
    1.54 Aren't you eating at the restaurant?
    1.55 Haven't you lived at your friend's?

1.6 Exercise - Let one person ask one of the following
    questions; let a second person answer it with a
    complete statement:

    1.61 Nĭ yau dàu wŏ jeibyar lái ma?
    1.62 Nĭ búywànyi dàu tā ner chyù ma?
    1.63 Tāmen dōu shr tsúng Jàu Ss. ner láide ma?
    1.64 Nĭde fēijī dzai shémma dìfang ne?
    1.65 Chĭng nĭ dàu chwānghu jer lái ba.

2. Generalizations of Quantity, Quality and Degree:

In English there are certain generalizations of quantity,
quality and degree such as height, weight, width, thick-
ness, shade (of color), etc. In Chinese, one of the
ways to express these ideas is to combine an opposite
pair of stative verbs. The most commonly used ones are:

chángdwǎn	(length)
dàsyǎu	(size)
gāuǎi	(height)
shēnchyǎn	(depth; shade of color)
kwàimàn	(speed)
lěngrè	(temperature)
ywǎnjìn	(distance)
kwānjǎi	(width)
hǎuhwài	(quality - of things and people)
báuhòu	(thickness)
gwèijyàn	(price)
chīngjùng	(weight)
dwōshǎu	(quantity)

2.1 <u>Exercise</u> - Make sentences using the nouns listed
      above.

3. <u>Resultative Verb Endings</u>:

Many stative verbs can be used as resultative verb
endings. For example:

jǎngdedà	Jèige hwār jǎngdedà ma?
chŕbuhǎu	Tā dzwòde fàn tài shǎu, wǒ lǎushr chŕbuhǎu.
bànbuhǎu	Jèijyan shŕ tài nán, wǒ bànbuhǎu.

<u>Lái</u> and <u>chyù</u> and their combinations are also common
resultative verb endings:

shàngbulái	Tā yǒu bìng, kǔngpà yíge rén shàng- bulái.
hwéidechyù	Nǐ yìtyan hwéidechyù ma?
bāndeshànglái	Wǒ bāndeshànglái jèige jwōdz.

3.1 Certain functive verbs when used as resultative verb
     endings suffer modification of meaning. Even as RV
     endings they may have more than one meaning. Four
     of the most common endings in this group are:

  -jyàn   -jáu   -shàng   -syà

(Four more will be discussed in the next lesson.)

3.11 -Jyàn indicates perception of what is seen, heard, smelled, etc. Eg:

kànjyan	Wǒ dzwótyan méikànjyan ta.
tīngjyan	Nǐ tīngdejyàn tā chàng gēr ma?
wénjyan	Wǒmen dōu wénbujyàn wūdzli yǒu shemma wèr.
pèngjyan	Chyánjityān wǒ dzai jyēshang pèngjyanle yige lǎupéngyou.

3.12 The RV ending -jáu indicates success in attaining the object of the action. Here are the most common combinations:

shwèijáu	Wǒ shwèile bàntyān méishwèijáu.
jǎujáu	Nǐ jǎujaule nèiben shū le ma?
jyànjáu	Nǐ míngtyan chyù yídìng jyànbujáu ta.
jyējáu	Tā jèi lyangtyan yìfeng syìn ye méijyējáu.
dyǎnjáu	Dyǎndejáu dyǎnbujáu dōu búyàujǐn.
mǎijáu	Wǒ mǎijaule nǐ shwōde nèige bǐ le.
yùngjáu	Běnlái wǒ syǎng yùngbujáu nèige dūngsyi, swóyi shōuchilaile. Shéi jīrdau syàndzài jēn yùngjáule.
chīrjáu	Yǒu dwōshau chyán ye chīrbujáu dzèmma hǎude fàn.

Note that in the two potential forms and the negative actual form, the ending jáu always gets stress, but in the affirmative actual form, it is sometimes stressed and sometimes not.

3.13 -Shàng as an RV ending generally indicates the accomplishment of the action. Some of the most common combinations are:

gwānshang	Wǒ gwānbushàng jèige chwānghu.
jùshang	Tā syàndzài yǒu chyán le. Jùshangle syīn fángdz le.
chwānshang	Yīshang tài syǎu. Wǒ chwānle bàntyān méichwānshàng.
bāushang	Jèijāng jǐr tài syǎu, kǔngpà bāubushàng.

jwāngshang   Chǐng nǐ bǎ nèisyē yīshang
                jwāngshang.

Sometimes the -shàng ending may be interpreted
as "onto" in chwānshang above, or in the follow-
ing illustration:

syěshang   Jèijāng jǐ bùhǎu, syěbushàng dz̀.

3.14 The RV ending -syà indicates either the down-
     ward motion of the action or the capacity of
     the topic as to extent of room, space or con-
     tent. In its first meaning, the RV is usually
     in the two actual forms:

fàngsya   Wǒ chǐng ta fàngsya, tā méifàngsya.
                Hái náje ne.
tǎngsya   Tā yílèi jyou tǎngsya syōusyi
                yihwěr.
dzwòsya   Dzwòsya ba. Byé jànjele.

But in its second meaning, the RV may be in any
of the four actual and potential forms:

fàngsya   Kǒudarli fàngbusyà dzèmma dwō
                chyán.
tǎngsya   Jèige chwáng tǎngdesyà sānge rén.
dzwòsya   Jèijyan wūdz jēn dzwòsyale wǔshr
                rén.

(The student is advised to learn only the
combinations given in the text and not to
attempt making up their own combinations with-
out confirmation.)

                 IV. Fāyīn Lyànsyí

1. A: Wǒ yàu mǎi yishwāng písyé.
   B: Yàu hwángde yàu hēide?

2. A: Jèige shr yùng shémma dzwòde?
   B: Wǒ syǎng shr yùng pídz dzwòde.

3. A: Tāde dyànhwà dwōshau hàu?

B: Wǒ jìbuchīngchule. Nǐ wèn Lǎu Lǐ ba.

4. A: Nǐ lyánglyang jèige jwōdz dwó cháng?
   B: Dwèibuchǐ, wǒ méiyou chǐ.

5. A: Nǐ shémma shŕhou hwèide jyā?
   B: Wǒ yitīngshwō, jyòu gǎnjǐn hwéichyule.

6. A: Jèishwāng syé jēn pyàulyang.
   B: Pyàulyang shr pyàulyang, kěshr bùjyēhsr.

7. A: Wǒ bǎ jèige bǐ jwāngdzai hédzli ba.
   B: Búyung. Bāushang jyou syíngle.

8. A: Jèige dìfang, yānde jyàchyan dzěmmayàng?
   B: Lyǎngmáuwǔ yìbāu.

9. A: Tā méijáugei ni chyán ma?
   B: Jǎu shr jǎule, kěshr jǎutswòle.

10. A: Nǐ kàn jèige jwōdz, kwānjǎi héshŕ bùhéshŕ?
    B: Kwānjǎi héshŕ, kěshr chángdwǎn bùhéshŕ.

V. Wèntí

1. Sz̄ Ss. yàu jyau Jàu Ss. gēn ta dzwò shémma chyu? Tā
   dǎswan shémma shŕhou chyù?

2. Sz̄. Ss. yàu mǎi shémmayàngrde syé?

3. Sz̄ Ss. chwān jǐhàurde syé? Tā jìde ma?

4. Sz̄ Ss. bùjrdàu tā dzjǐ chwān dwó dàde syé, dzěmma bàn?

5. Dyànywán gěi Sz̄ Ss. náchulaide syé, tā chwānje héshŕ
   bùhéshŕ? Nèige yàngdz tā syǐhwan bùsyǐhwan?

6. Dièrshwāng syé, Sz̄ Ss. jywéde dzěmmayàng?

7. Dyànywán shwò chyǎn yánshèr dzěmma hǎu? Sz̄ Ss. shwō
   chyǎn yánshèr dzěmma bùhǎu?

8. Jàu Ss. jywéde nèishwāng syé hǎu buhǎu?

9. Nèishwāng syéde jyàchyan dzěmmayàng? Sz̄ Ss. jywéde pyányi bupyányi?

10. Dyànywán shwō nèishwāng syé dzěmma hǎu?

11. "Gwèide búgwèi, jyànde bújyàn" shr shémma yìsz?

12. Dyànywán bǎ nèishwāng syé bāushangle ma?

13. Sz̄ Ss. mǎi wàdz le meiyou?

14. Nǐ syǐhwan chwān shémmayàngrde syé? Shr píde shr bùde? Shr hēide shr hwángde?

15. Nǐ chwān dwó dàde syé? Jǐhàur?

16. Nǐ jywéde shémma yánsher dzwèi pyàulyang? Shr shēn yánsher shr chyǎn yánsher?

17. Jyàchyan gwèide syé dōu jyēshr ma?

18. Jèige wūdzde chángdwǎn, kwānjǎi dzěmmayàng? Nǐ lyánggwo meiyou?

19. Dzài Měigwo syédyàn mǎi syé, dyànywán shr bǎ syé jwāngdzai hédzli, háishr yùng jř bāushang?

20. Yàushr nǐ mǎi yishwāng syé, shr shřèrkwai-èrmáuwǔ. Nǐ gěi ta shřwǔkwài chyán, tā jǎu nǐ dwōshau chyán?

VI. Nǐ Shwō Shémma?

1. Yàushr nǐ syǎng chǐng nǐde péngyou gēn nǐ chyu mǎi yìdyǎr dūngsyi, nǐ dzěmma gēn tā shwō?

2. Nǐ dau shāngdyàn chyu kànkan, dyànywán wèn ni mǎi shémma; kěshr ni bùsyǎng mǎi shémma, nǐ dzěmma gēn ta shwō?

3. Nǐ daule syédyànli, shřle jishwāng syé, yǒude bùhé-shř, yǒude ni bùsyǐhwan, kěshr dyànywán yídìng syǎng ràng ni mǎi, nǐ dzěmma bàn?

4. Nǐ dzai shāngdyànli mǎile yiyàngr dūngsyi, dyànywán yòu yàu ràng ni mǎi byéde dūngsyi, ni búyàu mǎi, ni shwō shémma?

5. Yàushr nǐ gēn nǐde péngyou yíkwàr chyù mǎi dūngsyi, nǐ
   syǎng wènwen nǐ péngyoude yìsz dzěmmayàng, nǐ dzěmma shwō?

VII. Bèishū

A: Jīntyan tyānchi bútswò.
B: Jēn hǎu. Jēn shr chwūntyan le.

A: Kě búshr ma! Tsǎu yě lyùle, hwār yě kāile. Shùde yánsher
   syǎng hwàde shrde.
B: Nwǎnhwole, dzai wàitou sànsan bù jēn shūfu. Jèr yǐdūngtyān,
   búshr syà sywě jyòushr gwā fēng, yòu tèbyé lěng.

A: Rén dōu syǐhwan chwūntyan. Kěshr jèrde chwūntyan tài
   dwǎn. Hǎusyàng yìhwěr jyou gwòchyule.
B: Shr a! Swóyi wǒmen yīngdāng dzai tyānchi hǎude shrhou
   chūlai wárwar.

VIII. Fānyì

1. Translate into Chinese:

   1.1 I sent him a pair of socks by air mail.

   1.2 This is made of leather.

   1.3 Will you please measure it for me and tell me the
       length.

   1.4 This kind of paper is just the right thickness.

   1.5 As soon as I heard what he said, I promptly wired
       my wife.

   1.6 It's smart-looking all right, but it doesn't fit me.

   1.7 This pair of shoes is good looking and will wear well.
       What's more, the price is right. However, they don't
       fit me well.

   1.8 The price of this kind of cigarettes ought to be
       cheaper now.

1.9   I will pack these brushes in a box.

1.10 I gave him twenty dollars, and he gave me back two
      and a quarter in change.

2. Translate back into Chinese:

(145) a. What size hat do you wear?
      b. What's your telephone number?

(146) a. Will you measure this table and see how many
         feet long it is?

(147) a. This window is three feet wide by six feet
         high.

(148) a. This street is too narrow.

(152) a. This suit doesn't fit me.
      b. Placed there the table is just right.

(153) a. As soon as he called me, I went over at once.

(154) a. I don't like to wear light colored clothes.
      b. That river is very shallow.

(155) a. This table is too dark a brown.

(156) a. That man's clothes are very smart looking.

(157) a. You ought to tell him.

(158) a. That house is extremely well-built.

(159) a. "Expensive things are (in the end) not expensive,
         while cheap ones are (really) not cheap."

(160) a. American books can sell for very good prices in
         China.

(161) a. Please wrap this article for me.

(163) a. I packed all the clothes in the suitcase.
      b. Please pack these things away.

(164) a. I have to go and buy two pairs of socks.

(165) a. He hasn't given me the change yet.
      b. Here is five dollars. Please give me the change.

DÌBÁKE - DZŪ FÁNG

I. Dwèihwà

Sz̄ Ss. jyējau yifēng tsung
Měigwo láide syìn. Ràng Sz̄ Ss.
dzai Shànghǎi jù yìnyán. Sz̄ Ss.
syǎng bùneng dzai Jàujya jù nèmma
5   jyǒu. Swóyi tā děi jǎu fángdz bān
jyā. Yǒu yityān, tā dzai bàushang
kànjyan yige gwǎnggàu, yǒu yiswǒ
fángdz chūdzū. Tā jyou dau nèige
fángdz nèr chyùle. Sz̄ Ss. jyànjau
10 fángdūng, gen fángdūng shwō:

Sz̄:   Wǒ dzai bàushang kànjyan nǐ dēngde gwǎnggàu.
            Nǐ yau chūdzūde shr̄ shémma yàngrde fángdz?

Fángdūng: Wǒ you wǔjyan fángdz chūdzū. Kètīng, fàntīng,
            wòfáng, chúfáng, dzǎufáng, yíyàngr yìjyān.
15   Dyàndēng, dyànhwà, dz̄láishwěi dōu yǒu.

Sz̄:   Nǐ dài wo kànkan, kéyi ma?

Fángdūng: Kéyi. Nǐ děng wo swǒshang mén, wǒ gēn nǐ
            yíkwàr chyù.

Sz̄:   Dzài nǎr a?

20 Fángdūng: Bùywǎn. Jyòu shr nèibyār sānshrwǔhàu. Hǎu!
            Wǒmen dzǒu ba.

            (Dàule sānshrwǔhàu, fángdūng ná yàushr bǎ mén
            kāikai, shwō:)

Fángdūng: Nǐ chǐng jìnlai. Nǐ kàn, jè shr̄ kètīng.
25   Chyáng, dìbǎn, dōu hěn gānjing.

Sz̄:   Hěn hǎu! Fàntīng dzai nèibyar ba?

Fángdūng: Nǐ chǐng gwòlai. Jèijyan shr̄ fàntīng, tsúng

jèige mén, kéyi dau chúfáng chyu.

Sz̄:   Chúfángli yǒu lúdz ma?

Fangdūng: Yǒu. Nǐ lai kànkan. Dìfang hěn dà.

Sz̄:   Hǎujíle. Wòfáng dzai nǎr?

5 Fángdūng: Jèijyan jyou shr wòfáng. Nǐ kàn, yǒu sānge
          chwānghu, hěn lyàng. Dzǎufáng jyou dzai
          lǐtou. Lyǎnpén, dzǎupén, dōu shr syīn hwànde.
          Gwǎndz yě shr syīn shōushrde. Rèshwěi ye hěn
          fāngbyan.

10 Sz̄:   Dyànmén dzai nǎr?

Fángdūng: Dyànmén dzai jèr.

Sz̄:   Fángdzū shr̀ àn ywè swàn, shr àn syīngchī swàn?

Fángdūng: Àn ywè swàn. Jyǒushŕwǔkwài chyán, yíge ywè.

Sz̄:   Dyàn, shwěi dōu dzai lǐtou ma?

15 Fángdūng: Dyàn, shwěi, wǒmen bùgwǎn.

Sz̄:   Hǎu. Děng wo hwéichyu syángsyang. Gwò yilyang-
          tyān wǒ dzai lai gen nǐ tán ba.

Fángdūng: Nǐ dzwèihǎu shr dzǎu yidyǎr jywédìng. Jīntyan
          dzǎushang yǐjing yǒu jiwèi lai kàngwole.

20 Sz̄:   Nèmma wǒ syān gěi nǐ yìdyǎr dìngchyan. Nǐ
          gei wo lyóu sāntyan chéng buchéng?

Fángdūng: Nǐ dǎswan gei dwōshau chyán ne?

Sz̄:   Shŕkwai chyán, hǎu buhǎu?

25 Fángdūng: Hǎu. Jyòu nèmma bàn ba. Tsúng mingtyan swàn.
          Jīntyan shr èrshrlyòuhàu. Míngtyan èrshrchī,
          hòutyan èrshrbā, dàhòutyan èrshrjyǒu. Wǒ gei
          nǐ lyóudau èrshŕjyǒude wǎnshang. Syīwàng ni
          dzài sānshŕhàu yǐchyán gàusu wǒ nǐ yàu búyàu.

Sz̄:   Hǎu. Yídìng. Jèr shr shŕkwai chyán.

Fángdūng: Wǒ gei nǐ syě yige shōutyáur.

II. Shēngdż Yùngfǎ

169. dzū   V: rent
 169.1 dzū fáng   VO: rent a house
 169.2 dzūchuchyu   RC: rent out
 169.3 dzūchyan   N: rental
 169.4 fángdzū   N: house rent
 169.5 chūdzū   V: for rent

    a. Jèige fángdz búshr wǒ dżjǐde, shr dzūde.
    b. Jèiswǒ fáng, chūdzū ma?
    c. Jèiswǒ fáng, yǐjing dzūchuchyule.

170. -jyǒu   SV: long (of time)
 170.1 hěnjyǒu
       méijyàn   Ph: haven't seen you for a long time

    a. Nǐ dzai jèr jùle dwójyǒule?

171. gwǎnggàu   N: advertisement

172. dēng   V: insert (an advertisement, notice,
                         etc.)
 172.1 dēng bàu   VO: put in the paper
 172.2 dēng gwǎnggàu VO: put an advertisement in the paper,
                         magazine, etc.

    a. Tā yau mài tade chìchē, swóyi dzai bàushang
       dēngle yige gwǎnggàu.

173. -swǒ(r)   M: for houses

    a. Jèiswǒ fángdz shr tāde.

174. fángdūng   N: landlord, landlady

175. wòfáng   N: bedroom (M: -jyān)

176. dēng   N: lamp, light
 176.1 dyàndēng   N: electric lamp, light
 176.2 shǒu dyàndēng N: flash light
 176.3 dyàndēngpàur   N: electric light bulb

177. dzláishwěi   N: running water
177.1 dzláishwěibǐ   N: fountain pen

178. swǒ   V/N: lock (M: -bǎ)
178.1 swǒshang   RV: lock up (doors, locks)
178.2 swǒchilai   RV: lock up (things, people)

    a. Jèige swǒ hwàile. Swǒbúshàngle.

179. yàushr   N: key (M: -bǎ)

180. chyáng   N: wall

181. dìbǎn   N: floor

182. lúdz   N: stove, range, heater, furnace
182.1 shēng lúdz   VO: start a fire in the stove; light
                     the furnace

    a. Nǐmen jyā shēng lúdz le meiyou?

183. pén   N: basin, tub
183.1 (syǐ)dzǎupén   N: bath tub
183.2 (syǐ)lyǎnpén   N: wash basin

184. hwàn   V: exchange, change
184.1 hwàn chyán   exchange money
184.2 hwàn yīshang   change clothes
184.3 hwàn dūngsyi   exchange something

    a. Jèige húngde wǒ búdà syǐhwan, chǐng ni gei wo
       hwàn yige lyùde, syíng busyíng?
    b. Tyān tài lěng, yàushr chūchyu, nǐ děi hwàn
       yijyàn yīshang.

185. gwǎndz   N: tube, pipe (M: -gēn)
185.1 shwěi gwǎndz   N: water pipe

186. dyànmén   N: switch (electric)

187. àn(je)   CV: according to

    a. Wǒmen jyou ànje tā shwōde bàn ba.
    b. Àn wǒde yìsz, wǒmen shr búchyu, nǐ shwō ne?

188. swàn   V: reckon, calculate, add, count
  188.1 swànchulai   RV: figure out
  188.2 swànshang   RV: include in, add, count in
  188.3 búswàn   doesn't count, not reckoned as,
                           not considered

       a. Nǐmen chyù ba, byé swàn wǒ.
       b. Jèige byǎu, wǔshŕkwài chyán, búswàn tài gwèi.

189. dìng   V: fix, order
  189.1 dìng shŕhou   VO: make an appointment, set a time
  189.2 dìng dìfang   VO: agree on a place, reserve a place
  189.3 dìnghǎule   RV: settled
  189.4 dìngchyan   N: deposit (on purchase or rent)

       a. Wǒ gēn ta dìnghǎule, míngtyan sāndyǎn jūng jyàn.
       b. Wǒ děi gēn ta dìng yige shŕhou tán yitán.

190. jywédìng   V: decide

       a. Wǒ jywédìngle, míngtyan búchyù.
       b. Nǐ shŕ dzěmma jywédìngde?

191. lyóu   V: keep, set aside, detain, save
  191.1 lyóu tyáur   VO: leave a message
  191.2 lyóusya   RV: leave it here
  191.3 lyóuchilai   RV: put away

       a. Chŕfànde shŕhou tā méihwéilai, wǒ gěi ta lyóule
          yìdyǎr tsài.
       b. Wǒ lyóu ta dzai jyāli chŕfàn.
       c. Tā yídìng yau dzǒu, wǒ bǎ ta lyóusyale.

192. jyòu nèmma bàn IE: Good, let's do it that way.

       A: Míngtyan wǒ gēn ni dau nǐmen sywésyàu chyu kànkan
          chyu.
       B: Hǎu. Jyòu nèmma bàn.

193. dàhòutyān   TW: three days from today
  193.1 dàchyántyan   TW: three days ago

194. tyáur   N: brief note, short message
  194.1 shōutyáur   N: receipt

III. <u>Jyùdz Gòudzàu</u>

1. <u>Resultative</u> <u>Verb</u> <u>Endings</u> (continued):

It has been said in the last lesson that certain functive
verbs, when used as RV endings, suffer a change of mean-
ing. Four of these most common ones have been introduced.
Here are four more:

-lyǎu   -chǐ   -jù   -kāi

1.1 -<u>Lyǎu</u> as an RV ending indicates capacity either for
doing something, like:

dzwòbulyǎu   Jèijyan shr̀ tài nán. Wǒ dzwòbulyǎu.
bàndelyǎu   Nǐ yíge rén bàndelyǎu dzèmma dwō
              shr̀ ma?
méiláilyǎu   Tā dzwótyan yàu lái méiláilyǎu.

or for carrying it through completion, like:

chr̄bulyǎu   Fàn tài dwō. Wǒ kǔngpà chr̄bulyǎu.
yùngdelyǎu   Yíge rén yíge ywè yùngdelyǎu
              sānbǎikwai chyán ma?
méinályǎu   Wǒ yíge rén méinályǎu nemma dwō
              dūngsyi.

Note that RV with a -<u>lyǎu</u> ending seldom takes the
affirmative actual form.

1.2 -<u>Chǐ</u> as an RV ending carries the meaning of (1) high
up either in opinion or in position (2) able to afford
(in a financial sense).

Some of the most common ones that carry the first
meaning are:

kàndechǐ   (to have a high opinion of...)
             Wǒmen dōu hěn kàndechǐ ta.

kànbuchǐ   (to have a low opinion of...)
             Byé kànbuchǐ rén.

dwèidechǐ   (able to look someone in the face)
             Jèijyan shr̀, wǒ hěn dwèidechǐ ta. Tā wèi
             shémma hái bùgāusyìng?

dwèibuchĭ   (unable to face a person due to
               some fault, etc., hence, a form
               of apology--"Excuse me!"
Tā hěn dwèibuchĭ wo. (He owes me an
                         apology.)
Dwèibuchĭ, dzwótyan wŏ méilái. (Excuse me
                         for not being here
                         yesterday.)

Some of those which carry the second meaning are:

máidechĭ   Jèige chĭchē, wŏ máibuchĭ, tā
              máidechĭ.
jùbuchĭ   Jèige dìfang wŏ kě jùbuchĭ.
chr̄buchĭ   Wŏmen chr̄buchĭ nèmma hǎude dūngsyi.
kànbuchĭ   Dyànyĭngr tài gwèi. Wŏ kànbuchĭ.

RV with a -chĭ ending do not take the actual forms.
Note that the combinations kàndechĭ and kànbuchĭ
may carry either of the two meanings, the interpre-
tation depending on the context.

1.3 The RV ending -jù indicates (1) firmness and security;
(2) to stop or to stump. It carries the first mean-
ing in the following common combinations:

nájù   Nĭ yìjr̄ shŏu kŭngpà nábujù.
jìjù   Jèi yikè wŏ nyànle sānshrdwō tsz̀
              háishr méijìjù.
jànju   Wŏde bìng hái méihǎu, jànbujù.
              Wŏ kéyi dzwòsya ma?

The following common combinations carry the second
meaning of -jù:

tíngju   Chē kāide yàushr tài kwài, jyou
              bùneng lìkè tíngju.
wènju   Jèige wèntí tài nán, bǎ wŏ gei
              wènjule.
nánju   Tā shémma dōu dŭng. Nĭ yídìng
              nánbujù ta.
jànju   Wŏde byǎu jànjule.

Note that jànju has been listed in both groups. Its
meaning depends on the context.

1.4 -K̄ai as an RV ending carries the meaning of separa-
tion, "away" and "off".

kāikai	Nǐ kāidekāi jèige hédz ma?
líkai	Tāmen lyangge rén tyāntyān dzài yíkwàr, jyǎnjŕde líbukāile.
nákai	Kwài bǎ jèige nákai. Yǒu wèr le.
dzǒukai	Jèrde shr̀ching mángjíle. Wǒ yìlyǎngtyānli dzǒubukāi.

The student is again warned not to attempt to make
up his own combinations with these RV endings.

1.5 Exercise - Translate into Chinese:

1.51 It is very difficult for me to leave this place.

1.52 Please hold this box for me. Have you really
got hold of it?

1.53 Stop! Don't go any further.

1.54 The child is too small to be away from his mother.

1.55 I don't have much money. I cannot afford to go
to New York everyday.

1.56 I think he looks down on me. Therefore I won't
talk to him.

1.57 This is too difficult. I don't think I can do it.

1.58 It's going to rain shortly. I am afraid we can-
not go.

1.59 You prepared too much food. We certainly won't
be able to finish it.

1.60 Don't do anything to people that will make you
unable to look them in the face.

2. Various Uses of Swàn: Swàn has several uses with varying
meaning:

swàn	to calculate, figure out
swànchulai	to calculate, figure out
swànhǎule	finished calculating

swànshang .... to count in, include
   swàndzai yikwàr   same
   swàndzai lǐtou   same

swàn(shr).......... to count as being, be considered as,
                       be classed as. (followed by a de-
                       scriptive expression)

swànle .... forget it, let the matter drop,
                       call it quits

2.1 Examples of the various uses of swàn:

2.11 To calculate

Yígùng yǒu dwōshau chyán, chǐng nǐ swàn yiswàn.
(Please figure out how much it is altogether.)

Yùng jèige fádz yíswàn jyou kéyi swànchulaile.
(With this method you can figure it out at a
glance.)

2.12 To include

Nǐmen chyu chrfàn, byé wàngle bǎ wǒ swànshang.
(When you go out to eat, don't forget to count
me in.)

Swànshang jīntyan yùngde chyán, yě búgwò
bāshrwǔkwài.
(Including what was spent today, it still
doesn't exceed $85.00.)

2.13 Be considered

Yàushr ta yǐjing bùtóuténgle, tā neige bìng jyou
swàn hǎule.
(If his headache has stopped, then his ailment
can be regarded as cured.)

Nǐmen lyangge rénde yìsz bùyiyàng, kěshr nà
bunéng swànshr tā tswòle.
(You two don't hold the same opinion, but that
doesn't mean that he is wrong.)

2.14 <u>Forget</u> <u>it</u>!

    Yàushr tā bukěn, jyou swànle.
    (If he isn't willing to do it, let the matter
    drop.)

    Swànle ba! Syà yǔ bunéng chyùle.
    (Let's drop the matter. It's raining so we
    can't go anyway.)

    Wǒ kàn nǐ swànle ba; méi chyán, chyù yǒu shémma
    yìsz?
    (I think you'd better let the matter drop; we
    haven't any money, so there's no point in going.)

2.2 <u>Exercise</u> - Translate into Chinese:

2.21 That plan of yours is fine, but first do a
little figuring as to how much money it's going
to take.

2.22 If you count me in too, there will be thirty-one
people.

2.23 If you two can't agree, just call it quits.

2.24 How much did it cost the three of us to eat last
night? Well, not counting the tip, it was $7.65.

2.25 I haven't yet finished figuring; when I have,
I'll tell you.

2.26 Including these of mine, there are two hundred
and forty-five in all.

2.27 If no one claims this money by tomorrow noon, I
shall consider it mine.

2.28 When we were figuring out how much food to take
along, we didn't count those two fellows in.

2.29 Have you figured out how many miles an hour that
type of plane travels?

2.30 Have you finished figuring out that problem I
asked you to figure?

IV. Fāyīn Lyànsyí

1. Nǐ nèiswǒr fáng dzūchuchyule ma? Nèiswor fáng dzūbu-chūchyù.

2. Hěn jyǒu méijyàn, hǎu ba? Hěn hǎu. Nín tàitai hǎu?

3. Wǒde fáng, dzěmma néng dzūchuchyu ne? Nǐ děi dēng yige gwǎnggàu.

4. Dzláishwěi gwǎngz shr syīn hwànde ma? Búshr. Shr syīn shōushrde.

5. Nǐde fángdzū shr àn ywè swàn ma? Dwèile. Měiywè lyòushrkwai chyán. Búswàn shwěi dyàn.

6. Jèijūng jř jyēshr ma? Búswàn bùjyēshr.

7. Nǐ chǐng kè de shŕching jywédìngle ma? Ŕdz dìnghǎule, dìfang hai méidìng ne.

8. Nǐ lyóu ta dzai jyāli chřfàn le ma? Wǒ lyóu ta le. Kěshr ta yídìng yau dzǒu.

9. Nǐ gěi ta dǎ dyànhwà le ma? Dǎle. Tā méidzai jyā. Wǒ gei ta lyóule yige tyáur.

10. Tsài tai dwō, chřbulyǎu dzěmma bàn? Kéyi lyóuchilai.

V. Wèntí

1. Sž Ss. jyējaude syìn, shř tsúng shémma dìfang láide? Syìnli shwō shémma?

2. Sž Ss. wèi shémma yàu dzū fáng?

3. Sž Ss. jǎu fáng dzěmma jǎu?

4. Tā jyànjau fángdūng gen fángdūng shwō shémma?

5. Tā jǎude fángdz shr shémmayàngrde fángdz? Yígùng jǐjyān? Yǒu dyàndēng dyànhwà dzláishwěi meiyou?

6. Nèige fángdz dzài shémma dìfang? Dàmén swǒje meiyou?

7. Nèige fángdz hǎu bùhǎu? Kètīng dzěmmayàng?

8. Tsúng fàntīng dàu chúfáng yǒu mén meiyou?

9. Chúfángli you lúdz ma? Chúfángde dìfang dà búdà?

10. Wòfáng dzěmmayàng? Dzǎufáng ne?

11. Fángdzū dzěmma swàn? Shr àn ywè swàn, shr àn syīngchī
    swàn? Dyàn shwěi, fángdūng gwǎn bugwǎn?

12. Fángdūng wèi shémma jyau Sz Ss. dzǎu yidyǎr jywédìng?

13. Sz Ss. wèi shémma yàu gěi dìngchyan? Tā yàu gěi dwōshau
    dìngchyan?

14. Yàushr Sz Ss. sāntyan yǐhòu búwànyi dzū nèiswǒr fáng,
    tā gěide dìngchyan dzěmma bàn?

15. Nèityan shr jǐhàu? Fángdūng syīwàng shémma shŕhou jŕdau
    Sz Ss. yàu buyàu dzū nèiswǒr fángdz?

16. Fángdūng gěi Sz Ss. syě shōutyáur le meiyou?

17. Yàushr nǐ syǎng jǎu fáng, nǐ dzěmma jǎu?

18. Nǐ syàndzài jùde fángdz shr shémmayàngrde fángdz?
    Yígùng jǐjyān? Yǒu fàntīng meiyou? Fángdzū gwèi bugwèi?

19. Nǐde wòfáng dà budà? Yǒu jǐge chwānghu? Wòfángli yǒu
    syǐlyǎnpén meiyou?

20. Nǐ shémma shŕhou gei rén syě shōutyáur? Shémma shŕhou
    lyóu tyáur?

VI. <u>Nǐ</u> Shwō <u>Shémma</u>

1. Yàushr nǐ syǎng dzūfáng, nǐ kànjyan fángdūng nǐ dzěmma
   wèn tā?

2. Yàushr nǐ syǎng chǐng nǐde péngyou tì nǐ jǎu fáng, nǐde
   péngyou wèn nǐ yàu shémma yàngrde fángdz, nǐ dzěmma shwō?

3. Nǐ syàndzài jùde fángdz yǒu jǐjyān? Dōu shr shémma fángdz? Nǐ shwō yishwō.

4. Yàushr nǐ kànle yìswǒ fángdz, nǐ bunéng jywédìng dzū budzū, nǐ syǎng dièrtyan dzài gàusung tā yàu buyàu, nǐ dzěmma gen tā shwō?

5. Yàushr nǐ jywédìng dzū nèiswǒ fáng le, nǐ děi gēn fángdūng shwō shémma?

VII. Gùshr

(on record)

VIII. Fānyì

1. Translate into Chinese:

1.1 I want to rent this house, but I don't know what the rent is.

1.2 The rent he asked was too high. I don't think he can rent it. Do you?

1.3 How long have you been studying Chinese? Not very long.

1.4 He did put an advertisement in the paper, but nobody called.

1.5 The landlady said: "It is a ten-room house: two each of living rooms, dining rooms, kitchens, bed rooms and bath rooms."

1.6 Everything in this house - such as lamps, switches, heater, bath tub, flooring, water pipes, even the locks, has been changed recently.

1.7 The rent of this house is fifty dollars, not including electricity and water.

1.8 This key doesn't fit this lock. You cannot open

the door with it. If you don't believe me, try it.

1.9 The furnace has been repaired lately.

1.10 Do you want to change with me?

1.11 According to my opinion, it is not satisfactory.

1.12 Will you figure out how much it is altogether?

1.13 Five dollars cannot be considered cheap for this kind of pen.

1.14 We have set a time to have lunch together.

1.15 He and I decided that we will go to New York together by the three-o'clock train.

1.16 I have not decided yet whether I am going to rent the house or not.

1.17 I saved a piece of candy for him.

1.18 Will you please hold this room for a couple days? I'll give you five dollars deposit on it.

1.19 I have set aside some stationery for him, but I cannot be sure he will come for it.

1.20 May I leave five dollars for him?

2. Translate back into Chinese:

(169) a. This house isn't mine. It's rented.
      b. Is this house for rent?
      c. This house has already been rented.

(170) a. How long have you been living here?

(172) a. He wants to sell his car, so he put an advertisement in the paper.

(173) a. This house is his.

(182) a. Have you started the furnace in your house?

(184) a. I don't like this red one very well. Will you please change it for a green one?
     b. It's too cold. If you go out, you must change your clothes.

(187) a. Let's do what he says.
     b. In my opinion, we are not going. What do you say?

(188) a. You go ahead. Don't count me in.
     b. Fifty dollars can't be considered too much for this watch.

(189) a. He and I decided that we'll meet at 3:00 tomorrow.
     b. I have to set a time to have a chat with him.

(191) a. He didn't come back in time for supper, so I saved some food for him.
     b. I kept him for supper.
     c. He insisted on going, but I persuaded him to stay.

(192) A: Tomorrow I'll go with you to visit your school.
     B: O.K., let's do that.

DIJYŎUKE - JYÈ JYĀJYÙ

I. Dwèihwà

Sz̄ Ss. kànwánle fángdz yǐhòu, ta hwéi-
dau Jàujya, jǎu Jàu Tt chyu, shāng-
lyang shānglyang.

Jàu Tt: Nín hwéilaile. Fángdz jǎuhǎule meiyou?

Sz̄: Kànle yiswǒr, gěile shŕwai chyánde dìngchyán.
5   Kěshr wǒ hái méijywédìng ne. Wǒ syǎng gen nín
       shānglyangshānglyang.

Jàu Tt: Dzài nǎr a?

Sz̄: Dàsyīlù sānshrwǔhàu. Wǔjyān fáng.

Jàu Tt: Shŕ shémma yàngrde fángdz?

10 Sz̄: Shŕ syīshŕ. Kètīng, fàntīng, wòfáng, chúfáng,
       dzǎufáng, yíyàngr yìjyān.

Jàu Tt: Fángdzū dwōshau chyán?

Sz̄:   Yíge ywè jyǒushŕwǔkwài chyán, dyàn, shwěi
       lìngwai swàn.

15 Jàu Tt: Jēn pyányi. Syàndzài jèiyàngrde fángdz kě jēn
        bùrúngyi jǎu. Búdài jyājyu ba?

Sz̄:   Dwèile, búdài. Jyòushr yīnwei búdài jyājyu,
       swóyi wǒ méijywédìng.

Jàu Tt: Jèiyàngrde fángdz syàndzài hěn nán jǎu. Dìfang
20   bútswò. Fángdzū ye búgwèi. Wǒ kàn, nín jyou dzū
        jèiswǒr ba. Jyājyu, wǒmen kéyi jyègei nín jijyàn.
        Děng nín dzǒude shŕhou dzai hwángei wǒmen.

Sz̄:   Hǎujíle. Jyòu nèmma bàn ba. Nín néng jyègei wo
       shémma jyājyu ne?

Jàu Tt: Wǒmen yǒu yitàu shāfā, kéyi yùng. Hái you
yīgwèi, shūjyà, chwáng, jwōdz, yǐdz shémmade.
Yǒude yěsyǔ děi shōushrle. Nín dzwèihǎu syān
kànkan néng yùng buneng.

5 Sz̄: Wǒ syǎng dōu néng yùng. Wǒ bùjyǎngjyou. Fǎn-
jèng wǒ jyòushr jànshŕ yùng jige ywè. Chúfángli
yùngde dūngsyi syàng pándz, wǎn dou dzai nǎr mǎi?

Jàu Tt: Nèisyē dūngsyi, nín dzwèihǎu shr děng jǎule chúdz
yihòu, jyàu chúdz gei nín mǎi. Wǒmen syān shwō
10 kètīng ba. Shāfā, shūjyà dōu yǒu. Yésyǔ děi
mǎi yíge syǎu jwōdz gen yíge dēng, jyou syíngle.

Sz̄: Dìtǎn nín yǒu ma?

Jàu Tt: Òu, dwèile. Yǒu, jyoushr jyòu yidyǎr, kěshr ye
búswàn tài jyòu. Nín kéyi kànkan. Bùsyíng
15 dzàishwō.

Sz̄: Nèmma wòfáng ne?

Jàu Tt: Wòfángde chwáng, yīgwèi, yǐdz dōu yǒu. Kàn nín
hái syūyàu shémma?

Sz̄: Wǒ syǎng chwángdāndz, tǎndz, jěntou, jěntoutàu,
20 háiyǒu chwānghu-lyándz, dōu děi mǎi.

Jàu Tt: Dwèile. Jèisyē dūngsyi dàgài fēi mǎi bùkě.
Fàntīngde dūngsyi kǔngpà yě dōu děi mǎi. Wǒ
jyou yǒu yíge wǎngwèi, yésyǔ tài jyòu, bùnéng
yùng. Línglingswèiswèide dūngsyi, syàng shǒu-
25 jīn, féidzàu, yǒude nín yijīng yǒu, jyou búyùng
mǎile. Méiyoude dūngsyi, děng yihòu nín syūyàude
shŕhou, dzai yìdyǎryìdyǎrde mǎi ba. Nín shémma
shŕhou yǒu gūngfu, wǒ dài nín syān chyu kànkan
nèisyē jyājyu, hǎu buhǎu?

Sz̄: Dōu dzai nǎr ne?

30 Jàu Tt: Jyòu dzài hòutou wūdzli ne. Yàushr nín méi shŕ,
wǒ syàndzài jyou gēn nín chyù.

Sz̄: Hǎu. Wǒ méi shŕ. Chyù kànkan chyu ba.

II. Shēngdż Yùngfǎ

195. jyè   V: borrow, lend, loan
 195.1 jyè(gei)   V: lend to
 195.2 gēn...jyè CV..V: borrow from
 195.3 jyè chyán   VO: borrow money, lend money

>   a. Wǒ gēn ta jyèle wǔkwai chyán.
>   b. Tā jyègei wo wǔkwai chyán.
>   c. Wǒ syǎng jyè ni nèibén shū kànkan.

196. jyājyu   N: furniture (M: -jyàn, -tàu)
 196.1 dài jyājyu   VO: be furnished, include furniture

>   a. Nǐ dzūde nèige fángdz, dài jyājyu búdài?

197. shānglyang   V: discuss, talk over

>   a. Nèijyan shŕching yùngbujáu gēn ta shānglyang.

198. -shŕ   N: style, pattern fashion
 198.1 syīshŕ   western style or fashion
 198.2 Jūngshŕ   Chinese style
 198.3 syīnshŕ   modern style
 198.4 jyòushŕ   old style
 198.5 syīshŕ fángdz   western style house
 198.6 syīshŕ jyājyu   western style furniture
 198.7 nánshŕ jájī   southern fried chicken

199. lìngwài   A: besides, in addition to
                    SP: other

>   a. Wǒ hái lìngwài nyàn yìdyǎr byéde gūngkè.
>   b. Búshŕ jèige péngyou shwōde, shŕ lìngwài yige
>   (byéde) péngyou shwōde.

200. hwán(gei)   V: return (borrowed money or things)

>   a. Tā chyùnyán gēn wo jyède chyán, hái méihwán wo ne,
>   syàndzài yòu yau jyè.

201. -tàu   M: set of, suit of
 201.1 yítau jyājyu   set of furniture
 201.2 yítau yīshang   suit of clothes
 201.3 yítau pándz wǎn set of dishes
 201.4 yítau shū   set of books

202. shāfā   N: sofa (M: -gè, -tàu)

203. gwèi(dz)   N: chest, cabinet
  203.1 yī(shang)-
          gwèi   N: wardrobe, chest of drawers
  203.2 shūgwèi   N: book shelf
  203.3 wǎngwèi   N: cupboard

204. jyàdz   N: rack, shelf, frame
  204.1 shūjyà(dz)   N: book shelf, book case
  204.2 yīshangjyà-
          (dz)   N: frame for hanging clothes, clothes
                           hanger, clothes tree, clothes rack

205. shémmade   N: and so on
  205.1 syàng...
          shémmade   such as....etc.

    a. Wǒ děi mǎi yidyǎr yídz, shǒujin, yáshwā, yágāu
       shémmade.
    b. Syàng jwōdz, yǐdz shémmade, nèige pùdz dōu hěn
       pyányi.

206. jyǎngjyou   SV: be meticulous, particular
                        V: be meticulous or particular about;
                           care a great deal about

    a. Tāmen jyālide jyājyu, jyǎngjyouyíle.
    b. Tā nèige rén hěn jyǎngjyou chr̄.

207. jànshŕ   A: temporarily, for the time being

    a. Syīn chìchē tài gwèi. Wǒ jànshŕ yùng jèige jyòude
       ba.

208. -pán   M: plate of, platter of
  208.1 yìpán tsai   a dish of food
  208.2 pándz...   N: plate, platter, tray
  208.3 chápándz   tea tray

209. chúdz   N: cook

210. dìtǎn   N: rug, carpet (M: -kwài, -jāng)

211. syūyàu   V: need
                        N: need

a. Nǐ syūyàu shémma dūngsyi, gàusung wo, wǒ gei ni mǎi.
b. Nǐ you shémma syūyàu de shŕhou, chǐng byē kèchi.

212. chwángdāndz		N: sheet

213. tǎndz			N: blanket (M: -kwài)

214. jěntou			N: pillow

215. lyándz			N: curtain
  215.1 chwāng(hu)-
        lyándz			N: drapes, shades, curtains

216. fēi...bùkě		IE: must, it won't do otherwise

  a. Wǒ fēi dau Jūnggwo chyu bùkě.
  b. Jèijyan shŕ, fēi tā bàn bùkě.

217. língswèi		SV: odds and ends of, sundry
  217.1 língchyán		N: small change
  217.2 língswèi(de)
        shŕching			sundry affairs
  217.3 língswèi(de)
        dūngsyi			odds and ends, sundry articles
  217.4 língling-
        swèiswèide		sundries

  a. Wǒ jyòu bǎ dà dūngsyi bāndzǒule. Língswèide
     syǎu dūngsyi, wǒ dōu méibān.
  b. Bānjyāde shŕhou, línglingswèiswèide dūngsyi
     dzwèi máfan.

218. yìdyǎryìdyǎr(de) A: little by little

  a. Tā yìdyǎryìdyǎrde bǎ língswèide shŕching dou
     dzwòwánle.

III. Jyùdz Gòudzàu

1. Lend and Borrow:

In English, the difference between lending and borrowing
is made clear by using different verbs to indicate these
two actions. But in Chinese, the word jyè may mean

either to borrow or to lend:

    Wǒ jyèle ta wǔkwai chyán. (I borrowed $5.00 from
                                  him.) or
                                  (I lent him $5.00.)

Although the meaning of <u>jyè</u> may be clear from the context,
it is advisable to use distinctive forms to avoid possible
ambiguity. For lending, the two following forms are most
often used:

    jyègei   Wǒ jyègei ta wǔkwai chyán.
                (I lent him $5.00.)
    jyèchuchyu Wǒ jyèchuchyu wǔkwai chyán.
                (I lent out $5.00.)

For borrowing, the most commonly used form is:

    gēn....jyè Wǒ gēn ta jyèle wǔkwai chyán.
                (I borrowed $5.00 from him.)

1.1 <u>Exercise</u> - Translate into Chinese:

    2.11 My friend loaned me his car for a week.
    2.12 He wanted to borrow $500 from me, but I refused.
    2.13 I don't own this book. I borrowed it from Mr.
         Wang.
    2.14 If I were you, I wouldn't lend him that much
         money.
    2.15 May I borrow your boat tomorrow?

2. <u>The Use of Lìngwài</u>:

<u>Lìngwài</u> is most commonly used as a movable adverb and as
a specifier.

2.1 As a movable adverb it means "besides", "in addition":

    (Lìngwài) Tā (lìngwài) gěile wǒ wǔkwai chyán.
    (In addition, he gave me $5.00.)

    (Lìngwài) Wǒ (lìngwài) yǒu yige hǎu byǎu.
    (I have a good watch besides this one.)

2.2 As a specifier it means "another":

Nà shr̀ lìngwài yijyàn shr̀ching.
(That's quite another matter.)

Wǒ yau dàu lìngwài yige dìfang chyu jù jityān.
(I'm going elsewhere to spend a few days.)

2.3 <u>Exercise</u> - Translate into Chinese:

2.31 I have another blanket like this.

2.32 I bought a watch for him besides (this one).

2.33 He didn't come here last Friday. It was
     another day he came.

2.34 That student has spent all of the $500 he
     borrowed last month. Now he borrowed another
     $500.

2.35 It was another friend of mine who gave me
     that bookshelf.

3. <u>Dwó(ma), Dzěmma, Jèmma (Dzèmma) and Nèmma</u>:

These are all adverbs, some of which are movable and
some fixed.

3.1 The interchangeable forms <u>dwó</u> and <u>dwóma</u> are both
    fixed adverbs which immediately precede a stative
    verb only. They carry the two meanings of "how"--
    interrogative and exclamatory. Therefore, the
    sentence "Tā dwóma gāu a" may be punctuated:

      Tā dwóma gāu a!   (How tall he is!) or
      Tā dwóma gāu a?   (How tall is he?)

    depending on the intent and the context.

3.2 <u>Dzěmma</u>, when used as a fixed adverb immediately
    preceding a functive verb, carries the meaning "in
    what way" and is generally stressed:

      Nǐ <u>dzěmma</u> chyù?   (How are you going?)

    But when used as a movable adverb, it means "why" or
    "how is it that", usually stressing the subject of

the verb that it precedes or follows:

Dzĕmma nĭ chyù?
Nĭ dzĕmma chyù?   (How is it that you are going?

3.21 Dzĕmma sometimes has the function of a verb.
     It usually appears in these forms:

        Nĭ dzĕmmale? (What is the matter with you?)

        (Wŏ) méidzĕmma. (Nothing.)

        Nĭ shwō dzĕmma(je) tsai hău ne?
        (What do you think should be done?)

3.22 Sometimes dzĕmma can also be used as a specifier:

        Tā shr̀ dzĕmma yige rén?
        (What kind of a person is he?)

        Jè shr̀ dzĕmma (yi)hwéi shr̀? (What happened?)

3.3 Jèmma or dzèmma carries the meaning "so...", "like
    this", "in this way" and is a fixed adverb which
    immediately precedes the FV or the SV:

    Wŏmen dĕi jèmma bàn.
    (We must handle the matter like this.)

    Nĭ dzĕmma chyùle dzèmma dwō tyān na?
    (Why have you been gone for so many days?)

3.4 Nèmma has the meaning 'so...', 'like that', 'in
    that way', when used as a fixed adverb:

    Jèmma bàn méiyou nèmma bàn hău.
    (Doing it this way is not as good as doing it that
     way.)

    Tā dzwò fàn dzwòde nèmma hău, wŏ méi fádz gēn tā bĭ.
    (Her cooking is so good that I cannot possibly com-
    pete with her).

    Nèmma when used as a movable adverb, means:
    'in that case ...'

    (Nèmma) wŏ (nèmma) jyòu búchyùle.

(In that case, I will not go.)

Note that jèmma and nèmma both mean "so..." in English. The difference is when "so good" means "this good--as good as this", "jèmma hǎu" should be used; when "so good" means "that good--as good as that", "nèmma hǎu" should be used.

3.5 Like dzěmma, jèmma and nèmma sometimes have the function of a verb. In like manner, they are usually followed by (je):

Jèmma(je) nǎr syíng a!
(This will never do!)

Nǐ yàushr nèmma(je), wǒ jyou bùsyǐhwan nǐ le.
(If you behave like that, I won't like you any more.)

3.6 Since dwóma and dzěmma are both question words, they can be used as indefinites too:

Bùdzěmma hǎu.
(Not so good.)

Wǒ dzěmma(je) tā dōu bùgàusyìng.
(She is displeased no matter what I do.)

Jèige rén méidwó(ma) gāu.
(This person isn't very tall.)

Dwó(ma) hǎu ye méiyùng.
(It's useless no matter how excellent it is.)

3.7 Dzěmma can be combined with jèmma or nèmma and to-gether they mean "why is it that N is so..."

Jèige jwōdz dzěmma jèmma cháng a?
(Why is it that the table is so long?)

Tā dzěmma nèmma hwài a?
(Why is it that he is so bad?)

3.8 The use of dwóma, dzěmma, jèmma and nèmma can best be illustrated in the form of questions and answers:

Dzěmma syě?   Dzěmma syě.

Dzěmma bàn?   Háishr nèmmayàng(r) bàn hǎu.
Dwóma gāu?   Jèmma gāu.
Dzěmma(je) tsai syíng ne?   Nèmma(je) jyou syíngle.
Jè shr dzěmma (yi)hwéi shr̀?   Shr̀ dzěmma (yi)hwéi shr̀.
Tā shr dzěmma yige rén?   Shr jèmma yige rén.

3.9 <u>Exercise</u> - Translate into Chinese:

3.91 Look, how beautiful she is!

3.92 Why is he so stupid?

3.93 I think he would be angry if we did it like
     this.

3.94 Why can't he rent out his house?

3.95 Why should we do it as he said?

3.96 No matter how he describes his house, I still
     wouldn't rent it.

3.97 A bathroom as good as this might cost one
     thousand dollars.

3.98 Why haven't you decided yet?

3.99 I don't understand what this is all about.

4.00 If you do like this, it stops. If you do like
     that, it goes.

IV. <u>Fāyīn Lyànsyí</u>

1. Nǐ dǎswan gēn ta jyè <u>shémma</u> ?
   Wǒ yau gēn ta jyè yige shū<u>jyàdz</u>.

2. Nǐ wèi <u>shémma</u> jyè tade chìchē?
   Wǒ <u>méi</u>gen ta jyè, shr̀ ta yau <u>jyègei</u> wo de.

3. Nèijyan shr̀, nǐ gen <u>Jāng</u> Ss. shānglyangle ma?
   <u>Méi</u>you. Kěshr wǒ gen lìng<u>wài</u> yige péngyou shānglyangle.

4. Nǐ jèikwai dìtǎn <u>jēn</u> hǎu.
   <u>Jèi</u>kwai búswan tài hǎu. Wǒ lìng<u>wài</u> yǒu yíkwai hǎude.

5. Tā jyè nǐde chyán, hwánle meiyou?
   Hwánle yidyǎr. Hái méihwánwán ne.

6. Tā yùngde dūngsyi dou jyǎngjyoujíle.
   Jēnde ma? Wèi shémma yau nèmma jyǎngjyou?

7. Nǐ syūyàude dūngsyi dou mǎile ma?
   Chàbudwō dou mǎile.

8. Nǐ wèi shémma fēi nyàn Jūngwén bùkě?
   Wǒ ywànyi nyàn.

9. Nǐ yǒu língchyán meiyou?
   Wǒ jyou yǒu jimáu chyán. Nǐ yàu dwōshau?

10. Yòu shr chwūntyan le.
    Rdz yìtyān yìtyānde gwòde jēn kwài.

V. Wèntí

1. Sz Ss. kànle fáng yǐhòu, hái méijywédìng dzū bùdzū de
   shŕhou, tā chyu jǎu shéi shānglyang chyule?

2. Jàu Tt. wèn Sz Ss. shémma?
   Tā gàusung Jàu Tt. shémma?

3. Tā dzūde fángdz dài jyājyu búdài?

4. Jàu Tt. shwō nèige fángdz dzěmmayàng? Pyányi bùpyányi?
   Nèiyàngrde fángdz rúngyi jǎu burúngyi jǎu?

5. Jàu Tt. jywéde tā yīngdāng dzū nèiswǒr fángdz ma?

6. Nèige fángdz búdài jyājyu, Jàu Tt. shwō dzěmma bàn?

7. Jàu Tt. néng jyègei ta shémma jyājyu ne?
   Jyède jyājyu shémma shŕhou hwán ne?

8. Jàu Tt. yàu jyègei ta de jyājyu dōu shr syīnde ma?

9. Sz Ss.de kètīngli dou syūyàu shémma jyājyu?
   Wòfáng ne? Fàntīng ne? Dzǎufáng ne?

10. Sz̄ Ss. děi yùng jyǎngjyoude jyājyu ma? Tā dei·yùng
    dwōshau r̀dz?

11. Chúfángli yùngde dūngsyi, tā yě jyè ma? Chúfángli dou
    syūyàu shémma dūngsyi?

12. Chúfángli yùngde dūngsyi wèi shémma yau jyàu chúdz mǎi?

13. Kètīnglide dūngsyi, Jàu Tt. shwō tā yǒu shémma? Dōu
    děi mǎi shémma?

14. Jàu Tt. yǒu dìtǎn meiyou?

15. Wòfánglide dūngsyi, Jàu Tt. néng jyègei ta shémma?
    Tā hái děi mǎi shémma?

16. Fàngtīnglide dūngsyi. Jàu Tt. néng jyègei tā shémma?
    Nǐ syǎng tā hái děi mǎi shémma?

17. Jàu Tt. shwō línglingswèiswèide dūngsyi dzěmma bàn?

18. Jàu Tt. yàu jyègei ta de jyājya dou dzài nǎr fàngje ne?
    Tāmen chyu kànle ma?

19. Nǐ syàndzài jùde fángdz shr̀ dzūde shr dз̀jǐde?
    Nǐ jyāli dōu yǒu shémma jyājyu?

20. Nǐ syàndzài yùngde jyājyu shr̀ jyède shr dз̀jǐde?
    Háishr dzūde? Dōu shr̀ syīnde ma? Dōu shr syīnshr̀de ma?

VI. Nǐ Shwō Shémma?

1. Yàushr nǐ syǎng gēn nǐde péngyou jyè yiběn shū, nǐ
   dzěmma shwō?

2. Yàushr yǒu rén gēn nǐ jyè dūngsyi, nǐ bùnéng jyègei tā,
   nǐ dzěmma shwō?

3. Nǐde péngyou syǎng mǎi yiyàng dūngsyi, nǐ yǒu nèige
   dūngsyi, ywànyi jyègei tā. Nǐ dzěmma gēn ta shwō.

4. Nǐ kéyi bǎ nǐ jyālide jyājyu shwō yishwō ma?

5. Yǒu rén gēn nǐ dǎting, dàu Jūnggwo chyu, dōu děi dài

shěmma jyājyu, nǐ shwō shémma?

VII. Bèishū

A: Chǐng nín kànkan jèifēng syìn, gwòjùng búgwò?

B: Shr̀ jì píngsyìn, shr̀ jì hángkūngsyìn?

A: Hángkūng syìn.

B: Gwòle.

A: Děi dwōshau yóufèi?

B: Yìmáuèr.

A: Chǐngwèn, dàu Jūnggwode bāugwǒ néng jì bùnéng?

B: Nín děng wo kànkan. Bùsyíng.

A: Nǐn géi wo shŕge lyòufēnde hángkūng yóupyàu, shŕge sānfēnde.

B: Hǎu. Yígùng jyǒumáu chyán.

A: Jèi shr jyǒumáu chyán.

B: Syèsye.

VIII. Fānyì

1. Translate into Chinese:

1.1 May I borrow the car you just bought?

1.2 I want to borrow some stamps from you.

1.3 I loaned him a curtain and some odds and ends.

1.4 He has not yet returned the blanket he borrowed. Now he wants to borrow some money.

1.5 I want to discuss this matter with him. Maybe he can help me out.

1.6 This is a modern-style house.

1.7 This watch is not fast but another watch of mine is.

1.8 I want to buy some other things too.

1.9 He's meticulous about his clothes.

1.10 I will use this old one temporarily.

1.11 He's a good cook.

1.12 Tell me what your need is.

1.13 Wait until I have sold these odds and ends.

1.14 I will handle those odds and ends, you don't have to bother.

1.15 We learned it little by little.

2. Translate back into Chinese:

(195) a. I borrowed five dollars from him.
      b. He loaned me five dollars.
      c. I want to borrow that book of yours to read.

(196) a. Is the house you rented furnished?

(197) a. You don't have to discuss the matter with him.

(199) a. I am taking some other courses too.
      b. It wasn't this friend who said it, but another one.

(200) a. He hasn't yet returned the money he borrowed from me last year. Now he wants to borrow some more.

(205) a. I have to buy soap, towel, toothbrush, toothpaste, etc.
      b. Things like tables and chairs, (etc.) are very cheap in that store.

(206) a. Their home is very nicely furnished.
      b. He is very particular about what he eats.

(207) a. New cars are very expensive. I'd better use
         this old one temporarily.

(211) a. Tell me what you need and I'll buy it for you.
      b. Whenever you are in need of anything, please
         don't hesitate to let me know.

(216) a. I simply must go to China.
      b. Only he can handle this affair.

(217) a. I moved out only the big things. I didn't
         touch any of the little odds and ends.
      b. When you are moving, the odds and ends are most
         troublesome.

(218) a. He finished all the odds and ends little by
         little.

DISHŔKE - GÙ CHÚDZ

I. Dwèihwà

Sz̄ Ss. tsúng Jàujya bānchulai,
syūyàu yíge chúdz gěi ta dzwòfàn.
Tā yau chǐng Jàu Dž̄an Ss. gei ta
jyèshau yige. Yǒu yityān, Sz̄ Ss.
5   dau Jàujya láile. Dàule ménkǒur
Jàu Ss. jèng tsúng mén litou chūlai.

Jàu: Ai! Sz̄ Ss. Tsúng nǎr lái a?

Sz̄:   Tsúng jyā lái. Nín yau chūchyu ma?

Jàu: Dwèile. Búyàujǐn, wǒ méi shemma yàujǐnde shr̀.
10   Chǐng jìnlai dzwò yihwěr ba.

Sz̄:   Búyungle. Nín yǒu shr̀, nín dzǒu ba. Wǒ míngtyan
        dzài lái.

Jàu: Nín chǐng jìnlai ba. Wǒ bùmáng.

Sz̄:   Búyung jìnchyule. Wǒ jyòu you yìlyǎngjyu hwà.
15   Jyòu dzai jèr shwō ba. Wǒ syǎng chǐng nín gei wo
        jyèshau yige chúdz. Nín yǒu rènshrde méiyou?

Jàu: Nín děng wǒ syángsyang. Yǒu yige syìng Lǐ de.
        Tǐng chínjin, yě chéngshr. Wǒ jyàu ta míngtyan
        dau nín ner chyu jyànjyan nín chyu ba. Nín
20   kànkan ta chéng buchéng.

Sz̄:   Hǎujíle. Wǒ míngtyan syàwǔ buchūchyu. Nín jyàu
        ta chyù ba. Hǎu! Wǒ dzǒule. Míngtyan jyàn.
        Syèsye nín.

Jàu: Dwèibuchǐ. Yě méijìnlai hē dyǎr chá.

25   (Dièrtyan chúdz dau Sz̄ Ss. jyā láile.)

S̄z: Nǐ syìng shémma?

Chúdz: Syìng Lǐ.

S̄z: Nǐde míngdz jyàu shémma?

Chúdz: Wǒ jyau Lǐ Yǒutsái.

5 S̄z: Nǐ shr dzwò nánfang tsài, háishr běifang tsài?

Chúdz: Wǒ dōu néng dzwò. Syītsān wǒ ye néng dzwò
        yìdyǎr.

S̄z: Wǒ jerde shŕching hěn jyǎndān. Jyòushr wǒ yíge
        rén ch̄r fàn. Yǒu shŕhou chǐng kè, kěshr chǐng
10   kè de shŕhou bùdwō. Jyòushr chǐng kè, yě méiyou
        tài dwōde rén. Gūngchyan, Jàu Ss. gen ni shwō-
        chǐngchule ma?

Chúdz: Shwōchǐngchule.

S̄z: Wǒ tīngshwō nǐ yòu chínjin yòu chéngshr. Dzwò
15   tsài yě dzwòde hǎu. Nǐ néng tsúng jīntyan chǐ,
        lái dzwò shr̀ ma?

Chúdz: Syíng. Gāngtsái wǒ dau chúfáng kànle kàn, nín
        chúfángli yùngde dūngsyi hǎusyàng dōu méiyǒu?

S̄z: Dwèile. Wǒ jèng yau gēn ni shwō. Wǒ syǎng jyàu
20   ni chyu gěi wo mǎi. Nǐ kàn dōu syūyàu shémma?

Chúdz: Wǒ syǎng tyāntyān yùngde pándz wǎn, bwōlibēi,
        kwàidz, dāudz chādz shémmade, dàgài dōu děi mǎi ba.

S̄z: Dāuchā, wǒ yǒu yitàu. Chúfángli yùngde dūngsyi,
        wǒ jyǎnjŕde yìdyǎr dou bùdùng. Nǐ shwō mǎi
25   shémma, jyou mǎi shémma ba. Děng yihwěr, wǒ syān
        gěi ni yidyǎr chyán, nǐ chyu mǎi chyu. Měityan
        wǒ chīdyǎn jūng chr̄ dzǎufàn. Syàwǔ yìdyǎn jūng
        chr̄ wǔfàn. Lyòudyǎnbàn chr̄ wǎnfàn. Píngcháng
        wǒ dzǎufàn jyou chr̄ lyǎngge jīdàn, yìbēi nyóunǎi,
30   yǒu shŕhou chr̄ yìdyǎr kǎumyànbāu; jyúdzshwěi,
        méiyou ye méi gwānsyi. Wǔfàn wǒ chr̄de hěn shǎu.
        Shémma shěng shr̀ jyou dzwò shémma. Wǒ búwànyi
        byéren wèi wo tèbyé fèi shr̀. Wǎnfàn yǒu ròu, méi
        ròu, méi gwānsyi. Kěshr wǒ yàu yidyǎr chīngtsài.
35   Shwěigwǒ yě bùnán mǎi. Búlwùn shr jyúdz pínggwo

syāngjyāu, wǒ dōu syǐhwan chř. Nǐ kànje bàn hǎule.

Chúdz: Nín jēn hǎushwōhwà. Hǎu ba. Wǒ syān chūchyu mǎi
         dūngsyi chyu ba.

Sž: Hǎu. Nǐ syān ná eřshŕwǔkwai chyán chyu. Búgòu,
         wǒmen yǐhòu dzàishwō.

II. Shēngdž Yùngfǎ

219. gù   V: hire, employ (Used often with
                           reference to laborers, and some-
                           times contrasted with chǐng ('to
                           invite for employment')
  219.1 gù rén   VO: hire someone, employ people
  219.2 gù chúdz/chúshř   VO: hire a cook
  219.3 gù yùngren   VO: hire a servant
  219.4 gù chē   VO: hire a car/conveyance

220. ménkǒur   N: gate way, door way, in front of the
                           door
  220.1 jyā ménkǒur   gateway of a home
  220.2 pùdz ménkǒur   entrance of a store

221. tǐng   A: very
  221.1 tǐng hǎu   very good
  221.2 tǐng shūfu   very comfortable
  221.3 tǐng yǒuyìsz   very interesting

222. chínjin   SV: be diligent, (refering to physical
                           work)

     a. Tā dzwò shř fēicháng chínjin.

223. chéngshŕ   SV: be honest, sincere

     a. Nèige rén, dwèi ren hěn chéngshr.

224. míngdz   N: name (M: -gè)
  224.1 míngdz jyàu...   (his) name is...
  224.2 chǐ míngdz   VO: give a name, to name
  224.3 jyàu shémma
        míngdz?   What is it called?

a. Wǒ syìng Jàu, míngdz jyàu Džān.
b. Jèige míngdz shr shéi gěi ta chǐde?

225. syītsān   N: Western-style meal (M: -dwùn)

226. jyǎndān   SV: be simple

a. Tā shwōde hwà, yòu jyǎndan, yòu chīngchu.

227. chǐng kè   VO: invite guests, give a party

a. Dzwótyan tǎ chǐng kè, nǐ dzěmma méichyù?

228. jyòushr...yě... A: even if (in supposition)

a. Nǐ jyòushr yǒuchyán, yě méi dìfang mǎi chyu.

229. gūngchyan   N: wage

230. tsúng...chǐ   CV...V: from...on

a. Tsúng syàndzài chǐ, wǒ yídìng búdzài hē jyǒule.

231. bwōli   N: glass, plastic
  231.1 bwōlide   glass
  231.2 bwōli dzwòde   made of glass or plastic
  231.3 bwōli píbāu   plastic hand bag

232. bēi(dz)   N: cup, glass
  232.1 -bēi   M: glass of, cup of
  232.2 jyǒubēi   N: wine, cup or glass
  232.3 chábēi   N: teacup
  232.4 bwōlibēi   N: glass, tumbler

233. dāuchā   N: knife and fork (M: -fèr, -tàu)

234. nyóunǎi   N: cow's milk
  234.1 nyóu   N: cow, ox, cattle
  234.2 nǎi   N: milk

235. kǎumyànbāu   N: toast
  235.1 kǎu   V: toast, bake
  235.2 myànbāu   N: bread (M: -kwài for slice; -gè for
                       loaf)
  235.3 kǎu myànbāu VO: toast or bake bread

a. Chǐng nín gei wo kǎu yikwài myànbāu.

236. jyúdz   N: orange, tangerine
 236.1 jyúdzshwěi   N: orange juice

237. gwānsyi   N: relation, connection, relevance
 237.1 yǒu gwānsyi   VO: to be related to, to be relevant
 237.2 méi(you)
       gwānsyi   VO: not related to, not relevant
 237.3 méigwānsyi   IE: It doesn't matter, it's not im-
                            portant.

     a. Jèijyan shř gēn nèijyan shř yǒu hěn dàde gwānsyi.
     b. A: Dwèibuchǐ.
        B: Méigwānsyi.
     c. A: Nǐ jywéde chyù hǎu, búchyu hǎu?
        B: Chyù buchyù, méigwānsyi.

238. shěng   V: save (economize)
 238.1 shěngshř/
       shěng shř   SV/VO: trouble-saving/save trouble
 238.2 shěngchyán/
       shěng chyán   SV/VO: economical/save money
 238.3 shěngshřhou/
       shěng shřhou   SV/VO: time-saving/save time

     a. Búyung jìnchéng le. Jyòu dzai fùjìn mǎi ba.
        Shěngshř.
     b. Wǒ děi shěng yidyǎr chyán le.

239. fèi   V: waste, use a lot
 239.1 fèishř/
       fèi shř   SV/VO: laborious, troublesome/take a
                               lot of work
 239.2 fèichyán/
       fèi chyán   SV/VO: expensive/cost money, take
                               money
 239.3 fèishřhou/
       fèi shřhou   SV/VO: time consuming/use time, take
                               time

     a. Byé fèishř, nín yǒu shémma, wǒ jyou chř shémma.
     b. Dzwò jèige tsài, fèile hěn dwō shřhou.

240. wèi   CV: for

     a. Jèige byǎu wǒ shr wèi tā mǎide.

241. chīngtsài   N: green vegetables

242. shwěigwǒ   N: fruit

243. búlwùn (wúlwùn) A: it doesn't matter, no matter what

   a. Búlwùn shémma shŕhou, tā dou dzài jyā.

244. kànje bàn   IE: do as you see fit

   a. Nèijyan shŕ, tā shwō jyàu wǒmen kànje bàn.

245. hǎushwōhwà   SV: be affable, easy to get along with

   a. Tā búdà hǎushwōhwà.

III. Jyùdz Gòudzàu

1. The Various Uses of Question Words:

The most common question words in Peking Mandarin are:

   shémma   dzěmma   dwóma   dwōshau
   shéi   nǎr   něi-M   jǐ-M

Although wèi shémma and shémma dìfang are single words
in English (why, where), they are combinations of two
words in Chinese, the literal translations of which are
"for what" and "what place". Wèi shémma is a combina-
tion of CV-N and shémma dìfang one of N-N. Therefore,
they are not considered as single words.

The eight question words listed above are not the same
part of speech:

   Noun: shémma, shéi
   Placeword: nǎr
   Specifier: něi-
   Numerals: dwōshau, jǐ-
   Adverbs: dwóma, dzěmma

It is worthy of note that the part of speech of a ques-
tion word decides its position in a sentence.

1.1 We recall that all question words can be used as in-
    definites. In this usage, there are several common
    patterns, in one of which the question word (as in-
    definite) is preceded by a negative verb:

$$\left.\begin{array}{l} \text{bù} \\ \text{méi} \end{array}\right\} \ldots\ldots\ldots \text{ one of the indefinites}$$

Nǐ dau jèr lai yǒu shémma shr̀ a? Wǒ <u>méi</u> <u>shemma</u>
shr̀.
(What business brings you here? I am doing
    nothing.)

Nǐ dau nǎr chyù? Wǒ <u>búdau</u> <u>nǎr</u> chyù.
(Where are you going? I am not going anywhere.)

Tā jǎngde <u>bùdzěmma</u> hǎukàn.
(She isn't too pretty.)

Wǒ <u>méidzěmma</u> yùngsyīn jyou hwèile.
(I didn't put in any special effort and I learned
    it.)

Tā <u>bùdǎswan</u> gěi <u>shéi</u> <u>shémma</u> dūngsyi.
(He isn't planning to give anyone anything.)

Rén shwō wǒ yǒuchyán, kěshr wǒ <u>méi</u> <u>dwōshau</u> chyán.
(People say I am rich, but I don't have much
    money.)

1.2 Another use of the question word is that it may be
    preceded by <u>búlwùn</u>, <u>wúlwùn</u> or <u>bùgwǎn</u> (any of which
    may be omitted) and followed by <u>dōu</u> or <u>yě</u>, indicating
    inclusive ideas such as "everyone" and "everything"
    or exclusive ideas such as "no one", "nothing" and
    "no matter...":

$$\left.\begin{array}{l} \text{(búlwùn)} \\ \text{(wúlwùn)} \\ \text{(bùgwǎn)} \end{array}\right\} \ldots\ldots\text{Indef}\ldots\ldots \left\{\begin{array}{l} \text{dōu}\ldots\ldots\ldots \\ \text{yě}\ldots\ldots\ldots \end{array}\right.$$

<u>Shéi</u> <u>dou</u> méilái.
(No one came at all.)

(<u>Búlwùn</u>) dwó(<u>ma</u>) hǎu wǒ ye bùsyǐhwan.
(No matter how good it is, I don't like it.)

Tā (wúlwùn) dwōshau chyán dou búmài.
(He won't sell it for any price.)

Jèijyan shr̀ (bùgwǎn) dzěmma bàn ye bùsyíng.
(No matter how this matter is handled, it won't
  do.)

Nèige rén (wúlwùn) shémma dou búhwèi.
(That person cannot do anything.)

Jèi sānběn shū (wúlwùn) něiběn tā ye búnyàn.
(He won't read any of these three books.)

Nǐ wèi shémma búchyù? Wǒ shémma dou búwèi.
(Why aren't you going? For no reason at all.)

1.21 The above pattern with two alternatives replacing
      the question word in the middle gives the same in-
      clusive or exclusive ideas:

(Búlwùn) (shr) hǎu(de) (shr) hwài(de), wǒ dōu mǎi.
(I will buy it no matter whether it is good or
  bad.)

(Wúlwùn) (shr) dzǎu (shr) wǎn, dōu chéng.
(It's all right no matter whether it is early or
  late.)

(Bùgwǎn) (shr) húngde (shr) lyùde, tā dōu
  bùsyǐhwan.
(No matter whether it is red or green, he
  doesn't like it.)

(Búlwùn) (shr) nǐ chyù (shr) wǒ chyù, dōu yíyàng.
(No matter whether you go or I go, it's the same.)

1.3   Inclusive expressions such as whatever, whoever,
      whenever, however, whichever take a two-clause
      pattern in Chinese:

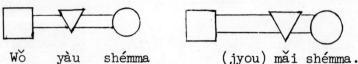

Wǒ   yàu   shémma   (jyou) mǎi shémma.
(I buy whatever I want.)

Nǎr   lyángkwai   wǒ (jyou) dàu nǎr   chyù.
(I go wherever it is cool.)

Shéi yǒu   gūngfu   shéi   chyù,   hǎu buhǎu?
(Whoever has time will go. Will that do?)

   Něige pyányi wǒ mǎi něige.
   (I'll buy whichever is cheaper.)

   Dzěmma rúngyi dzěmma dzwò. Byé fèi shr̀.
   (Do it whichever way is easier. Don't waste
   effort.)

   Tā dzwòde fàn yàu dwóma hǎu yǒu dwóma hǎu.
   (Her cooking is as fine as you can ask for.)

   Nǐ géi wo dwōshau wǒ yàu dwōshau.
   (I'll take as many as you give me.)

   Syūyàu jǐge ná jǐge. Byé dōu nádzǒu.
   (Take as many as you need. Don't take them all.)

1.4 Exercise - Translate into Chinese:

   1.41 I don't want anything.
   1.42 He doesn't want to give anybody anything.
   1.43 Whatever she says is always right.
   1.44 I don't have anything to do.
   1.45 He'll take whatever you want to give.
   1.46 I'll leave whenever he arrives.
   1.47 We don't have much money.
   1.48 Whoever has money, she will marry.
   1.49 I didn't live there for long.
   1.50 No matter who tells me, I don't want to
        hear it.
   1.51 I'll go wherever it is warm.
   1.52 Everybody feels embarrassed to borrow money.
   1.53 It doesn't matter who lent him the money;
        in any case he got it.

1.54 I don't want to borrow anything.
1.55 He isn't particularly fussy about clothing.

2. The Uses of Dzài:

Dzài is a fixed adverb which carries at least two meanings, both of which are very common in usage:

2.1 It has the meaning of "again" and "some more", referring to the repetition of a previous action. In this sense it is stressed and is usually followed by V NU-M:

Tā yǐjing mǎile yige, hái yau dzài mǎi yige.
(He has already bought one and he wants to buy one more.)

Dzwótyan tā dau Nyǒuywē chyùle. Míngtyan (hái) yau dzài chyù (yitsż).
(He went to New York yesterday. Tomorrow, he will go again.)

2.2 When dzài is preceded by a time expression or a clause with a verb other than the one after it, it has the meaning of "not until" and "before...". In this case, dzài is often not stressed:

Nǐ chīwán fàn dzai nyànshū ba.
(You'd better finish your meal before you study.)

Wǒ jīntyan yǒu shř. Míngtyan dzai chyù hǎu buhǎu?
(I have something to do today. Let's not go until tomorrow.)

Note that dzài, meaning "not until" and "before...", is usually used in a plan, command, resolution, request or suggestion.

2.21 The most common patterns in the use of dzài, meaning "not until" are:

2.211 (S) syān V, dzai V (ba).

Nǐ syān shwèijyàu, dzai chūchyu (ba).

2.212 (S) <u>děng</u> V,   <u>dzai</u> V (<u>ba</u>).

Nǐ děng wǒ hwéilai dzai dzǒu (<u>ba</u>).

2.213 (S) <u>syān</u> V, <u>děng</u> V <u>dzai</u> V (<u>ba</u>).

Chǐng syān hē yidyǎr chá, děng Jāng Tt.
hwéilai, wǒmen dzai chrfàn.

2.3 <u>Exercise</u> - Translate into Chinese:

2.31 I plan to go to New York again tomorrow.

2.32 Why don't you discuss it first before you
decide?

2.33 Please take this book first; wait until tomorrow
before I lend you the other one.

2.34 I saw a good looking girl the other day. I am
going to see her again in a few days.

2.35 Wait until I have finished preparing my lessons
before we go out.

IV. <u>Fāyīn Lyànsyí</u>

1. Nǐ nèige syīn gùde <u>chúdz</u> dzěmmayàng?
Tǐng <u>hǎu</u>. You <u>chínjin</u> you <u>chéngshŕ</u>.

2. Nǐ <u>shémma</u> shŕhou chǐng kè?
Wǒ jyòushr <u>chǐng</u> kè yě buchǐng <u>nǐ</u>.

3. Nǐ yìtyān hē <u>jǐbēi</u> nyóunǎi?
Yǒu shŕhou <u>hē</u> <u>yìbēi</u>, yǒu shŕhou <u>yìbēi</u> dou buhē.

4. Wèi shémma jyàu <u>tā</u> chyu bàn ne?
<u>Nèijyan</u> shŕ fēi <u>tā</u> <u>bùkě</u>.

5. Nǐ tsúng <u>shémma</u> shŕhou chǐ jyou bùchōu <u>yān</u> le?
Tsúng shŕywè <u>èrhàu</u>.

6. Wǒmen dzai <u>shémma</u> dìfang <u>jyàn</u> ne?
Shémma dìfang <u>hǎu</u>, jyou dzai shémma dìfang <u>jyàn</u>.

7. Tā dzwò fàn dzwòde jēn hǎu.
   Chígwàijíle. Tā dzěmma dzwò, dzěmma hǎuchr.

8. Nǐ shwō dzěmma bàn hǎu?
   Méi gwānsyi. Búlwùn dzěmma bàn dou syíng.

9. Dàu fàngwǎr chyu chrfàn ba. Shěng shr.
   Shěng shr kěshr fèi chyán. Dzài jyā chrfàn yě
     búfèi shr.

10. Tā shwō míngtyan syà yǔ.
    Búlwùn syà yǔ búsyà, fǎnjèng wǒ yě dei chyù.

                      V. Wèntí

1. Sz Ss. wèi shémma syūyàu gù yige chúdz?

2. Tā gù chúdz dzěmma gù?

3. Sz Ss. chyu jǎu Jàu Ss., dzai shémma dìfang jyànjaude
   Jàu Ss.?

4. Jàu Ss. kànjyan Sz Ss. gen ta shwō shémma? Sz Ss. shwō
   shémma?

5. Tāmen lyǎngge rén shr dzài shémma dìfang tánde hwà?

6. Jàu Ss. yau gei Sz Ss. jyèshaude chúdz syìng shémma?
   Jàu Ss. shwō nèige rén dzěmma hǎu?

7. Jàu Ss. syǎng jyàu nèige chúdz shémma shŕhou chyu jyàn
   Sz Ss.? Sz Ss. shwō shémma shŕhou chyu hǎu?

8. Sz Ss. líkai Jàujya de shŕhou, Jàu Ss. gēn ta shwō
   shémma?

9. Chúdz dau Sz Ss. jyā chyule, Sz Ss. dōu wèn ta shémma
   hwà?

10. Nèige chúdz hwèi dzwò shémma tsài?

11. Sz Ss. cháng chǐng kè ma? Tā chǐng kè de shŕhou cháng
    chǐng hěn dwōde rén ma?

12. Sz̄ Ss. syǎng ràng ta tsúng shémma shŕhou chǐ, chyu dzwò shr̀?

13. Chúfángli yùngde dūngsyi Sz̄ Ss. dōu yǒu ma? Ta dǎswan dzěmma bàn?

14. Sz̄ Ss. jŕdau bujŕdau ta dou syūyàu shémma dūngsyi? Chúdz shwō dou syūyàu shémma dūngsyi?

15. Sz̄ Ss. shémma shŕhou chr̄ dzǎufàn? Shémma shŕhou chr̄ wǔfàn, shémma shŕhou chr̄ wǎnfàn?

16. Tā dzǎufàn chr̄ shémma? Wǔfàn chr̄ shémma? Wǎnfàn chr̄ shémma?

17. Nèige chúdz jywéde Sz̄ Ss. dzěmmayàng?

18. Nǐ gùgwo yùngren meiyou? Nǐ syǎng nǐ gù yùngren de shŕhou děi wèn ta shémma?

19. Nǐ měityan shémma shŕhou chr̄ dzǎufàn? Shémma shŕhou chr̄ wǔfàn, shémma shŕhou chr̄ wǎnfàn? Dōu chr̄ shémma?

20. Dzwò chr̄de dūngsyi, yǒude hěn hǎuchr̄, kěshr fèishr̀; yě yǒude bútài hǎuchr̄, kěshr shěngshr̀. Nǐ ywànyi něiyàng?

VI. Nǐ Shwō Shémma?

1. Yàushr nǐ syūyàu yige chúdz, nǐ syǎng chǐng nǐde péngyou gěi nǐ jyèshau, nǐ dzěmma gēn nǐ péngyou shwō?

2. Yàushr nǐ gùle yige yùngren, nǐ dōu děi wèn tā shémma?

3. Nǐ dōu děi gàusung tā shémma?

4. Nǐde chúdz wèn nǐ wǎnfàn yàu chr̄ shémma? Nǐ shwō shémma?

5. Nǐ syǎng jyàu nǐde yùngren gěi nǐ mǎi yidyǎr dūngsyi, nǐ dzěmma gēn ta shwō?

VII. Gùshr

(on record)

VIII. <u>Fānyì</u>

1. Translate into Chinese:

    1.1 Please hire a car for me.

    1.2 He works very diligently.

    1.3 If you are honest with others, others will be honest with you.

    1.4 Don't you think this is very simple?

    1.5 The words of the book are both clear and simple.

    1.6 Even if he is diligent enough I still don't think he is suited to the job.

    1.7 From that time on, I no longer drank liquor.

    1.8 Since when did you stop beating your wife?

    1.9 I will buy it, whenever I have the money.

    1.10 I will give it to whomever you wish.

    1.11 I will go wherever people are friendly.

    1.12 It tastes good anyway she cooks it.

    1.13 There isn't any relation between these two matters.

    1.14 Let's eat in a restaurant, it will save a lot of trouble.

    1.15 I don't like parties, they take too much time.

    1.16 I don't think he can do it well, he is just wasting time.

    1.17 No matter whether it is raining or not, I have to go and buy some oranges.

    1.18 No matter how much wages you pay him, he won't take the job.

    1.19 He is very easy to get along with. No matter what you discuss with him, he will tell you to do as you see fit.

    1.20 Since he says to do it this way, we'd better do it this way.

2. Translate back into Chinese:

    (219) a. I have to hire a servant.

    (222) a. He works very diligently.

    (223) a. That man is quite honest with people.

    (224) a. My last name is Jàu and my given name is Džǎn.
         b. Who gave him this name?

    (226) a. What he said was both simple and clear.

(227) a. Why didn't you go to his party yesterday?

(228) a. Even if you had the money, there is no where to buy it.

(230) a. From now on, I'm determined not to drink (liquor) anymore.

(235) a. Please toast a piece of bread for me.

(237) a. This matter is closely related to the other.
      b. A: Excuse me.
         B: It's all right.
      c. A: Do you think it is better to go or not to go?
         B: It doesn't matter whether you go or not.

(238) a. You don't need to go to town. Buy it locally and save trouble.
      b. I have to save some money.

(239) a. Don't go to any trouble. I'll eat whatever you have.
      b. It took a long time to make this dish.

(240) a. I bought this watch for him.

(243) a. He's at home any time of the day.

(244) a. He told us to do as we see fit about that matter.

(245) a. He's not very easy to get along with.

DISHŔYĪKE - DǍ DYÀNHWÀ

I. Dwèihwà

Sz̄ Ss. bǎ ta syīn dzūde fángdz
shōushrdéle, chúdz yě gùhǎule, syǎng
chǐng Jàu Ss., Jàu Tt. dàu tā jer lai
chr̄fàn. Swóyi tā gei Jàu Ss. dǎ dyàn-
5   hwà, yàu gēn tāmen dìng yige shŕhou.
Sz̄ Ss. dìyítsz̀ dǎ dyànhwà, dyànhwà-
jyúlide rén shwō:

Dyànhwàjyú: Yǒu rén shwōje hwà ne, chǐng děng yideng.

(Sz̄ Ss. yòu dǎ dyànhwà.)

10 Sz̄:   Wài! Nín nǎr a?

Dyànhwàli: Syīnyǎ Gūngsz̄.

Sz̄:   Láujyà, chǐng wèn, nín dyànhwà dwōshauhàu?

Dyànhwàli: Wǔlíngyījyǒu.

Sz̄:   Dwèibuchǐ, tswòle.

15   (Sz̄ Ss. bǎ dyànhwà gwàshang, yòu jāisyalaı dǎ
           dyànhwà.)

Sz̄:   Wài! Nín nǎr a?

           (Dyànhwàli shr Jàujyade eŕdz, hěn héchì.)

Jàujya   Wǒmen jèr shr Jàujya. Nín shr nǎr a?

20 Sz̄:   Wǒ shr Sz̄mǐdz. Láujyà chǐng Jàu Ss. jyē
           dyànhwà.

Jàujya   Chǐng nín děng yihwěr, byé gwà, wo gei nín
          kànkan chyu.

Jàu Ss: (dzai dyànhwàli shwō:) Wài!   Nín shr Sz̄ Ss. ma?
         Wǒ shr Džān ne.

Sz̄:   Jàu Ss., nín hǎu ba? Wǒ méi shémma tèbyéde shr̀.
         Wǒ yǐjing bǎ wūdz shōushrdéle, syǎng chǐng nín
5   gēn Jàu Tt. lai chr̄ fàn, nín shémma shŕhou yǒu
         gūngfu a?

Jàu: Dwèibuchǐ, dyànhwàlide shēngyin tài lwàn, wǒ
         méitīngchīngchu. Chǐng nín dà dyǎr shēngyin
         shwō.

10 Sz̄: Wǒ syǎng chǐng nín gēn Jàu Tt. dau wǒ jèr lai
         chr̄fàn. Nín něityan yǒu gūngfu?

Jàu: Hébì kèchi?

Sz̄:   Búshr kèchi. Wǒ syǎng chǐng nǐmen dàu wǒ jer
         lai kànkan.

15 Jàu: Wǒ hěn ywànyi chyu, kěshr aìren jei lyǎngtyān
         yǒudyǎr bùshūfu, dzai chwángshang tǎngje ne,
         méichǐlai.

Sz̄:   Dzěmmale?

Jàu: Bùsyǎude shr dzěmma hwéi shr̀. Dàgài shr̀ jāule
20   dyǎr lyáng, shāngfēng le. Dzwótyan tā shwō
         yǒudyǎr tóuténg. Yèli jyou késhouchilaile.
         Jīntyan dzǎushang, chǐng dàifu lai kànle kàn,
         dǎle yijēn, shr̀le shr wēndùbyǎu, dàushr méifāshāu.
         Dàifu shwō, dwō hē yìdyǎr jyúdzshwěi, tǎng
25   yitǎng, syōusyisyōusyi, jyou hǎule.

Sz̄:   Děi lyóu dyǎr shén, jèijǔng tyānchi dzwèi rúngyi
         jāulyáng. Méichr̄ yàu ma?

Jàu: Dàifu shwō wǎnshang kéyi chr̄ yìdyǎr àsz̄pǐlíng.

Sz̄:   Nín kàn nǐmen shémma shŕhou tsái néng lái ne?
30   Bǐfāngshwō, syàsyīngchī chéng buchéng?

Jàu: Nà wǒ kě bùgǎnshwō. Wǒmen gwò lyantyān dzai
         dìng, hǎu buhǎu?

Sz̄:   Hǎu ba, nèmma wǒ míngtyan dàu nín nèr chyu kànkan
         nǐmen.

Jàu: Bùgǎndāng. Yàushr nín yǒu gūngfu, chǐng gwòlai
       tántan.

Sz̄:   Hǎu. Míngtyan jyàn ba.

       (Tāmen jyou bǎ dyànhwà gwàshangle.)

II. Shēngdz̀ Yùngfǎ

246. dé   V: be ready
                         RVE: ready, completed
  246.1 dzwòdéle   RV: the job is completed
  246.2 syěbùdé   RV: writing cannot be finished on time
  246.3 débulyǎu   RV: cannot be ready on time
  246.4 lyǎubude   IE: extremely, very; terrific
  246.5 bùdélyǎu   IE: extremely, very; terrific

     a. Syǐ jèisye yīshang, jǐtyan dé?
     b. Jèige rén lìhaide bùdélyǎu (lyǎubude).
     c. Nèige rén jēn bùdélyǎu (lyǎubude).

247. wài   EX: hello (used in telephone conversation
                              only)

248. gūngsz̄   N: company, corporation
  248.1 Syīnyǎ
        Gūngsz̄   N: New Asia Company

249. chǐngwèn   IE: may I inquire

     a. Chǐngwèn, Syīnyǎ Gūngsz̄ dzài nǎr?

250. jāi   V: take off (hat, flower, etc.)
                             take down (picture, telephone
                             receiver, etc.; opposite gwà)
  250.1 jāisyalai   RV: take off or down
  250.2 jāi hwār   VO: pick flowers

     a. Chǐng ni bǎ màudz jāisyalai, hǎu buhǎu?

251. héchi   SV: be friendly, affable

     a. Dzwò mǎimai, yídìng děi héchi.

252. gwà   V: hang (something)
  252.1 gwàshang   RV: hang up
  252.2 gwàchilai   RV: hang up

    a. Jèijang hwàr, gwàdzai nǎr?
    b. Nǐ yàu chǐng Lǐ Ss. jyē dyànhwà ma? Byé gwà,
       wǒ gei nín kànkan ta dzài jyā búdzài.

253. shēngyin or
       shēngr   N: sound, noise

    a. Jèige chìchē yídìng hwàile. Nǐ tīng. Jèige
       shēngyin dwóma tèbyé!
    b. Chǐng dà dyǎr shēngr shwō.

254. lwàn   SV: be confused, in disorder, mixed up,
                          helterskelter, in trouble
                      A: confusedly, recklessly
  254.1 lwàn shwō   speak recklessly, not know what one
                         is saying
  254.2 lwànchībādzāu IE: in confusion, at sixth and seventh

    a. Tā shwōde hwà hěn lwàn.
    b. Tā nà shr swéibyàn lwàn shwō.
    c. Wǒde wūdz lwànchībādzāu.

255. hébì   A: why is it necessary to?
  255.1 hébì fēi...
         bùkě   why insist on...? why must?

    a. Fùjìn mài yīshangde hěn dwō, hébì yídìng dàu
       chéng lǐtou chyu mǎi ne?
    b. Dàu Nyǒuywē chyu, dzwò hwǒchē yě hěn fāngbyan,
       hébì fēi dzwò fēijǐ bùkě?

256. airen   N: wife, husband, (People's
                          Republic of China only).
                          Elsewhere:
                          nèiren N: (my) wife (<u>polite</u>)
                          jàngfu N: husband

257. tǎng   V: lie down
  257.1 tǎngsya   RV: lie down, fall down
  257.2 tǎngdzai
         chwángshang   lie on the bed

    a. Tā tǎngje ne.
    b. Tā hē jyǒu hēdwōle, dzǒuje dzǒuje, tǎngsyale.

258. syǎude   V: know

   a. Jèijyan shŕching, nǐ syǎude ma?

259. jāulyáng   VO: catch cold

   a. Wǒ dzwótyan wǎnshang méigwān chwānghu, jāule djǎr
      lyáng.

260. shāngfēng   VO: catch cold

   a. Wǒ shāngfēng, shāngde hěn lìhai.
   b. Wǒ yǒuyidyǎr shāngfēng.

261. téng   SV: ache
 261.1 tóuténg   SV: have a headache

   a. Wǒde tóu hěn téng. or Wǒ hěn tóuténg. or
      Wǒ tóuténgde hěn lìhai.

262. késou   V/N: cough

   a. Tā shāngfēng le, dzwótyan yèli késoule bàryè.

263. -chǐlai   RVE: start to, begin to; (also indicates
                          success in attaining object of the
                          action)
 263.1 kūchilaile   RV: begin to cry
 263.2 dǎchilaile   RV: begin to fight
 263.3 dǎdechilái   RV: will start to fight
 263.4 dǎbuchilái   RV: will not start to fight
 263.5 chàngchi gēr
       laile   RV: begin to sing
 263.6 syàchi yǔ
       laile   RV: begin to rain
 263.7 syǎngbu-
       chilái   RV: do not remember

264. dàifu OR yīsheng   N: medical doctor, physician
 264.1 chǐng dàifu/yīsheng   VO: call a doctor
 264.2 kàn dàifu/yīsheng   VO: see a doctor
 264.3 jǎu dàifu/yīsheng
       kàn bìng   VO: see a doctor for an ailment

265. jēn   N: needle, pin, inoculation

                         M: stitch, shot, etc.
265.1 dǎjēn   VO: innoculate

     a. Dàifu géi wo dǎle yijēn.

266. wēndù   N: temperature
266.1 wēndùbyǎu   N: thermometer
266.2 shř wēndù   VO: take temperature

     a. Nǐ shřshr tāde wēndù, kànkan gāu bugāu.

267. fāshāu   VO: have a fever

     a. Tā fāshāu fāde hěn gāu.

268. lyóushén   V/VO: take care/be careful

     a. Lù bùhǎu dzǒu, chǐng lyóu dyǎr shén.
     b. Lyóushén, chìchē láile.

269. àszpǐlíng   N: aspirin (M: -pyàr)
269.1 chř àszpǐlíng VO: take aspirin

270. bǐfang   N/V: example/describe with gesture
270.1 bǐfangshwō   V: for instance
270.2 ná...dzwò
      bǐfang   take...for an example
270.3 ná shǒu
      bǐfang   Ph: to describe with the hands

     a. Bǐfangshwō, yàushr míngtyan syà yǔ, wǒmen hái
        chyù buchyù?
     b. Ná jèijyan shř dzwò ge bǐfang ba.

271. gǎn   V: dare, venture
271.1 wǒ gǎn shwō IE: I venture to say that, I'm sure
271.2 bùgǎn shwō   IE: one doesn't dare say, uncertain

     a. Wǒ yèli yíge rén bùgǎn dàu nèige hēi wūdzli chyu.
     b. Wǒ bùgǎn shwō tā míngtyan lái bulai.

III. Jyùdz Gòudzàu

1. Lái and Chyù as RV Endings:

Both lái and chyù can be used as endings in resultative
verbs. For example:

nálaile   méinálai   nádelái   nábulái
chūchyule méichūchyu chūdechyù   chūbuchyù

Some of the resultative verbs of which lái and chyù are
directional endings are in turn commonly used as direc-
tional endings to form other resultative verbs. The most
common ones are:

shàng   ⎞   E.g.: náshanglai
syà   ⎟   bānsyachyu
jìn   ⎟ ⎛lai   pǎujinlai
chū   ⎟ ⎝chyu   sùngchuchyu
hwéi   ⎟   fēihweilai
gwò   ⎠   dzǒugwochyu

chǐlai (never chǐchyu)   náchilai (never náchichyu)

1.1 When there is an object, the directional ending which
    in itself is an RV may be split and the object in-
    serted between its two parts. This is the most
    common form with the directional ending chilai:

    Tā yìsyǎngchi ta mǔchin lai jyou kū.
    Chǐng nǐ bāngwo jèige jwōdz lai.

1.2 Exercise - Translate into Chinese:

    1.21 I have moved that table upstairs.

    1.22 He has taken back the book he lent me.

    1.23 The space is too narrow. I cannot drive
         through.

    1.24 If I sell my car at this price, I'm sure I can-
         not buy it back for the same amount.

    1.25 This mountain is not too high. I think I shall
         walk up.

2. <u>The Various Uses of Chilai as an RV Ending</u>:

<u>Chilai</u> as an RV ending has three common meanings:

2.1 It carries the meaning of "upward" like in:

náchilai jànchilai bānchilai gwàchilai dzwòchilai

2.2 It may have the meaning of "into a close or con-
stricted area" equivalent to the English word "-up":

swóchilai (lock up)   shōushrchilai (pack up)
gwānchilai (close up)

2.3 It also may have the meaning of "start to and keep
on going".

syàchi yǔ laile (started to rain--and is still
                    raining)
nyànchi shū laile (took up studying--and is still
                    going on)
dáchi jàng laile (started to fight--and is still
                    fighting)

2.4 <u>Exercise</u> - Translate into Chinese:

2.41 Before we finished talking, he started to sing.

2.42 When I arrived, they had started drinking
already.

2.43 After having been in business for two years,
he came home and took up studying again.

2.44 We'd better not talk about him. As soon as he
is mentioned, I get mad.

2.45 As soon as I pick up the pen, I forget every
single character I learned.

3. <u>The Various Uses of Jyòu</u>:

<u>Jyòu</u> is a fixed adverb and generally carries two meanings:

3.1 It means "only" and is generally used in the follow-
ing patterns:

jyòu V NU-M: Tā jyòu gěile wǒ yíkwài chyán.
                (He only gave me a dollar)

bù
méi } V jyòu(shr) V: Tā shémma dou bùjrdǎu, jyòu
                        (shr) jṝdau chṝfàn.
                        (He doesn't know how to do
                        anything but eat.)

V, jyòu(shr) {bù
               méi} V: Wǒ shémma dōu dàile, jyòu
                        (shr) méidài chyán.
                        (I brought along everything
                        except money.)

Note that jyòu in this sense generally receives a
stress.

3.2 When the jyòu clause is preceded by a time expres-
     sion or another clause, jyòu indicates the short
     elapse between the two. Jyòu in this sense may be
     translated as "them" although in English the word is
     seldom used. In this sense, jyòu is seldom stressed:

Fàn hǎule, wǒmen jyou chṝ ba.
(When dinner is ready we'll eat.)

(Dàu) nèige shŕhou, wǒ dàgài jyou jṝdaule.
(I will probably know by then.)

Tā děng yihwěr jyou hwéilaile.
(He'll be back after a while.)

Wǒ chṝle fàn jyou hwéi jyā.
(I'll go home right after the meal.)

3.21 Because jyòu indicates a short lapse between the
     jyòu clause and the time expression or another
     clause preceeding it, only words which further
     stress the fact, like lìkè, can be added before
     jyòu:

        Tā láile, lìkè jyou dzǒule.
        (He came but he immediately left.)

     Expressions which contradict this fact, like
     hěn jyòu, cannot be added before it as in the

following wrong statement:

Tā láile, tánle hěn jyǒu, jyou dzǒule.
(He came and chatted for a long time, and
(then) left.)

3.22 Sentence particles le and ba are often used.
but never ne except in a question.

3.23 The fact that yi, meaning "as soon as", may be
added before the verb in the first clause
further indicates the short elapse:

Tā yídàu, wǒmen jyou dzǒu.
(We'll leave as soon as he arrives.)

3.3 The time expression or clause preceding the jyòu
clause may express a condition to what follows:

Yàushr míngtyan, wǒ jyou búchyùle.
(If it is tomorrow, (then) I will not go.)

Yàushr tā dzài shwō yíge dz̀, wǒ jyou dǎ ta.
(If he speaks one more word, I will punch him in
the nose.)

Yīnwei tā láile, swóyi wǒmen jyou chǐng ta chr̄fàn.
(Because he came, we asked him to supper.)

3.4 Exercise - Translate into Chinese:

3.41 I have only five dollars.
3.42 He will pay you tomorrow.
3.43 He only lent me a little more than five hundred
dollars.
3.44 I will read the second book, as soon as I finish
the first one.
3.45 If he should give me money, I would buy it.

3.5 Exercise - Make sentences:

3.51 ... de shŕhou, ... jyou ...
3.52 ... yǐchyán,   ... jyou ...
3.53 ... gāngtsái,   ... jyou ...
3.54 ... gù chúdz,   ... jyou ...
3.55 ... mǎibujáu,   ... jyou ...

IV. Fāyīn Lyànsyí

1. "Jèijyan yīshang shémma shŕhou dé?" "Syàlǐbaiyī jyou dé le."

2. "Wèi shémma bǎ hwàr jāisyalai?" "Wǒ yàu gwà lìngwài yijāng."

3. "Shwō hwà tǐng héchide nèiwei tàitai shr shéi?" "Wǒ yě búrènshr."

4. "Wǒ méitīngjyàn. Chǐng ni dà dyǎr shēngr shwō." "Méitīngjyàn jyou swànle."

5. "Dzěmma le? Tóuteng ma?" "Búshr. Wǒ yau tǎngsya syōusyi-syōusyi."

6. "Wǒ jèi lyangtyan lǎu késou." "Děi lyóu dyǎr shén."

7. "Lwànchibādzāude shrching, wǒ búywànyi gwǎn." "Shéi ywànyi gwǎn ne?"

8. "Nǐ wèi shémma búràng dàifu gei ni dǎjēn?" "Dǎjēn tài téng."

9. "Nǐ shr wēndùbyǎu le méiyou?" "Shrle. Méifāshāu."

10. "Jèiběn shūlide dz̀, nǐ dou rènshr ma?" "Bùgǎn shwō dōu rènshr, kěshr ye chàbudwō."

V. Wèntí

1. Sž Ss. wèi shémma gěi Jàu Ss. Jàu Tt. dǎ dyànhwà?

2. Tā diyítsz dǎ dyànhwà de shŕhou, dyànhwàjyúlide rén shwō shémma?

3. Sž Zz. dièrtsz jyàu dyànhwà, tā dǎdau shémma dìfang chyule? Tā tīngjyan dyànhwàlide shēngyin búdwèi, tā shwō shémma?

4. Sž Ss. disāntsz jyàu dyànhwà, shr shéi jyēde dyànhwà? Nèige rén jyē dyànhwà de shŕhou shwō shémma?

5. Sž Ss. yàu chǐng Jàu Ss., Jàu Tt. dàu tā nèr chyu

chr̄fàn , dzài dyànhwàli tā shr dzěmma shwōde?

6. Sz̄ Ss. dzài dyànhwàli shwōde hwà, Jàu Ss. tīngchīngchule meiyou? Wèi shémma? Jàu Ss. shwō shémma?

7. Sz̄ Ss. chǐng Jàu Ss., Jàu Tt., tāmen wèi shémma bùnéng chyù?

8. Jàu Tt. dzěmma le? Jàu Ss. jr̄dau shr̀ dzěmma hwéi shr̀ ma? Tā syǎng shr dzěmma hwéi shr̀?

9. Tāmen chǐng dàifu kànle meiyou? Dàifu shwō shémma le?

10. Jàu Tt. fāshāu le meiyou? Késou bùkésou? Tóuteng bùtóuteng?

11. Dàifu gěi Jàu Tt. shr̀ wēndùbyǎu le meiyou? Kāi yàufāngr le meiyou?

12. Jàu Tt. chr̄ yàu le meiyou? Tā chr̄de shr̀ shémma yàu?

13. Jàu Ss., Jàu Tt., něityan néng dàu Sz̄ Ss. jyā chyù ne?

14. Sz̄ Ss. yàu chyu kàn Jàu Tt. ma? Jàu Ss. shwō shémma?

15. Yàushr yǒu rén gēn nǐ shwō hwà, nǐ méitīngchīngchu, nǐ shwō shémma?

16. Nǐ jyē dyànhwà de shŕhou, yàushr dyànhwàlide rén shwō "tswòle", nǐ dzěmma bàn?

17. Yàushr nǐde péngyou bìngle, nǐ dzěmma bàn?

18. Shémmayàngrde tyānchi dzwèi rúngyi jāulyáng?

19. Yàushr shāngfēng le, yīngdāng chr̄ shémma yàu? Yīngdāng dzwò shémma?

20. Dàifu kànbìng de shŕhou, dōu dzwò shémma shr̀?

VI. <u>Nǐ Shwō Shémma?</u>

1. Yàushr nǐ dǎ dyànhwà dǎtswòle, nǐ shwō shémma?
2. Yàushr nǐ jyē dyànhwà, dyànhwàli jǎu nǐ jyālide rén jyē dyànhwà, nǐ shwō shémma?
3. Yàushr nǐ jyē dyànhwà de shŕhou, dyànhwàde shēngyin búda chīngchu, nǐ méitīngjyan dyànhwàli shwōde shr shémma, nǐ gēn tā shwō shémma?
4. Nǐde péngyou yǒubìng, dàifu láile, nǐ yàu bǎ nǐ péngyoude bìng gēn dàifu shwō yishwō, nǐ dzěmma shwō?
5. Yǒu rén chǐng nǐ chŕfàn, nǐ bùnéng dìng shémma shŕhou néng chyu, nǐ dzěmma shwō?

VII. <u>Bèishū</u>

A: Nín shŕ shémma shŕhou dàude?
B: Gāng dàu.
A: Wǒ bùjŕdau nín jǐdyǎn jūng dàu. Méidàu chējàn jyē nín, jēn dwèibuchǐ.
B: Wǒ pà nín kèchi, swóyi méigǎn gàusung nín.
A: Nín dzài jèr jù jǐtyān?
B: Dàgài, lyǎngsāntyān.
A: Nèmma míngtyān syàwǔ wǒmen dzài yíkwàr chŕ wǎnfàn ba.
B: Byé kèchi.
A: Wǒmen hěn jyǒu méijyànle. Tán yitán. Míngtyān syàwǔ lyòudyǎn, wǒ lái jyē nín, hǎu buhǎu?
B: Nín tài kèchile. Hǎu, wǒ děng nín ba.

VIII. <u>Fānyì</u>

1. Translate into Chinese:

   1.1 When will dinner be ready?
   1.2 I just hung up that picture; who took it down?
   1.3 He called me up and asked for a date on Saturday.
       As soon as I told him that I might be busy that day,
       he hung up.
   1.4 He said that he wants me to put Mr. Lǐ on the phone,
       I told him to hold the wire. He didn't quite
       understand. He hung up.
   1.5 Will you please say it softly?
   1.6 It is very noisy out on the street.

1.7 Why go to all that trouble?

1.8 Last night I saw a man, who was drunk, I guess. He was lying in a trolley car.

1.9 He said he had a splitting headache. I think he had a bad cold.

1.10 I wanted to take his temperature but I couldn't find the thermometer.

1.11 I told the doctor that I had a bad cough. He gave me a "shot".

1.12 The weather is very cold. We have to be careful.

1.13 For instance, the first year you pay ten dollars, the next year you pay five.

1.14 Let's take this sentence as an example.

1.15 Do you dare to say that you are not afraid of your wife?

2. Translate back into Chinese:

(246) a. How many days will it take to wash these clothes?
      b. This person is terribly stern.
      c. That man is terrific.

(249) a. I beg your pardon. Where is Syīnyǎ Co.?

(250) a. Won't you please take off your hat?

(251) a. One has to be friendly to do business.

(252) a. Where shall we hang this picture?
      b. Do you want to talk to Mr. Li? Hold the wire. I'll see whether he is in or not.

(253) a. I'm sure there is something wrong with the car. Listen! How peculiar it sounds!
      b. Please talk a little louder.

(254) a. What he is saying is all mixed up.
      b. He doesn't know what he is saying.
      c. My room is a mess.

(255) a. There are quite a few clothing stores around. Why
         must we go into town to buy them?
      b. It's very convenient to go to New York by train.
         Why do you insist on going by air?

(257) a. He is lying down.
      b. He drank too much and fell down after walking a
         few steps.

(258) a. Do you know anything about this matter?

(259) a. I didn't close the window last night and caught a
         little cold.

(260) a. I have a bad cold.
      b. I have a little cold.

(261) a. I have a splitting headache.

(262) a. He had a cold and coughed half the night last
         night.

(265) a. The doctor gave me an injection.

(266) a. Will you take his temperature and see whether it
         is high or not.

(267) a. He has a very high temperature.

(268) a. The road is not good. Please be careful.
      b. Watch out, a car is coming.

(270) a. For instance, shall we go tomorrow if it rains?
      b. Let's take this as an example.

(271) a. I dare not go to that dark room by myself at night.
      b. I am not sure whether he is coming or not.

DISHŕERKE - DYŌU DŪNGSYI

I. Dwèihwà

Jàu Ss. jyāli dyōule dūngsyi le.
Jǐngchájyú pài rén lai kànkan. Jàu
Ss. gēn jǐnggwān,jǐngchá shwō:

Jàu: Chǐng nín dàu jèijyan wūli lai kànkan ba.
5   Chyángshang yǒu yige dùng. Dūngsyi dōu shr
             tsúng jèr nùngchūchyude.

Jǐnggwān: Jè shr yèli shémma shŕhou de shŕching?

Jàu: Wǒ yě shwōbuchīngchu. Wǒ shr shŕyīdyǎnbàn
             tǎngsyade. Dàgài tǎngle yǒu sānwǔfen jūng,
10   jyou shwèijáule. Yèli méitīngjyan shémma
             shēngyin. Jīntyan dzǎushang tsái kànjyan
             dūngsyi méile.

Jǐnggwān: Dōu dyōule shémma le?

Jàu: Yǒu shǒushr, yǒu yīfu. Wǒ kāile yijang dāndz.
15   Nín kànkan.

Jǐnggwān: Dūngsyi dōu fàngdzai nǎr le?

Jàu: Fàngdzai gwèidzli le.

Jǐngchá: Jèige gwèidz swǒje meiyou?

Jàu: Swǒje ne. Jèige gwèidz dzǔngshr swǒje. Kěshr
20   dzwótyan wǎnshang, wǒ bǎ yàushr fàngdzai
             jwōdzshang le. Jīntyan dzǎushang wǒ chǐlai,
             kànjyan chyángshang yǒu yige dùng. Wǒ gǎnjǐn
             jyou kàn jèige gwèidz. Jèige gwèimén gwānde
             hǎuhāurde. Yòu yíkàn, yàushr dzai dìsya ne.
25   Wǒ jyou gǎnjǐn kāi nèige gwèidz, yìkāi, jyou
             kāikaile. Dzài yíkàn, dūngsyi dōu méiyǒule.

Jǐngchá: Yígùng jǐ dwōshau chyán?

Jàu: Dàgài yígùng jǐ lyǎngchyāndwokwài. Wǒ nèijang
            dāndzshang dou syěje ne.

Jǐnggwān: Òu, dwèile. Wǒ kàn nín jèijang dāndz, syěde
5   hěn chīngchu. Wǒmen syān náhweichyu kànkan,
            syǎng fádz gěi nín jǎu ba.

Jàu: Syèsye nín.

            (Wǎnshang, Sz̄ Ss. tīngshwōle. Tā dàu Jàujya
            lai kànkan.)

10 Sz̄:   Wǒ tīngshwō nín jèr dzwótyan wǎnshang chūle
            dyǎr shr̀, shr̀ dzěmma hwéi shr̀?

Jàu: Hài. Dzāugāu. Jēn dǎuméi. Dzwótyan yèli yǒu
            dzéi, bǎ wǒde yīfu gēn nèirende shǒushr dōu
            tōuchyule.

15 Sz̄:   Dōu dyōule shémma le?

Jàu: Wǒ dyōule lyǎngtàu syīfú, yíjyàn dàyī. Hái yǒu
            dyǎr línglingswèiswèide chènshān, kùdz shémmade.
            Dàushr bùjǐ dwoshau chyán. Kěshr wǒ nèirende
            shǒushr, yàushr syàndzài mǎi, kǔngpà děi lyǎng-
20   chyāndwōkwài.

Sz̄:   Hài. Jēn méisyǎngdàu. Nín fàngdzai nǎr le?

Jàu: Dōu dzài nèijyān wūdzde gwèidz litou. Jīntyan
            dzǎushang wǒ dàu nèijyān wūdz yíkàn, chyáng-
            shang yǒu yige dà dùng. Wǒ gǎnjǐn kāi gwèidz
25   kàn, yíkàn, dōu méiyǒule. Syìngkwēi wǒde chyán
            méifàngdzai nèr, yàushr fàngdzai nèr, yě dyōule.

Sz̄:   Nín méijǎu jǐngchájyú ma?

Jàu: Jīntyan dzǎushang wǒ yìjǐrdau, jyou lìkè gei
            jǐngchájyú dǎle yige dyànhwà. Jǐngchájyú pài
30   jǐnggwān, jǐngchá, lai kànle bàntyān. Tāmen
            shwō tāmen gei wǒmen jǎu. Kěshr jǎudejǎu,
            jǎubujǎu, shéi gǎn shwō?

Sz̄:   Nín bǎusyǎn le meiyou?

Jàu: Bǎule. Kěshr bǎude búgòu. Yígùng tsái bǎule yìchyānkwài chyán. Syìngkwēi bǎusyǎn le, yàuburán, nà kě jēn bùdélyǎu. Swéiran shr̀ bǎusyǎn le, kěshr wǒ háishr̀ ywànyi néng bǎ dūngsyi jǎuhweilai.

Sz̄:   Nà shr̀ dāngrán. Wǒ syǎng yěsyǔ jǎudejáu. Byé jāují. Jāují búshr yě méiyùng ma?

Jàu: Wǒ bùjāují. Yùnchi bùhǎu, jyou shémma dōu búyùng shwōle.

II. Shēngdz̀ Yùngfǎ

272. jǐngchá   N: policeman
 272.1 jǐngchájyú   N: police department

273. jǐnggwān   N: police officer
 273.1 gwān   N: officer

274. pài   V: select, appoint or sent (someone to do something)

    a. Wǒmen jyāde shwěigwǎndz hwàile. Chíng nǐ pài yige rén lai shōushrshōushr ba.

275. dùng   N: hole
 275.1 shāndùng   N: cave

276. nùng   V: arrange, take care of, see to, tend to, handle
 276.1 nùnghwàile   RV: break (something)
 276.2 nùnghǎule   RV: it's been fixed
 276.3 nùngdzǒu   RV: take away
 276.4 nùngtswòle   RV: made a mistake, didn't do it right

    a. Nèijyan shr̀ching, tā méinùngchīngchu.

277. shǒushr   N: jewelry (M: -jyàn)

278. yīfu   N: clothes (M: -tàu for suit, -jyàn for piece)

279. kāi   V: make out, write out (a note, slip, etc.)

279.1 kāi yige
          tyáur   VO: write a note
279.2 kāisyalai   RV: list

280. dāndz   N: list (M: -jāng, -gè)
  280.1 tsàidāndz   N: menu
  280.2 chwángdāndz   N: bed sheet (M: -chwáng, -gè)
  280.3 kāi dāndz   VO: make out a slip

     a. Nǐ bǎ ni píbāulide dūngsyi kāi yijāng dāndz,
        yíyangr yíyangrde dōu kāisyalai.

281. jŕ   V: be worth (so much)
  281.1 jŕ chyán/
        jŕchyán VO/SV: be worth (so much) money/ be
                       valuable
  281.2 jŕde   AV: worth while

     a. Tā nèijyan pídàyī, hěn jŕchyán.
     b. Jèige byǎu jŕ dwōshau chyán?
     c. Jèitau yīshang, sānshrwǔkwài chyán, jŕ bujŕ?
     d. Nèiběn shū jēn jŕde kàn.

282. chūshr̀   VO: have something go wrong, have an
                           accident

     a. Tīngshwō nèige fēijī chūshr̀le.
     b. Tā kāi chìchē chūle dyǎr shr̀, pèngle yige rén,
        kěshr pèngde bútài lìhai.

283. dzāugāu   SV: what a mess! too bad

     a. Jēn dzāugāu! Tā jèi lyangtyān dzǔng dyōu dūngsyi.
     b. Dzāugāu! Wǒ wàngle dài nèiběn shū le. Jīntyan
        fēi yùng bùkě.

284. dǎuméi   SV: be unlucky

     a. Tsúng chyùnyan chǐ, wǒmen jyā cháng chūshr̀, jēn
        dǎuméi!

285. dzéi   N: thief

286. tōu   V: steal
  286.1 tōuje   A: stealthily, secretly
  286.2 tōutōurde   A: stealthily, secretly

a. Tāmen jyā, yòu ràng dzéi tōule.
b. Dzéi dōu tōu dūngsyi. Nǎr yǒu bùtōu dūngsyi de
   dzéi!
c. Tā tōuje gēn wǒ shwō, pà byéren tīngjyan.
d. Tā dzwótyan wǎnshang, hwéijyā tài wǎnle. Swóyi
   tā bǎ syé twōle, tōutōurde jìnchyule.

287. syīfú   N: Western-style clothes (M: -tàu)

288. pídàyī   N: fur coat (M: -jyàn)
  288.1 dàyī   N: overcoat (M: -jyàn)

289. chènshān   N: shirt (M: -jyàn)

290. kùdz   N: pants, trousers (M: -tyáu)

291 méisyǎngdàu   RV: didn't expect

   a. Wǒmen dōu jŕdau ta bùlái. Méisyǎngdàu ta láile.

292. syìngkwēi   A: fortunately

   a. Syìngkwēi jīntyan wǒ méidàu Nyǒuywē chyu. Yàushr
      chyule, jèmme dàde sywě, wǒ dzěmma hwéilai?
   b. Wǒ syìngkwēi dài chyán le; yàuburán, chǐngkè, méi
      chyán, nà dwóma dzāugāu!

293. bǎusyǎn   VO: buy insurance, guarantee
                      V/SV: guarantee/be safe
  293.1 bǎu hwǒsyǎn   VO: buy fire insurance

   a. Nǐde fángdz bǎu hwǒsyǎn le meiyou?
   b. Wǒ gǎn bǎusyǎn, tā jīntyan yídìng bùlái.
   c. Chyán lǎu fàngdzai jyāli, kǔngpà bùbǎusyǎn ba.

294. yùnchi   N: luck, fortune

III. Jyùdz Gòudzàu

1. The Bǎ Construction:

Bǎ is a CV and the basic pattern of sentences using bǎ
is:

bǎ O V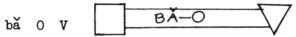

The O after bǎ in most cases is the object of the follow-
ing V. This object is brought to the front of the verb
by the bǎ. A simple sentence may have three patterns:

The regular S V O construction: Tā gwānshang mén le.
The inverted object con-
    struction: Mén, tā gwānshangle.
The bǎ construction: Tā bǎ mén gwānshangle.

1.1 The object brought to the front of the verb is
    generally a specific object and not a general one.
    The mén mentioned in the third illustration above
    refers to "nèige mén", (the door), "nèisye mén" (the
    doors), "swóyoude mén" (all the doors), etc. and not
    to doors in general.

1.2 An object preceded by a NU-M requires special con-
    sideration as to whether it may be brought to the
    front of the verb or not. Such an object without a
    specifier is usually a general object and does not
    fit the bǎ pattern. Thus, the regular SVO pattern
    serves best:

        Tā bāndzǒule sānge jwōdz. (meaning "any three
                                        tables")

    The bǎ pattern: Tā bǎ sānge jwōdz bāndzǒule, - is
    considered inadequate unless a specifier or an in-
    clusive adverb is added:

        Tā bǎ nèisānge jwōdz bāndzǒule, (or)
        Tā bǎ sānge jwōdz dōu bāndzǒule, (or)
        Tā bǎ nèisānge jwōdz dōu bāndzǒule.

1.3 When the main verb is gàusung, gěi or a compound
    verb with gěi as post-verb, there are usually two
    objects, (direct and indirect):

Chǐng nǐ gàusung wo nèijyan shřching.
Tā jyàu wo gěi ta nèiben shū.
Wǒ dǎswan jyègei ta wǔkwai chyán.

In such a case, the second (direct) object may be brought to the front of the verb by bǎ:

Chǐng nǐ bǎ nèijyan shřching gàusung wǒ.
Tā jyàu wo bǎ nèiben shū jyègei tā.
Wǒ dǎswan bǎ jèiwǔkwai chyán jyègei tā.

Note that the second object in the third illustration is specified when brought to the front.

1.4 After a bǎ construction, the main verb must be followed by a complement of some sort. It may be:

1.41 le: Wǒ bǎ ta dǎle.

1.42 RVE: Chǐng nǐ bǎ jèige jwōdz
                    bānkai.

1.43 (dzai) PW: Wǒ bǎ tāde shū fàngdzai jèr
                    le.

1.44 Reduplication of
      the verb: Nǐ bǎ nèiben shū kànkan.

1.45 NU-M: Wǒ bǎ nèiben shū kànle yítsz̀.

1.5 The negative adverb in a bǎ sentence is attached to the bǎ or to the AV preceding it if there is one, and is rarely in front of the main verb or the adverb immediately preceding it:

Byé bǎ táng dou chřle.
Wǒ búywànyi bǎ chyán dou yùngle.
Wǒ ywànyi bǎ chyán bùdou yùngle. (not recommended)

1.6 The potential form of an RV cannot be used as the main verb in a bǎ sentence.

2. The Various Uses of Tsái:

Tsái is a fixed adverb and usually has one of two meanings:

2.1 It means "only" when it is followed by a NU-M expression:

2.11 Tsái V NU-M: Tā tsái szle yíge ywè.

2.12 Tsái NU-M: Syàndzài tsái sāndyan jūng.

2.2 It means "then and only then", "not until" and refers to the action or time element before the tsái clause:

Wǒ míngtyan tsái dzǒu ne.   (I'm not going until
                                tomorrow.)
Tā chīrwánle fàn tsái dzǒude. (He didn't leave until
                                after he had his
                                meal.)

Note ne or de is often used at the end of the sentence, to indicate future action or to stress the time element or some action other than that of the main verb.

2.21 Tsái cannot be used in a command or request, therefore a sentence using tsái in its sense cannot end with a suggestive ba.

2.22 Between the tsái clause and the time or some other action clause preceding it, a third clause may be inserted to indicate elapse of a third action between the two:

Tā chīrwán fàn, you dzwòle bàntyān, tsái dzǒude.
(After he finished eating, he stayed for a
  long time before he left.)

2.23 The clause before the tsái clause often serves as the condition to the latter:

Yàushr míngtyan, wǒ tsái néng chyù ne.
(I can only go if it is tomorrow--meaning, only
  then I can go.)

Yídìng děi tā lái, wǒ tsái gěi chyán ne.
(He must come before I pay.)

Yīnwei tā láile, wǒ tsái gěide chyán.

(I paid only because he came--meaning, only
then I paid.)

IV. Fāyīn Lyànsyí

1."Jǐngchájyú pài rén chyu kànle meiyou?" "Pàile yíge
jǐnggwān, lyǎngge jǐngchá."

2."Shéi bǎ jèige swǒ nùnghwàile?" "Bùjŕdàu. Nǐ hwèi shōushr
búhwèi?"

3."Jèi shr shéi kāide dāndz?" "Wǒ. Wǒ bǎ yau mǎide dūngsyi
dou kāisyalaile."

4."Nǐ kàn jèige byǎu jŕ dwōshau chyán?" "Wǒ bùgǎn shwō. Nǐ
shwō jŕ wǔshrkwai chyán bùjr?"

5. "Hwǒji, ná tsàidāndz lai". "Lìkè jyou lái."

6."Dzěmmale? Dyōule shémma le?" "Dzāugāu. Chìchē dyōule."

7."Nèige dìfang chūle shémma shr le?" "Chìchē pèng rén le."

8. "Nǐ wèi shémma tōutōurde gen ta shwō?" "Pà byéren
tīngjyan."

9. "Wǒ dzwótyan syìngkwēi tōuje dzǒule." "Nǐ pà shémma?"
"Yàuburán ta yòu yau gen wǒ jyè chyán."

10."Nǐde chìchē bǎusyǎnle meiyou?" "Syìngkwēi bǎusyǎnle,
yàuburán jèikwai bwōli děi shŕjikwài."

V. Wèntí

1. Jàu Ss. jyāli chūle shémma shr le? Shémma dìfang pài
rén láile? Pài shémma rén láile?

2. Dūngsyi shr tsúng shémma dìfang nùngchūchyude?

3. Jàu Ss. jŕdau bùjŕdau dūngsyi shr yèli shémma shŕhou
dyōude? Tā shr jǐdyǎn jūng tǎngsyade? Shŕ shémma
shŕhou shwèijáulede?

4. Jàu Ss. yèli tīngjyan shémma shēngyin meiyou? Dūngsyi dyōule, tā shr̀ shémma shŕhou jŕdaude?

5. Tā dou dyōule shémma dūngsyi le? Dyōulede dūngsyi ta fàngdzai shémma dìfang le?

6. Jàu Ss.de gwèi swǒle méiswǒ? Tā bǎ yàushr fàngdzai shémma dìfang le?

7. Tā dzǎushang chǐlai dzěmma jŕdau dyōule dūngsyi le? Tā kànjyan yàushr dzai shémma dìfang ne?

8. Tāde dūngsyi yígùng jŕ dwōshau chyán?

9. Nǐ syǎng Jàu Ss. kāide dāndzshang dou syěje shémma?

10. Jǐnggwān jǐngchá dzǒude shŕhou shwō shémma? Nǐ syǎng tade dūngsyi jǎudejáu ma?

11. Sz̄ Ss. wèi shémma dàu Jàujya chyu? Tā wèn Jàu Ss. shémma? Jàu Ss. shr dzěmma gàusung Sz Ss. de?

12. Jàu Ss.de chyán yě fàngdzai gwèili le ma?

13. Jàu Ss. jŕdau dūngsyi dyōule yǐhòu, tā dzěmma bàn?

14. Jàu Ss. jywéde tāde dūngsyi jǎudejáu ma?

15. Tāde dūngsyi bǎusyǎnle méiyou? Bǎule dwōshau chyán? Bǎude gòu búgòu?

16. Sz̄ Ss. shwō Jàu Ss.de dūngsyi jǎudejáu ma?

17. Nǐde chǐchē chūgwo shr̀ meiyou? Yàushr chūle shr̀ nǐ dzěmma bàn?

18. Nǐ dyōugwo dūngsyi meiyou? Shr̀ nǐ dżjǐ dyōude háishr dzéi tōuchyude? Dyōule shémma le? Jŕ dwōshau chyán?

19. Nǐ jyālide jyājyu bǎusyǎnle meiyou? Nǐde fángdz bǎu hwǒsyǎn le meiyou? Bǎule dwōshau chyán?

20. Tā shwō tā yau dàu jǐngchájyú chyu jyàu jǐngchá. Shr̀ ta dżjǐ chyù, háishr tā yau pài rén chyù?

VI. Nǐ Shwō Shémma?

1. Yàushr nǐde péngyou jyāli chūle dyǎr shr̀, nǐ gēn tā shwō shémma?

2. Yàushr nǐde péngyou dyōule dūngsyi le, nǐ yàu wèn ta shémma?

3. Nǐde péngyou dyōule dūngsyi le. Nǐ syǎng gàusung ta, tā yīnggāi dzěmma bàn, nǐ dzěmma gēn tā shwō?

4. Nǐde péngyou dyōule dūngsyi le. Tā hěn jāují, nǐ gēn tā shwō shémma?

5. Nǐde péngyou dyōule dūngsyi le. Jǐngchá, jǐnggwān dōu láile, nǐ yàu bǎ dyōu dūngsyi de shr̀ching gàusung tamen, nǐ dzěmma shwō?

VII. Gùshr

(on record)

VIII. Fānyì

1. Translate into Chinese:

   1.1 The water company sent a man here to fix the water pipes.

   1.2 The store sent the jewelry we bought.

   1.3 He is just a policeman, not an officer, I made a mistake.

   1.4 I have a bad memory. I am afraid that I cannot remember all the things she wanted me to buy; therefore I wrote them down on a list.

   1.5 How much do you think this pair of pants is worth?

   1.6 I don't think this fur coat is worth anything.

1.7 I paid more than twenty-five dollars for this suit.
     Don't you think it's worth it?

1.8 Is it worth all this trouble?

1.9 Is it worth while to read?

1.10 He was in an air-plane accident the other day.

1.11 It's a pity (that) I forgot to make out the list.

1.12 I have been very unlucky lately.

1.13 A burglar came in yesterday, but he didn't take
     anything valuable. You can't call that unlucky.

1.14 If you ask, "Who has stolen my pen?", no one will
     answer. You'd better say, "Who has seen my pen?"

1.15 His overcoat is warmer than anything else.

1.16 You spend more to wash your shirt than to buy it.

1.17 Fortunately I didn't go. If I had gone, my car
     would have been in the same accident.

1.18 Fortunately he told me beforehand. If he hadn't,
     how embarrassing that would have been.

1.19 Do you have insurance on your house?

1.20 I can guarantee that he stole it.

2. Translate back into Chinese:

   (274) a. The plumbing in our house has broken down.
            Please send some one to repair it.

   (276) a. He is not clear about that matter.

   (280) a. Please itemize all the things in your brief case.

   (281) a. That fur coat of hers is very valuable.
         b. How much is this watch worth?
         c. This suit costs thirty-five dollars. Is it
            worth it?
         d. That book is certainly worth reading.

(282) a. I have heard something happened to that plane.
      b. He had an accident while driving. He bumped
         into a person, but it wasn't serious.

(283) a. What luck! He is always losing things these
         few days.
      b. Shucks! I forgot to bring that book. Today I
         have to use it.

(284) a. Since last year, lots of accidents happened in
         our home. What luck!

(286) a. Their home was burglarized again.
      b. All thieves steal (things). Where is there a
         thief who does not steal (things)?
      c. He secretly told me. He didn't want the others
         to hear.
      d. He came home very late last night. So he took
         off his shoes and sneaked into the house.

(291) a. We all knew he wasn't coming. Who would have
         thought he came.

(292) a. Fortunately, I didn't go to New York today. If
         I had gone, how could I have come back in such
         a big snowstorm?
      b. Fortunately, I brought money with me. If I
         hadn't, what a mess it would be to invite some
         one out and not to have money.

(293) a. Do you have fire insurance on your house?
      b. I can guarantee that he will not be here today.
      c. I am afraid it wouldn't be safe to always keep
         money in the house.

DISHRSĀNKE - JYǍNGYǍN

I. Dwèihwà

Yǒu rén chǐng Sz̄ Ss. dàu Shànghǎi
fùjìn yige syǎu chéng chyu jyǎngyǎn.
Chyù yǐchyán, tā dàu Jàujya, gen Jàu Ss.
dǎting nèige syǎu chéngde chíngsying. Sz̄
5   Ss. dàule Jàujya, jyànjau Jàu Ss., shwō:

Sz̄: Āi. Džān. Hǎu ba?

Jàu: Nín láile. Chǐngdzwò chǐngdzwò. Jèi jityan
      dzěmmayàng?

Sz̄: Hěn hǎu. Dyōulede dūngsyi dzěmmayàngle?

10 Jàu: Hái máijǎujáu. Jēn dzāugāu.

Sz̄: Jàu Tt. hǎule ba?

Jàu: Tā dàu hǎule. Syèsye nín. Nín méichūmén na?

Sz̄: Syàlǐbailyòu yǒu rén chǐng wǒ dau Shàusyàn chyu
      jyǎngyǎn. Nín dàu nèr chyùgwo ma?

15 Jàu: Chyùgwo. Nèige dìfang hěn bútswò. Jŕde chyu
      kànkan.

Sz̄: Tsúng jèr chyù, děi dzài lùshang dzǒu dwó jyǒu?

Jàu: Dzwò hwǒchē, lyǎngge jūngtóu; dzwò chìchē, děi
      sāngebàn jūngtóu, yàushr kāide kwài, lùshang bùtíng,
20   sānge jūngtóu, jyou syíngle.

Sz̄: Nín jŕdau nèige chéng litoude rénkǒu yǒu dwōshau ma?

Jàu: Wǒ jŕdaude búdà chǐngchu. Dàgài yǒu chībāwàn rén.

Sz̄: Wǒ tīngshwō nèige dìfangde chūchǎn hěn dwō.

Jàu: Dwèile. Chūchǎn hěn fēngfù. Chū mǐ chūde dzwèi
     dwō. Chúle mǐ yǐwài, jīnyíntúngtyěsyī, wǔjīn dōu
     yǒu yìdyǎr. Hái you méi, myánhwa shémmade?

Sz̄: Chéng lǐtou yǒu jǐge sywésyàu?

5 Jàu: Yǒu lyǎngge jūngsywé, báge syǎusywé.

Sz: Sywésyàu dou shr dzěmma yàng? Yíding gēn yījyǒu-
     sžjyǒunyán yǐchyán hěn bùyíyàng.

Jau: Nà dāngrán. Syàndzai Jūnggwode sywésyàu dōu shr
     gwójyā chénglìde. Tsúngchyánde sywésyàu, gūnglìde,
10   sžlìde dōu yǒu. Yě youde shř jyàuhwèi bàn de. Jīdū-
     jyàu bànde, Tyānjǔjyàu bànde dōu yǒu. Chéng lǐtou
     háishr yǒu yìlyǎngge jyàutáng. Nèige dìfang jēn bú-
     hwài, yǒu jīhwei, wǒ hén syǎng chyù kànkan.

Sz̄: Nèmma wǒmen yíkwàr chyù, hǎu buhǎu?

15 Jàu: Bùchéng. Syàsyīngchīlyòu jūngwǔ, wǒ yǒu yíge ywēhwèi,
     shr chyánjityān dìnghǎulede. Wǒ chyùbulyǎu.
     Dwèibuchǐ.

Sz̄: Méi gwānsyi, nèmma děng yǐhòu yǒu jīhwei dzàishwō
     ba.

20 Jàu: Nín shř yùng Yīngwen jyǎng, shř yùng Jūnggwén jyǎng?

Sz̄: Tāmen jyàu wo yùng Jūngwén, kěshr wǒde Jūnggwo hwà
     buchéng. Yǒu hǎusyē hwà, wǒ búhwèi shwō, yǒu
     hǎusyē hwà, wǒ shwōbudwèi.

Jàu: Nínde Jūnggwo hwà chéng. Gēn Jūnggwo rén shwōde
25   jyǎnjŕde yíyàng. Yěsyú yǒushŕhou yǒu shwōtswòlede
     dìfang, kěshr Jūnggwo rén shwō hwà, yě bùnéng
     méiyou shwōtswòlede shŕhou. Wǒ kàn, nín jyou yùng
     Jūngwén jyǎng ba.

Sz̄: Hǎu ba. Búgwò wǒ děi yùbeiyubei. Wǒ syǎng jīntyan
30   wǎnshang wǒ bǎ wǒ yàu jyǎngde syěsyalai, gěi nín
     kànkan, yǒu búdwèide dìfang, chǐng nín gěi wǒ
     gǎigai. Gǎihǎule, wǒ dzai nyàn jitsz̀, yěsyú jyou
     syíngle.

Jàu: Hǎujíle. Nín syědéle, wǒ gěi nín kànkan. Nín jēn
35   tài syǎusyinle.

S̱z̄:   Búshr tài syǎusyin. Wǒ shr̀ pà shwōtswòle, chū
     syàuhwa. Nín méitĭngshwōgwo jèige syàuhwa ba.
     Yǒu yige wàigwo rén, dàije yige syǎu háidz dzài
     jyēshang wár. Yǒu yige Jūnggwo rén wèn ta shwō:
5   "Nín jèige háidz dzèmma dzèmma pàng a? Nín gěi ta
     shémma chr̄?" Nèige wàigwo rén shwō: "Tā bùchr̄
     byéde, jyòu chr̄ tā mǔchinde nyóunǎi." Nín shwō
     kěsyàu bukěsyàu?

Jàu (dà syàu): Jèi kě jēn yǒuyìsz.

10 S̱z̄:   Wǒ děi dzǒule.

Jàu: Dzài dzwò yihwěr. Máng shemma?

S̱z̄:   Wǒ děi hwéichyu yùbei nèige jyǎngyǎn chyu. Wǒ
     míngtyan dzài lái.

Jàu: Hǎu. Nèmma wǒ bùlyóu nín le. Míngtyan nín shémma
15   shŕhou lái?

S̱z̄:   Syàwǔ sz̀dyǎnbàn, chéng buchéng?

Jàu: Wǒ míngtyan méi shr̀. Nín shémma shŕhou lái dou
     chéng.

S̱z̄:   Hǎu, míngtyanjyàn ba.

20 Jàu: Nín màndzǒu.

II. S̱hēngdz̀ Yùngfǎ

295. jyǎng	V: explain
295.1 jyǎngyǎn	V/N: give a speech, lecture/a speech
295.2 yǎnjyǎng	V/N: give a speech, lecture/a speech (interchangable with jyǎngyǎn)
295.3 jyǎnghwà	VO: speak
295.4 jyǎngshū	VO: explain the lesson, lecture (in class)
295.5 jyǎng jyàchyan	VO: bargain

a. Chǐng nín bǎ jèige dz̀ géi wo jyǎngjyang.
b. Nèiwei syānsheng jyǎngshū jyǎngde jēn chīngchu.

296. chíngsying   N: condition, situation

297. Shàusyàn   PW: a fictitious town

298. rénkǒu   N: population

    a. Nèige dìfang yǒu dwōshau rénkǒu?

299. chūchǎn   V/N: produce/product, produce (natural)
 299.1 chū   V: produce (natural and manufactured
               goods)

    a. Jèige dìfang chūchǎn shémma?

300. fēngfù   SV: be abundant, rich

    a. Nèige dìfangde chūchǎn hěn fēngfù.

301. chúle ....。yǐwài   in addition to....., besides

    a. Chúle nǐmen yǐwài, jyòu méi byérén le.
    b. Tā chúle Yīngwén yǐwài, ye hwèi Fàwén.
    c. Chúle shǒushr, tā hái dyōule sye yīfu.

302. mǐ   N: hulled rice (grain) (M: -dǒu, peck;
                   -shēng, pint; -jīn, catty)

303. jīnyíntúngtyěsyī N: gold, silver, brass, iron and lead
                  (known as the five metals)
 303.1 jīn-   BF: gold
 303.2 jīnde   N: of gold
 303.3 jīndz   N: gold (M: -lyǎng, ounce)
 303.4 jīnbyǎu   N: gold watch
 303.5 (yùng) jīndz
      dzwòde   made of gold
 303.6 yín-   BF: silver
 303.7 yínde   N: of silver
 303.8 yíndz   N: silver
 303.9 yínsháur   N: silver spoon
 303.10 túng   N: copper, brass
 303.11 túngde   N: of copper, of brass
 303.12 húngtúng   N: copper
 303.13 hwángtúng   N: brass
 303.14 (yùng)túng
      dzwòde   made of copper (brass)
 303.15 tyě   N: iron

303. jīnyíntúngtyěsɣī (cont.)
  303.16 tyěde   N: of iron
  303.17 syī   N: lead

304. méi   N: coal (M: -jīn, catty; -dwūn, ton)

305. myánhwa   N: cotton (M: -jīn, catty; -bāu, bale)

306. syǎusywé   N: elementary school

307. jūngsywé   N: high school, secondary school

308. chénglì   V: to establish
309.   s̄zlì(de)   BF: privately established
                       s̄z- 'private, personal'
  309.1 gūnglì(de) BF: publicly established
                       gōng- 'public'

    a. Jèige sywésyàu shr̀ s̄zlìde, shr̀ gūnglìde?

310. jyàuhwèi   N: church (organization)
  310.1 jyàuhwèi
       sywésyàu   church or mission school
  310.2 jyàuhwèi yīywàn church or mission hospital
  310.3 jyàuhwèi bànde operated by the church

311. Jīdūjyàu   N: Christianity (usually refers to the
                       Protestant as vs. the Catholic church)
  311.1 (Yēsūjyàu) N: (same)

312. Tyānjǔjyàu   N: Catholic Church (Roman)

313. jyàutáng   N: church (building)
  313.1 lǐbàitáng   N: church (lit. worshipping hall)

314. ywēhwei   N: engagement, appointment
  314.1 dìng ywēhwei VO: make a date or an appointment

    a. Wǒ syǎng gēn ta dìng yige ywēhwei, tántan.

315. búgwò   A: but, only

    a. Wǒ kéyi chyù, búgwò wǒ búda ywànyi chyù.
    b. Tā búgwò gěile wo wǔkwai chyán.

316. gǎi   V: correct, change, alter, revise

316.1 gǎidelyǎu   RV: can change
316.2 gǎibulyǎu   RV: cannot change
316.3 gǎihǎule   RV: corrected
316.4 gǎihwàile   RV: changed for the worse
316.5 gǎi yīshang   VO: alter clothes

    a. Tā jèijyu hwà dzǔng shwōbudwèi, wǒ gěi ta gǎile
       háujìtsz̀, tā háishr gǎibulyǎu.
    b. Jèijyan yīshang tài syǎu, méi fádz gǎile.

317. kěsyàu   SV: be laughable, funny

    a. Tā shwōde nèige syàuhwa, tā dz̀jǐ jywéde hěn kěsyàu,
       kěshr shwōwánle méi rén syàu.

III. Jyùdz Gòudzàu

1. Dzài, Jyòu and Tsái Compared:

The various uses of dzài, jyòu and tsái as fixed adverbs
have been discussed in Lessons 10, 11 and 12 respectively.
Now we will compare their different meanings in a single
pattern, i.e., when preceded by a limiting circumstance,
whether a word or a clause, e.g.:

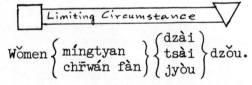

1.1 In this pattern, these three fixed adverbs have
    quite different meanings:

    Wǒmen chr̄wán fàn dzai dzǒu ba.
    (Let's finish eating before we go.)

    Wǒmen chr̄wán fàn tsai dzǒude.
    (We didn't go until we finished eating.)

    Wǒmen chr̄wán fàn jyou dzǒu.
    (We will go after we finished eating.)

1.2 In the case of dzài and tsái, the limiting circum-

stance is an "imperative condition" to the action
after dzài or tsái in a contemplated action, and
expressions like yídìng děi (must) and syān (first)
can be added:

Wǒ yídìng děi chr̄le fàn tsai dzǒu ne.
(I must finish eating before I go.)

Wǒ děi syān chr̄wán fàn dzai dzǒu.
(I must finish eating first before I go.)

In a completed action, the limiting circumstance
serves as the stressed time or action only after
which the action in the subsequent clause happened:

Wǒ shr chr̄wán fàn tsai dzǒude.
(I didn't go until after I finished eating.)

1.3 In the case of jyòu, the limiting circumstance
before the jyòu clause states a time or action
immediately after which the action in the jyòu
clause is to follow. Jyòu may be preceded by lìkè,
which further intensifies the immediacy of the
action to follow, while dzài and tsái, because of
their nature mentioned in 1.2, cannot be preceded by
lìkè:

Wǒmen chr̄wán fàn lìkè jyou dzǒu.
(We will go immediately after we finish eating.)

Another illustration of the immediacy of the action
in the jyòu clause to follow the limiting circum-
stance is that yi- (as soon as) may precede the verb
in the first clause:

Wǒmen yìchr̄wán fàn jyou dzǒu.
(We will go as soon as we finish eating.)

1.4 The illustrations below will further clarify the
difference in meaning between these three adverbs:

Wǒ yídìng děi chr̄le fàn tsái dzǒu ne.
(See 1.2)
Wǒ yídìng děi chr̄le fàn dzài dzǒu.
(See 1.2)
Wǒ yídìng děi chr̄le fàn jyou dzǒu.
(I must go immediately after eating.)

The yídìng děi in the first two illustrations stresses
the imperative condition before the action after tsái
or dzài: the yídìng děi in the third stresses the
immediacy of the action after jyòu to follow that
before jyòu.

1.5 These three adverbs differ further as to which sen-
tence particles may follow them:

1.51 The dzài sentence may end with a suggestive ba
(see first illustration in 1.1.

1.52 The tsái sentence may end with a de (see sec-
ond illustration in 1.1), indicating that the
action has already been completed, and also
with a ne, indicating that the action is still
in the contemplating stage:

Wǒmen chrwán fàn tsái dzǒu ne.
(We will not be going until we finished
eating.)

1.53 The jyòu sentence may end with a suggestive ba
or a completed action le (continued action ne
is rarely used):

Wǒmen chrwán fàn jyou dzǒu ba.
(Let's go (right) after eating.)

Wǒmen chrwán fàn jyou dzǒule.
(We left (right) after eating.)

2. Dzài and Tsái Compared:

Dzài can be used only in a contemplated action in the
form of a plan, suggestion, request or command, and can
not be used in a completed action:

Plan: Wǒ dǎswan míngtyan dzai chyù.
Suggestion: Nǐ dzwèihǎu míngtyan dzai chyù.
Request: Wǒmen míngtyan dzai chyù, hǎu buhǎu?
Command: Nǐ míngtyan dzai chyù.

But not: Tā dzwótyan dzai chyù.

Tsái can be used in both contemplated and completed
actions:

Tāmen míngtyan tsai chyù ne.
Tāmen dzwótyan tsai chyùde.

While <u>tsái</u> may be used in a contemplated action, it can
only be used in the form of a statement or a plan:

Statement: Tāmen míngtyan tsai chyù ne.
Plan: Tāmen syǎng míngtyan tsai chyù ne.

It cannot be used in a suggestion, request or command.

3. <u>Jyòu</u> and <u>Tsái</u> Compared:

These two words are sometimes opposite in meaning. When
they are preceded by a time expression, <u>jyòu</u> means
"sooner than expected" and <u>tsái</u> means "later than ex-
pected".

Sooner: Tā lyòudyan jūng jyou láile.
          (He came when it was only six o'clock.)

Later: Tā lyòudyan jūng tsai láide.
          (He didn't come until six o'clock.)

4. <u>Exercise</u> - Translate into Chinese:

4.1 Don't go now; you'd better wait until he comes, and
    then go.

4.2 If he is willing to pay, I will be very glad to buy
    one for him.

4.3 It came at 3:30 - an hour too early.

4.4 We won't eat until he comes back from the school.

4.5 How about our doing it tomorrow?

4.6 I didn't answer her letter until she had written me
    three times.

4.7 I will pay you back as soon as I get another loan.

4.8 We will start a new book only when we finish this
    one.

4.9 If he can take me home, I will wait till twelve.

4.10 I cannot understand the kind of Chinese spoken by
     other people. I can only understand his Chinese.

4.11 I plan to write a book when I come back from China.

4.12 I am too tired now. I'll have to take a rest
     before I do any more.

4.13 As soon as the spring comes, the grass turns green.

4.14 It was only because he didn't have any money, that
     I paid for him.

4.15 Don't read that book today. I don't want you to
     read it until tomorrow.

IV. <u>Fāyīn Lyànsyí</u>

1. "Dzwótyan wǎnshang jyǎngyǎnde <u>chíng</u>sying dzěmmayàng?"
   "Jyǎngde hěn <u>chīng</u>chu."

2. "Jeìjyu hwà <u>dzěm</u>ma jyǎng?" "<u>Wó</u> ye bùjŕdàu."

3. "Nèige dìfangde <u>rén</u>kǒu dwōshau? Yǒu <u>shém</u>ma chūchǎn?"
   "<u>Nǐ</u> dzwèihǎu wèn <u>tā</u> ba."

4. "<u>Tā</u> nèr chúle <u>myán</u>hwa yǐwài, <u>hái</u> mài shémma?" "Chúle
   <u>myán</u>hwa, <u>bú</u>mài byéde."

5. "Jèige shr <u>yín</u>dz dzwòde, shr <u>tyě</u> dzwòde?" "Dàgài shr
   <u>túng</u> dzwòde."

6. "Jèige syǎusywé shr <u>gūng</u>lide shr <u>szlì</u>de?" "Shr̀ jyàu
   hwèi bànde, swàn <u>szlì</u>de."

7. "Jèr fùjìn yǒu <u>Jīdū</u>jyàude jyàutáng ma?" "<u>Méi</u>you.
   Jyòu yǒu <u>Tyān</u>jǔjyàude jyàutáng."

8. "Lǐbailyòude <u>ywéh</u>wei dzěmmayàng?" "Dōu gen tāmen
   dìnghǎule."

9. "Tā shwōde syàuhwar <u>kě</u>syàu ma?" "Bùke<u>syàu</u>,kěshr

bùhǎuyìsz búsyàu."

10. "Jèige dž nǐ dzěmma hái shwōbudwèi?" "Wǒ jr̀dau búdwèi,
    kěshr gǎibulyǎu."

V. Wèntí

1. Sz̄ Ss. wèi shémma yau dǎtìng nèige syǎu chéngde chíng-
   sying? Tā gen shéi dǎting?

2. Tā jyànjau Jàu Ss., Jàu Džān gen ta shwō shémma? Wèn
   ta shémma wèntí?

3. Jàu Ss. dau nèige syǎu chéng chyùgwo ma? Tā jywéde
   nèige chéng dzěmmayàng? Tā hái syǎng chyù ma?

4. Dàu neige dìfang chyù, děi dzai lùshang dzǒu dwó jyǒu?

5. Nèige chéng lǐtoude rénkǒu yǒu dwōshau? Jàu Ss.
   jr̄daude chīngchu buchīngchu?

6. Nèige dìfang yǒu shémma chūchǎn? Chū shémma chūde
   dzwèi dwō? Hái chū shémma?

7. Nèige dìfang de sywésyàu dōu shr dzěmma yàng?
   Tsúngchyán Jūnggwo yǒu dzěmma yàng de sywésyàu?
   Syàndzai ne?

8. Nèige dìfangde sywésyàu shr̀ jūngsywé shr syǎusywé?
   Jǐge jūngsywé, jǐge syǎusywé?

9. Nèige chéng lǐtou yǒu jyàutáng ma? Shr̀ shémma jyàuhwèi-
   de jyàutáng?

10. Sz̄ Ss. yau chǐng Jàu Ss. gēn ta yíkwàr chyù ma? Wèi
    shémma Sz̄ Ss. ywànyi chǐng Jàu Ss. gen ta yíkwàr chyù?

11. Jàu Ss. ywànyi dau nèige dìfang chyù ma? Tā wèi shémma
    bùnéng chyù?

12. Sz̄ Ss.de jyǎngyǎn shr̀ yùng Yīngwén jyǎng, shr̀ yùng
    Jūngwén jyǎng? Sz̄ Ss. džjǐ jywéde tade Jūngwén dzěmma-
    yàng?

13. Jàu Ss. jywéde Sž Ss.de Jūngwén dzěmmayàng? Jàu Ss.
    jywéde ta yīngdāng yùng Jūngwén jyǎng háishr yùng
    Yīngwén jyǎng?

14. Sž Ss. dǎswan dzěmma yùbei tade jyǎngyǎn? Jāu Ss.
    néng bāng ta shémma máng?

15. Wèi shémma Sž Ss. yàu nèmma syǎusyin?

16. Chǐng nǐ bǎ Sž Ss. shwōde nèige syàuhwa shwō yishwō?

17. Sž Ss. yàu dzǒude shŕhou, tā shwō shémma? Jàu Ss.
    shwō shémma?

18. Sž Ss. yau hwéichyu dzwò shémma chyu? Tā yau dièrtyan
    shémma shŕhou láI?

19. Nǐ jyǎngyǎngwo meiyou? Shŕ yùng Jūngwén jyǎngde ma?
    Nǐ jywéde jyǎngyǎn yǐchyán yīngdāng yùbèi ma? Yīngdāng
    dzǐmmma yùbèi?

20. Chǐng ni bǎ nǐ chyùgwode yige syǎu chéngde chíngsying
    shwō yishwō.

VI. N<u>ǐ</u> Shw<u>ō</u> Sh<u>émma</u>?

1. Yàushr nǐ yàu dàu yige dìfang chyù, nèige dìfang nǐ
   méichyùgwo. Nǐ syǎng dǎting nèige dìfangde chíngsying.
   Nǐ dōu yàu dǎting shémma? Nǐ dzěmma wèn?

2. Yàushr yǒu rén gēn nǐ dǎting, nǐ jùde nèige chéng yǒu
   shémma sywésyàu, yǒu shémma jyàutáng, nǐ dzěmma shwō?

3. Yàushr nǐde péngyou chǐng nǐ gēn tā dàu yige dìfang
   chyù, nǐ bùnéng chyù. Nǐ dzěmma gēn tā shwō?

4. Yàushr nǐ chǐng nǐde péngyou gēn nǐ dàu yige dìfang
   chyu, ta bùnéng chyù, kěshr tā hěn bùhǎuyìsz shwō. Nǐ
   gēn tā shwō shémma?

5. Nǐde péngyou dàu ni jyā láile. Tánle yìhwèr hwà, tā
   yàu dzǒu. Nǐ syǎng lyóu ta dzài dzwò yìhwěr. Nǐ
   dzěmma gēn tā shwō?

VII. Bèishū

A: Wài, láujyà, gěi wǒ jyē sānjyú, èr-wǔ-líng-sz̀.

B: Hwáwén Sywésyàu. Nín shr nǎr?

A: Nín shr̀ Hwánwén Sywésyàu a! Láujyà, chǐng Lǐ Ss. jyē dyànhwà.

B: Něi wèi Lǐ Ss. a?

A: Lǐ Yáuchīng, Lǐ Ss.

B: Wǒ jyòu shr̀ a. Nín shr̀ něiwèi?

A: Wǒ syìng Sz̄ a.

B: Òu, Sz̄ Ss., hěn jyǒu méijyàn.

VII. Fānyì

1. Translate into Chinese:

1.1 Who was the speaker yesterday? (Who spoke yesterday?)

1.2 He's a very good speaker. (He spoke well.)

1.3 His lecture was very clear.

1.4 How is the situation in China now?

1.5 The population of this place has increased a lot in comparison with last year.

1.6 That place is rich in many kinds of products.

1.7 Besides Chinese he knows German too.

1.8 After he graduated from a public elementary school he went to a private high school.

1.9 Is your high school a public, private, or church school?

1.10 This is made of cotton.

1.11 I understand that the school is operated by a church, but whether it is a Protestant or Catholic church, I don't know.

1.12 I have an engagement at six o'clock.

1.13 I can speak a little but not well.

1.14 If I made any mistake, please correct it for me.

1.15 I asked him to alter my dress but he made it worse.

2. Translate back into Chinese:

(295) a. Will you please explain this word for me.
      b. The teacher explained the lessons very clearly.

(298) a. What is the population of that place?

(299) a. What is produced (or grown) here?

(300) a. The place is rich in many kinds of products.

(301) a. There is no one but you.
      b. Besides English, he can speak French too.
      c. Besides her jewlry, she lost some clothes.

(309) a. Is this a private or public school?

(314) a. I want to set a time to have a chat with him.

(315) a. I can go, but I don't very much want to go.
      b. He gave me only five dollars.

(316) a. He never says this sentence correctly. I have corrected him many times already, but he doesn't seem to be able to get it right.
      b. This dress is too small. There is no way to alter it.

(317) a. He himself thought the joke he told was funny, but nobody laughed.

DISHRSÌKE - DÀU SHÀUSYÀN CHYÙ

I. Dwèihwà

Sz̄ Ss. yàu dau Shàusyàn chyu.
Chyù yǐchyán, tā wàng hwǒchējàn dǎ
dyànhwà, dǎting yìtyān yǒu jǐtsz̀
chē, shémma shŕhou kāi, chēpyàu
5   dwōshau chyán.

Sz̄:   Wài, nín shr hwǒchējàn ma? Wǒ gēn nín dǎting,
        dau Shàusyàn chyude chē, yìtyān yǒu jǐtsz̀?

Dyànhwàli: Píngcháng shŕ yìtyān lyǎngtsz̀. Syīngchīlyòu
        gēn syīngchītyān, yìtyān sāntsz̀.

10 Sz̄:   Chǐngwèn, dōu shr shémma shŕhou kāi?

Dyànhwàli: Píngcháng shŕ shàngwǔ bādyǎn-shŕwǔ yítsz̀,
        syàwǔ sāndyǎn-sz̀shrwǔ yítsz̀. Syīngchīlyòu gēn
        syīngchīr̀, lìngwài yǒu yítsz̀ tèbyé-kwàichē,
        shr̀ jěng shŕèrdyǎn kāi.

15 Sz̄:   Tèbyé-kwàichē dzǒu jǐge jūngtóu?

Dyànhwàli: Dzǒu lyǎnggebàn jūngtóu, lyǎngdyǎnbàn dàu.

Sz̄:   Chēpyàu dwōshau chyán?

Dyànhwàli: Tóuděng sānkwai-lyòu, èrděng lyǎngkwai-sz̀,
        sānděng yíkwai-èr.

20 Sz̄:   Nín shwōde shr̀ tèbyé-kwàichēde jyàchyan ma?

Dyànhwàli: Dwèile.

Sz̄:   Láihwéipyàu pyányi yidyǎr ma?

Dyànhwàli: Bù. Láihwéipyàu swàn lyǎngge dānchéngpyàu.

Sz̄:   Dwōsyè, dwōsyè.

(Syīngchīlyòu, shŕyīdyǎn jūng, Sž Ss. bǎ
syīngli shōushrhǎule. Chúdz bāngje tā náje
syāngdz, tsúng jyāli chūlai, dau shŕdžlùkǒur,
dzwǒ gūnggūngchìchē dau chējàn chyule.
Dàule chējàn, Sž Ss. dwèi chúdz shwō:)

Sž: Chǐng dau nèibyār chyu gěi wǒ mǎi bàu. Wǒ dzài
           chēshang kéyi kànkan.

           (Chúdz dwèi màibàode shwō:)

Chúdz: Túngjr̀, nǐ hái yǒu bàu ma?

Màibàode: Yǒu. Nǐ yau mǎi shémma bàu?

Chúdz: Yǒu Rénmín R̀bàu ma?

Màibàode: Meiyǒule. Yǒu Shànghǎi R̀bàu. Yàu búyàu?

Chúdz: Hǎu. Wǒ mǎi yífèr. Jǐmáu chýan?

Màibàude: Yīmáu chýán.

           (Chúdz bǎ bàu gěi Sž Ss. jyou hwéijyā
           chyùle. Nèige shŕhou, chējànde fúwùywán
           gwòlai gēn Sž Ss. shwō:)

Fúwùywán: Ní dau nǎr chyù a? Mǎi pyàu le ma?

Sž: Shàusyàn.

Fúwùywán: Ní bǎ syāngdz jyāugei wǒ ba. Shr̀ gwà
                páidz, shr̀ džjǐ dài?

Sž: Nǐ nájùle ma? Lyóu dyǎr shén.

Fúwùywán: Ní fàngsyīn. Nín jyāugei wǒ ba.

Sž: Dzài nǎr mǎi pyàu a?

Fúwùywán: Pyàufángr dzài jèibyar. Ní chyu mǎi
                pyàu chyu, wǒ dzài jèr děng ní .

                (Sž Ss. dzai pyàufángr chwānghu chyántou.)

Sž: Shàusyàn. Tóuděng, tèbyé-kwàichē,
                láihwéipyàu yìjāng.

Màipyàude: Sānkwai-lyòu.

Sz̄:   Jèi shr wŭkwài.

Màipyàude: Jǎu ní yíkwai-sz̀.

Sz̄:   (Dwèi Fúwùywán: Dàu jàntái chyu, tsúng nǎr dzǒu?

Fúwùywán: Ní lái. Ní gēn wǒ dzǒu. Bùmáng. Chē hái
5   méijìn jàn ne.

           (Hwǒchē láile.)

Fúwùywán: Ní kànkan nínde syíngli dwèi budwèi?
           Wǒmen bùsyǔ shàngchē.

Sz̄:   Hǎu. Nǐ jyāugěi wǒ ba, wǒ kànyikan.
       Dōu dwèi. Jèi dōu shr wǒde syíngli.
10   Añ hwǒchē de gwēijyu, bǎ syíngli fàng-
       dzai nǎr?

Fúwùywán: Nǐ kéyi dz̀jǐ dài, fàngdzai dzwòwei
          pángbyār.

Sz̄:   Hǎu. Dwōsyè, dwōsyè. Syèsye nǐ bāngmàng.

Fúwùywán: Búsyè. Jù nǐ yílù shwùn fēng!
15

           (Dzài chēshang -)

Chápyàude: Wàng lǐ dzǒu. Lǐtou kūngje ne. Yǒudeshr̀
           dzwòwei.

Sz̄:   Jyègwāng, jyègwāng, ràng wǒ gwòchyu.

20   (Sz̄ Ss. kànjyan yǒu yige lyǎngge-rén-dzwòde
       yǐdzshang jyòu yǒu yíge rén. Yǒu yige
       dzwòwei kūngje ne. Jyòu gēn neige dzwòje de
       rén shwō:)

Sz̄:   Láujyà, jèr yǒu rén meiyou?

25 Yǐdzshang dzwòje de neige rén: Méiyou.

           (Sz̄ Ss. bǎ syāngdz fàngsya. Dzwòsya yǐhòu,
           chápyàude gwòlaile.)

Chápyàude: Pyàu. Pyàu. Chápyàu le. Chǐng bǎ pyàu
           náchulai.

           (Sz̄ Ss. bǎ pyàu náchulai, gēn chápyàude shwō:)

Sz̄:   Shř lyǎngdyǎnbàn dàu Shàusyàn ma?

5 Chápyàude: Dwèile.

Sz̄:   Dàulede shŕhou, chǐng gàusung wo. Láujyà.

Chápyàude: Hǎu ba.

          II. Shēngdz̀ Yùngfǎ

318. syīngchī   N/TW: week/Sunday
  318.1 syīngchīr   TW: Sunday
  318.2 syīngchītyān TW: Sunday (interchangable with
                            syīngchīr)
  318.3 syīngchīyī   TW: Monday
  318.4 yíge syīngchī NU-M: one week

319. (tèbyé)-
     kwàichē   N: express train
  319.1 mànchē   N: local train

320. jěng   A: just, exactly
  320.1 jěng bādyǎn
       (bādyǎnjěng)   eight o'clock sharp, exactly 8
                        o'clock
  320.2 jěng shŕkwai
       chyán   ten dollars even

     a. Wǒ jěng chyùle sāntyan.

321. -děng   M: grade, class
  321.1 tóuděng(chē)   first class (train)
  321.2 èrděng   second class
  321.3 sānděng   third class

322. láihwéipyàu   N: round trip ticket

323. dānchéngpyàu   N: one way ticket

324. dwōsyè   IE: many thanks

325. syāngdz   N: suitcase, trunk, chest
  325.1 písyāng   N: suitcase, trunk, chest (leather)

326. túngjr̀   N: comrade; term of address used
                         between Chinese in the People's
                         Republic

327. -r̀bàu   BF:-daily (daily newspaper) M: -fèn(r)
  327.1 Rénmín R̀bàu N: People's Daily (a daily newspaper)
  327.2 Shànghǎi R̀bàu N: Shanghai Daily

328. fúwù   V: give service to, to serve
  328.1 fúwùywán   N: general term for service personnel
                         in China, attendant, clerk, etc.

  328.2 fúwùtái   N: service desk, information desk (in
                         a hotel, etc.)

     a. Wèi rénmín fúwù.

329. jyāu(gei)   V: turn over to, hand over to
  329.1 jyāugei tā   turn over to him

     a. Nǐ bǎ chyán jyāugei shéi le?
     b. Jèijyan shr̀ching wo bugwǎnle. Jyāugei nǐ ba.

330. páidz   N: sign, tag (baggage), brand, make
  330.1 gwà páidz   VO: to check baggage

     a. Nǐde chìchē shr̀ shémma páidz?

331. pyàufángr   N: ticket office

332. tái   N: stage, platform
  332.1 jàntái   N: station, platform

     a. Dàu Nánjīngde chē, dzài dìjǐ jàntái?

333. gēn   V: follow
  333.1 gēnje   V/A: follow
  333.2 gēnshang   RV: catch up

     a. Chǐng nǐmen dàjyā dōu gēnje wǒ nyàn.
     b. Tā dzǒude tài kwài, wǒ jyǎnjŕde gēnbushàng ta.

334. syǔ   V: permit, allow, let

    a. Tā syǔ wǒ chyù, wǒ jyou chyù, bùsyǔ wǒ chyù, wǒ
       jyou búchyù.

335. gwēijyu   N: customs, rules and regulations
  335.1 yǒugwēijyu   SV: be well disciplined, well mannered
  335.2 àn gwēijyu   VO: "according to custom"

336. jù   V: wish (in leavetaking and greeting
                   only) 'Best wishes for ... '
  336.1 jù nǐ yílù
      shwùn fēng   IE: 'Have a pleasant trip'
  336.2 jù nǐ shwùnlì IE: 'Best wishes in whatever you do'

337. chá pyàu   VO: to punch tickets, to examine
                   tickets
  337.1 chápyàude   N: conductor

338. kūng   SV: be empty, vacant
  338.1 kūng dzwòr   vacant seat
  338.2 kūng fáng   vacant house
  338.3 kūng wūdz   vacant room
  338.4 kūng hédz   empty box
  338.5 kūngle   it's become empty

    a. Wǒ jyā litou, yìjyān kūng wūdz dōu méiyǒu.
    b. Tā nèige syāngdz kūngje ne.

339. yǒudeshř   V: there is plenty (of it)

    a. Tā yǒudeshř chyán.
    b. Yǒudeshř hwèi shwō Jūnggwo hwà de Měigwo rén.

340. dzwòwèi   N: (M: -gè) seat
    (dzwòr)
  340.1 yǒu dzwòr   there are seats
  340.2 méi dzwòr   there are no seats
  340.3 dìng dzwòr   to reserve a seat

341. jyègwāng   please excuse me, pardon me

    a. Jyègwāng, dàu hwǒchējàn chyu dzěmma dzǒu?
    b. Jyègwāng, jyègwāng, ràng wǒ gwòchyu.

III. Jyùdz Gòudzàu

1. Measures:

A measure must immediately follow a number with two ex-
ceptions: (1) if there is no number appearing before the
measure, the number yī is understood. It often appears
in these forms:

>   Following a specifier: jèige (jèiyige), měityan
>   (měiyityan), etc.
>   Following a verb: Wǒ you (yi) ge péngyou. Wǒ yau mái
>   (yi) ben shū. Etc.

(2) A few stative verbs may be inserted between the
number and the measure, the most frequently used ones
being dà, syǎu and jěng:

>   Yídàben (shū)   sānsyǎukwai (yídz)   sżjěngjang (jř)

1.1 The general measure ge, is applicable to most nouns
even when a more appropriate measure is available.
Since things of different shape, nature, number,
size, weight or volume require specific measures,
they may have specific meanings:

>   yìběn shū (a book)
>   yítàu shū (a set of books)
>   yìshwāng wàdz (a pair of socks)
>   yìdá wàdz (adozen pairs of socks)

Note that meaning is differentiated entirely by the
measures. When a measure is used with one noun only
or with a limited group of nouns, the noun itself is
frequently omitted, since no confusion is likely to
arise:

>   Nèisānběn wǒ dōu màile (definitely refers to
>   books)
>   Dzwótyan láile sānwèi   (definitely refers to
>   people)

1.2 The following table contains the most important
specific measures already introduced and is printed
here for a general review:

TERM	MEANING AND USE	EXAMPLES
BǍ	to grasp - M. of things that are grasped	yìbǎ yǐdz (a chair) yìbǎ dāudz (a knife) yìbǎ chādz (a fork) yìbǎ sháudz (a spoon)
BĀU	to wrap - M. of things that are wrapped up	yìbāu yān (a pack of cigarettes)
BĚN	volume - M. of books; cf. tàu	yìběn shū (a book)
BÙ	section, class - M. of books	yíbù shū (a literary work)
CHǏ	foot (measure)	yìchǐ bù (a foot of cloth) yìchǐ cháng (a foot long)
DÁ	dozen	yìdá jīdàn (a dozen eggs) yìdá wàdz (a dozen pairs of socks or stockings)
DWǑ	cluster - M. of flowers	yìdwǒ hwār (a flower)
DYǍN	o'clock; hour	yìdyǎn jūng (one o'clock; one hour)
FĒN	minute; cent	yìfēn jūng (one minute) yìfēn chyán (one cent)
FĒNG	seal up	yìfēng syìn (a letter)
GÈ	general measure	yíge syǎuhár (a child) etc.
GĒN	root, origin - M. for long slender things	yìgēn yān (a cigarette) yìgēn yánghwǒ (a match)
HÀU	M. for room, house, telephone numbers, days of the month, hats, socks, shoes, clothing, etc.	yíhàu (No. 1) yíywè yíhàu (Jan. 1st) báhàu(r) syé (size 8 shoes) shŕwǔhàu(r)bàn chènshān (15 1/2 shirt)
HÉ	small box	yìhé(r) táng (a box of candy)

TERM	MEANING AND USE	EXAMPLES
		yìhé(r) yánghwǒ (a box of matches)
HWÉI	time, occasion	yìhwéi (once)
JĀNG	M. for certain flat, sheet-like items	yìjāng jǐr (a sheet of paper) yìjāng hwàr (a picture) yìjāng jwōdz (a table)
JR̄	one of a pair; single - M. for birds, boats, certain animals, etc.	yìjr̄ jī (a chicken) yìjr̄ yǎn (an eye) yìjr̄ chwán (a boat) yìjr̄ shǒu (a hand) yìjr̄ jyǎu (a foot) yìjr̄ nyóu (a cow, ox)
JǓNG	kind, sort	jèijǔng rén (this kind of people) jèijǔng pínggwǒ (this kind of apple)
JYĀN	M. for rooms	wǔjyān wūdz (five rooms) lyǎngjyān wòfáng (two bedrooms)
JYÀN	article	yíjyàn shr̀ (a matter) yíjyàn yīshang (an article of clothing) yíjyàn syíngli (a luggage) yíjyàn dūngsyi (a thing)
JYÙ	sentence	yíjyù hwà (a sentence)
KĒ	M. for trees, plants	yìkē shù (a tree)
KÈ	quarter hour	yíkè jūng (15 minutes)
KÈ	lesson	yíkè (one lesson) dìyíkè (Lesson 1)
KWÀI	piece, lump - M. for anything dealt with in "pieces"	yíkwài dì (a piece of land) yíkwài chyán (a dollar) yíkwài bù (a piece of cloth)

TERM	MEANING AND USE	EXAMPLES
LǏ	M. for Chinese lǐ (about 1/3 mile)	yìlǐ (one lǐ) dzǒule yìlǐ lù (walked one lǐ)
LYÀNG	M. for vehicles except airplanes	yílyàng chē (a cart) yílyàng chìchē (a motor car)
MÁU	dime - M. for ten cents	yìmáu chyán (ten cents)
MÉN	M. for school subjects, learning	yìmén gūngke (a school subject) yìmén sywéwen (a learning)
NYÁN	**year**	yìnyán (a year)
PÁN(dz)	plate, dish	yìpán tsài (a plate of food)
SHWĀNG	pair	yìshwāng wàdz (a pair of socks or stockings) yìshwāng syé (a pair of shoes) yìshwāng kwàidz (a pair of chopsticks)
SWÈI	year of age	yíswèi (one year old)
SWǑ(r)	M. for house, building	yìswǒ(r) fángdz (a house) yìswǒ(r) lóu (a building)
TÀNG	time, occasion - M. for trips and those of buses, trains, etc.	yítàng chìchē (a trip of buses) Nǐ chyùgwo jǐtàng? (How many times have you been there?)
TÀU	covering, set	yítàu shū (a set of books) yítàu yīshang (a suit of clothes) yítàu jyājyu (a set of furniture)
TSZ̀	time, occasion	sāntsz̀ (three times)
TYĀN	day	yìtyān (a day)

TERM	MEANING AND USE	EXAMPLES
TYÁU	strip, branch - M. for long, slender things; cf. gēn	yìtyáu lù (a road) yìtyáu jyē (a street) yìtyáu hé (a river) yìtyáu yú (a fish)
WǍN	bowl	yìwǎn fàn (a bowl of rice) yìwǎn shwěi (a bowl of water)
WÈI	seat, position - polite M. for persons	yíwèi syānsheng (a gentleman) yíwèi kèren (a guest) yíwèi tàitai (a lady) yíwèi syáujye (a Miss)
YÀNG	kind, sort	lyǎngyàng(r) dyǎnsyin (two kinds of refreshments) jèiyàng(r) tyānchi (this kind of weather)
YÈ	night	sāntyān sānyè (three days and nights)
YĪNGLĬ	mile (lit. Eng. lĭ)	yìyīnglĭ (one mile)

2. Reduplicated Measures:

A reduplicated measure (MM) has the meaning of "each M" (měiyi M). It often serves as a N or a TW before the V in a sentence, and with an inclusive adverb like dōu, chywán, lǎu or dzǔng:

Nèisyejāng jwōdz, jāngjāng dou shr wǒde,
(Every one of those tables is mine.)

Tā tyāntyān dzǔngshr hē hěn dwō jyǒu.
(He drinks a lot everyday.)

Wǒ mǎide nèisye pínggwo, gègè(r) chywán shr hwàide.
(Every one of the apples I bought is rotten.)

Wǒmen nyánnyán lǎushr dàu wàigwo chyù yitsż.
(We go abroad once each year.)

3. Reduplicated Number-Measures:

Number-measures may be reduplicated too (NU-M NU-M). De
is usually added at the end and the entire expression
functions as an adverb. Each NU-M in the pair may be
followed by a noun. The most frequently used NU is yī
and the whole pattern means "one by one". When èr, sān,
etc. are used, then, of course, they mean "two by two",
"three by three", etc.:

NU-M (N) NU-M (N) de

Byé yíge(rén)yíge(rén)de chyù.
(Don't go there one by one.)

Wǒ shr yíge ywè yíge ywè de gěi fángchyan.
(I pay my room rent by the month.)

The N after the NU-M is often left out when the meaning
is clear without it (as in the first illustration). If,
however, the meaning is not clear without the N, then it
cannot be left out (as in the second one).

3.1 All the NU-M may be reduplicated in this manner, the
frequency of use of which depends on how common they
are as number-measures. Therefore, the common
measures given in the list in 1.2 are all frequently
used in this reduplicated NU-M(N) pattern.

4. Exercise - Translate into English:

4.1 Measures of yān:

a. Wǒ yìgen yān dou buchōu.
b. Tā mǎile wǔbau yān.
c. Sānhé yān ta dōu chōuwánle.
d. Jèijùng yān, wǒ busyǐhwan.

4.2 Measures of hwà:

a. Wǒ jyòu shwōle yíjyu hwà.
b. Wǒ gen ta tángwo lyǎngtsz̀ hwà.
c. Shéi néng shwō wǔlyòugwó hwà?
d. Tā lǎu ài shwō nèijǔng hwà.

4.3 Measures of chē:

a. Sānlyàng chē dou hwàile.
b. Yìtyān yǒu szwǔtàng chē.
c. Wǒ dzwòle yìtyānde chē.
d. Nǐ dzwò sāndyǎn jūng nèitsz chē ba.

4.4 Measures of wàdz:

a. Wǒ mǎile lyǎngshwāng wàdz.
b. Wǒ yìjř wàdz dou méiyǒule.
c. Wǔdá wàdz tsái shřèrkwai chyán.
d. Tā gěile wo sānbāu wàdz.

4.5 Measures of syìn:

a. Tā láigwo yítsž syìn.
b. Wǒ syěle yíyède syìn.
c. Nǐ jyējau jǐfeng syìn?
d. Wǒ búywànyi kàn jèijǔng syìn.

4.6 Measures of yīshang:

a. Wǒ děi mǎi yitàu yīshang.
b. Jèijyan yīshang hěn pyányi.
c. Wǒ jyou chwāngwo yítsž Jūnggwo yīshang.
d. Chǐng nǐ bǎ jèibau yīshang nádzǒu.

4.7 Measures of jī:

a. Wǒ mǎile lyǎngjř jī.
b. Jèijǔng jī shr Dégwo jī.
c. Nèi yìpándz jī wǒmen dou chřle.
d. Tā màile yìnyánde jì.

4.8 Measures of shū:

a. Wǒ mǎile yíbù shū.
b. Tā kànle sānběn shū.
c. Wǒ děi nyàn lyǎngnyán shū.
d. Wǒ lyán yídyǎr shū dōu méinyàngwo.

4.9 Measures of chādz:

a. Tā yǒu lyǎngbǎ chādz.
b. Jèi shr yítàu chādz.
c. Jè shr něigwó chādz?
d. Wǒ yùnggwo yìnyán jèijung chādz.

4.10 Measures of <u>jūng</u>:

    a. Syàndzài shr sāndyan jūng le.
    b. Wǒ mǎile yìdá dà jūng.
    c. Sānfēn jūngde gūngfu jyou wán le.
    d. Wǒ jyou dzai nèige pùdz mǎigwo yítsż jūng.

5. <u>Exercise II</u> - Give an appropriate specific measure (not <u>ge</u>) to every noun and translate into English:

jyājyu	jǐr
gūnggùng-chìchē	yǎnjing
fàn	syé
syānsheng	kùdz
kwàidz	syíngli
shwādz	shù
nyóu	hwār
hwà	chwán
gūngkè	jyǎu
tsài	hwàr

6. <u>Exercise III</u> - Choose 10 measures from the table in 1.2 and make sentences using reduplicated M and NU-M(N) patterns:

IV. Fāyīn Lyànsyí

1. "Nǐ bǎ nèige syāngdz jyāugei <u>shéi</u> le?" "Jyāugei fúwùywán le."

2. "Dàu Nyǒuywē de tèbyé-kwàichē <u>shémma</u> shŕhou kāi?" "Shŕèrdyǎnjěng."

3. "Dàu Shànghǎi de èrděng láihwéipyàu dwōshau chyán?" "Èrshrchíkwàibàn."

4. "Nín jèisānjyan syíngli <u>dōu</u> gwà páidz ma?" "Bù, <u>jèi</u>jyan wǒ dżjǐ dài."

5. "Fúwùywán, jyègwāng, pyàufángr dzai nǎr?" Nǐde syāngdz, yàu búyàu wǒ bāngmáng?

6. "Jèr <u>jèn</u> bùsyǔ chōu yān ma?" "Dwèile, jè shr jèrde gwēijyu."

7. "Nín dwōshau dzài chr̄ yìdyǎr". "Bùchr̄le, wǒ chr̄bǎule."

8. "Lǐtou hái you kūngdzwòr ma?" "Chápyàude shwō yǒu."

9. "Jyègwāng, wǒ gen nín dǎting dǎting, chēshang syǔ chōu yān bùsyǔ?" "Bùsyǔ. Nèr yǒu yíge páidz, syějē ne."

10. "Láujyà, dau Shànghai de chē, dzai dìjǐ jàntái?" "Nín gen byéren dǎting ba. Wǒ ye shwōbuchīngchu."

V. Wèntí

1. Sz̄ Ss. gei nǎr dǎ dyànhwà? Wèi shémma dǎ?

2. Hwǒchē dau Shàusyàn, yìtyan you jǐtsz̀? Dōu shr shémma shŕhou kāi? Syīngchīlyòu gen syīngchītyān de tèbyé-kwàichē, shémma shŕhou kāi?

3. Tèbyé-kwàichē dzǒu jǐge jūngtóu? Shémma shŕhou dàu?

4. Chēpyàu tóuděng dwōshau chyán? Èrděng gen sānděng ne?

5. Láihwéipyàu bǐ lyǎngge dānchéng pyányi ma?

6. Sz̄ Ss. shr̀ něityan dàu Shàusyàn chyùde? Jǐdyǎn jūng?

7. Chúdz bāngje ta dzwò shémma shr̀?

8. Sz̄ Ss. wèishémma yàu mǎi bàu?

9. Fúwùywán bāng Sz̄ Ss. dzwò shémma? Wèn tā shémma?

10. Sz̄ Ss. mǎide shr̀ láihwéipyàu hái shr̀ dānchéngpyàu?

11. Sz̄ Ss. jr̄dau shr něige jàntái bujr̄dau? Tā rènshr burènshr jàntái dzai nǎr?

12. Fúwùywán syǔ shàng chē bùsyǔ?

13. Àn hwǒchē de gwēijyu, syīngli yīnggāi fàngdzai shémma dìfāng?

14. Chápyàude shwō shémma?

15. Sž Ss. jǎujau dzwòwei meiyou? Dzěmma jǎujaude?

16. Sž Ss. gen chápyàude shwō shémma?

17. Tsúng jèr dau Nyǒuywē yìtyan yǒu jǐtsz chē? Dōu shr
    shémma shŕhou kāi?

18. Dzài Měigwo píngcháng hwòchē gen gūnggùng-chìchē,
    láihwéipyàu bǐ lyǎnggge dānchéngpyàu pyányi ma?

19. Dzài Měigwo húng maùdz (RED CAP) dōu gwǎn shémma
    shŕ?

20. Nǐ dzwògwo Měigwo hwǒchē ma? Dōu dàu shémma dì-
    fāng chyùle? Měigwo hwǒchè, tóuděng, èrděng sān-
    děng dōu yǒu ma?

VI. Nǐ Shwō Shémma?

1. Yàushr nǐ yàu wèn dàu Nyǒuywē chyude hwōchē, yìtyan
   jǐtsz? Dōu shémma shŕhou kāi? Nǐ dzěmma wèn?

2. Yàushr nǐ syǎng gù chē dau fēijīchǎng (AIRPORT) chyù,
   nǐ dzěmma shwō?

3. Yàushr nǐ syǎng dǎting dzài shémma dìfang mǎi hwǒchē-
   pyàu, nǐ shwō shémma?

4. Dzài hwǒchēshang, yàushr nǐ syǎng wèn yige rén, nèige
   kūngdzwòr nǐ néng dzwò bunéng, nǐ yǒu jǐge fádz shwō?

5. Dzài chēshang, yàushr nǐ syǎng jyàu chápyàude dàulede
   shŕhou gàusung ni, nǐ dzěmma gēn ta shwō?

VII. Gùshr

(on record)

VIII. Fānyì

1. Translate into English:

   1.1 Last week I took an express train to go to New York.
       It didn't stop at any stations and took exactly two
       hours.

1.2   In England I usually go second class.

1.3   I asked the redcap to put this suitcase in the pedi-
cab, but he said it wasn't his job. I was so mad.

1.4   I just want to tell you, whether you go or not is
up to you.

1.5   May I turn this suitcase over to you, and you return
it to him for me?

1.6   Do you want to check this suitcase or take it with
you?

1.7   Will you buy another round trip ticket for me?   The
ticket office is outside on the platform.

1.8   They are too fast, I cannot catch up with them.

1.9   If you drive so fast, how can he follow you?

1.10 No smoking.   (Smoking is not allowed.)

1.11 That child has good manners.

1.12 The conductor said that the car is empty, there are
plenty of seats.

1.13 Do you have any vacant rooms?

1.14 I have plenty to show you.

1.15 Pardon me, let me take a look.

2. Translate back into Chinese:

(320) a. I went there for exactly three days.

(329) a. Whom did you turn the money over to?
      b. I'm not going to do anything more about this
         matter.

(330) a. What make is your car?

(332) a. What track is the Nanking train on?

(333) a. Will all of you please read after me.
      b. He walks too fast. I simply cannot catch up
         with him.

(334) a. If he'll allow me to go, I'll go; if not, I
         won't go.

(336) a. 'Have a pleasant trip!'

      b. I wish you success in whatever you do.

(338) a. There isn't a single vacant room in my home.
      b. That box of his is empty.

(339) a. He has plenty of money.
      b. There are plenty of Americans who can speak
         Chinese.

(341) a. Pardon me, how do you go to get to the station?
      b. Excuse me, let me through.

DISHRWǓKE - DZWÒ LǏBÀI

I. Dwèihwà

Sz̄ Ss. dzai Jūnggwo yige syǎu
chéngli, jùle yityān. Tā dzai nèr
rènshrle bùshǎude Jūnggwo syāngsya
rén. Yǒu yityān, tā gen yige syāngsya
5   rén shwō:

Sz̄:   Míngtyan shr syīngchīr̀. Jyàutángli dzwò
               lǐbài. Nǐ yě chyù kànkan hǎu buhǎu?

Syāngsya rén: Dzwò lǐbài shr̀ dzěmma hwéi shr̀?

Sz̄:   Jèige hěn bùrúngyi jyǎng. Yìlyǎngjyù hwà
10   yě jyǎngbuchīngchu. Nǐ míngtyan syān chyu
               kànkan, kànwánle, wǒ dzai géi ni jyǎng ba.

               (Syīngchītyān dzǎushang, jyàutángli sànle
               hwèi, nèige syāngsya rén tsúng jyàutángli
               chūlai, jyou chyu jǎu Sz̄ Ss.)

15 Sz̄:   Dzěmmayàng? Nǐ kànjyan dzwò lǐbài le ba?

Syāngsya rén: Kànjyanle. Wǒ jìnchyu de shŕhou, chyántou
               dou dzwòmǎnle, wǒ dzai hòutou jǎule yige
               dzwòr, jyou dzwòsyale. Yìhwěr táishang
               chūlai yige rén náje yiběn shū. Jyàu wǒmen
20   dàjyā jànchilai chàng gēr.

Sz̄:   Nèige rén jyou shr̀ mùshr. Nǐmen chàngde
               shr dzànměishr̄. Shr̀ dzànměi Shàngdì de
               yìsz.

Syāngsya rén: Wǒmen gāng chàngwán, tā you jyàu wǒmen bǎ
25   tóu dīsya. Tā jàndzai nèr hǎusyàng bèishū
               shr̀de shwōle hǎusyē hwà. Tā nà shr dzwò
               shémma ne?

Sz̄:   Nà búshr bèishū, nà shr chǐdǎu.

Syāngsya rén: Òu! Nà jyòu shr chǐdǎu a. Wǒ cháng tīng-
shwō syìn jyàude rén tyāntyān chǐdǎu,
kěshr wǒ méitīngjyangwo. Hòulai nèige rén
yòu dǎkai yiběn shū, nyànle bàntyān, nyán-
5   wánle, yòu jyǎngyǎn. Hòulai, wǒ jyou
shwèijáule. Děng wǒ syǐngle, jyou kànjyan
yǒu rén nája je pándz chwánlai chwánchyù, wǒ
kàn rén dou jywān chyán. Wǒ yě jywānle
yidyǎr. Yǐhòu you chàngle yige gēr, jyou
10 sànle.

Sz̄:   Nèiwei mùshr nyànde shr shèngjīng. Tā
jyǎngde shr Yēsū Jīdūde dàuli, nà jyàu
jyǎngdàu. Nǐ tīngdǔngle yìdyǎr meiyou?

Syāngsya rén: Méidǔng dwōshǎu. Swéirán wǒ bútài dǔng,
15 kěshr wǒ jywéde nà litou hěn ānjìng. Rén
yě dōu hěn héchi. Tāmen hái gěile wǒ
yijāng hwàr. Nín kànkan.

Sz̄:   Nǐ jrdau jèijāng hwàrde yìsz ma? Jèi shr
yige gùshr. Shr Yēsū shwōde yige bǐfang.

20   Nǐ kàn, jèiwei lǎu syānsheng hěn gāusyìng.
Nǐ jrdau ta wèi shémma gāusyìng ma? Jèige
shr tāde dà érdz, jèige shr tāde syǎu érdz.
Tāde dà érdz, syàng hěn shéngchìde yàngdz.
Nǐ jrdau ta wèi shémma shēngchì ma? Nǐ
25 tīng wǒ shwō. Jèiwei lǎu syānsheng hěn
yǒuchyán. Yǒu yityān, tā jèige syǎu érdz
chǐng tā fùchin bǎ chyán fēngei ta. Tā
fùchin jyou bǎ chyán fēngei ta le. Tā
nája je chyán jyou dàu yige hěn ywǎnde dìfang
30 chyule. Dzài nèr bǎ chyán dou yùngwánle.
Chyúngde méi fàn chr. Kǔjíle. Hòulai tā
syǎngmíngbaile. Tā jywéde ta bùyīngdāng
líkai jyā. Tā jyou hwéichyule. Nǐ kàn
jèi hwàr, jè jyòu shr tā jyànjau ta fùchin
35 de yàngdz. Tā shwō: "Fùchin, wǒ jēn dwèi-
buchǐ nín. Wǒ jēn bùyīngdāng líkai nín."
Tā fùchin kànjyan ta hwéilaile, syīn litou
jyǎnjrde tùngkwaijíle. Jyou gǎnjǐn jyau
yùngren gei ta hwàn yīshang hwàn syé. Yòu
40 jyàu chúdz gei ta dzwò tèbyé hǎude tsài.
Tā dà érdz kànjyan jyou hěn shēngchì. Gēn
ta fùchin shwō: "Wǒ dzài jyā gěi nín dzwò

shr̀, dzwòle dzèmma dwō nyán, nín tsúnglái
yě méigěigwo wǒ shemma tèbyéde dūngsyi chr̄,
yě méigěigwo wǒ shemma tèbyéde yīshang
chwān. Wèi shémma wǒ dìdi bǎ tāde chyán
5   dōu yùngwánle, hwéilaile, nín dàu dzèmma
gāusyìng, gěi ta dzèmma dwō dūngsyi?" Tā
fùchin shwō: "Érdz a, nǐ tyāntyān gēn wo
dzài yíkwàr. Wǒde yíchyè, yǐjing dōu shr̀
nǐde le. Kěshr nǐ dìdi, shr̀ sǐle yòu
10   hwóle; shr̀ dyōulede, syàndzài yòu jǎuhwéi-
laile. Swóyi wǒmen yīngdāng tèbyé gāusyìng."

Syāngsya rén: Jèi gùshr hěn youyìsz.

II. Shēngdz̀ Yùngfǎ

342. dzwò lǐbài   VO: attend a religious service, go to
                          church

  a. Wǒ měilǐbài dōu dàu nèige jyàutáng chyu dzwò lǐbài.

343. hwèi   N: meeting
  343.1 kāi hwèi   VO: open a meeting, hold a meeting

344. sàn   V: disperse, break up, adjourn
  344.1 sàn hwèi   VO: adjourn a meeting

  a. Dzwótyan wǎnshangde hwèi, shr̀ shémma shŕhou sànde?

345. mǎn   SV: to be full
  345.1 dzwòmǎnle   RV: all seats are taken, (the room) is
                          full
  345.2 jwāngmǎnle   RV: packed full

  a. Wūdzli rén dōu mǎnle.

346. mùshr   N: preacher, pastor, minister

347. dzànměishr̄   N: hymnal, hymn
  347.1 dzànměi   V: praise
  347.2 shr̄   N: poem, poetry (M: -shǒu)
  347.3 chàng
        dzànměishr̄   VO: sing a hymn

348. Shàngdì   N: God (M: -wèi)

    a. Tāmen chàng dzànměishr̄, shr̀ dzànměi shàngdì de yìsz.

349. dītóu   VO: bow the head, lower the head
  349.1 dīsya   RV: bow down

    a. Jèige mén tài ǎi, nǐ bùdītóu, gwòbúchyu.

350. bèishū   VO: recite (a lesson); to memorize,
                          to learn by heart

    a. Sywé wàigwo hwà, bèishū hěn yǒuyùng.

351. chǐdǎu   V: pray

    a. Chǐng nǐ yùng Jūnggwo hwà gěi wǒmen chǐdǎu.

352. syìn   V: believe
  352.1 syìn jyàu   VO: accept a religion, adhere to a
                          religion, be a Christian
  352.2 syìn Jīdūjyàu VO: be a Christian
  352.3 syìn Yēsūjyàu VO: be a Christian
  352.4 syìn
        Tyānjǔjyàu   VO: be a Catholic

    a. Tāde hwà wǒ búsyìn.

353. dǎkāi   RV: open up

    a. Chǐng nǐmen bǎ shū dǎkai.

354. syǐng   V: wake up
  354.1 jyàusyǐng   RV: awaken

    a. Tā yǐjing syǐngle.
    b. Tā hái syǐngje ne.
    c. Tā ràng wǒ jīntyan dzǎushang jyàu tā, wǒ jyàule
       tā bàntyān méijyàusyǐng.

355. chwán   V: pass, spread
  355.1 chwán jyàu   VO: propagate religion, to preach the
                          gospel

    a. Chǐng nǐ bǎ jèihér táng chwán yichwán.
    b. Tā dzài Jūnggwo chwán jyàu.

356. chwánlai
  chwánchyu   pass around
 356.1 dzǒulai
  dzǒuchyù   walk back and forth
 356.2 pǎulái pǎuchyù run back and forth
 356.3 shwōlái
  shwōchyù   discuss (the matter) back and forth
 356.4 kànlái kànchyù consider from one angle and another
 356.5 shànglái syàchyù go up and down

357. jywān   V: give, donate, contribute
 357.1 jywān chyán VO: donate money, raise money by
         donation
 357.2 jywāngei V: donate to
 357.3 gěi...jywān
  chyán   raise money for....
 357.4 gēn...jywān
  chyán   ask for contribution, solicit fund

  a. Tāmen yàu chǐng ta jywāngei sywésyàu yìchyānkwai
    chyán, bùjrdàu tā kěn jywān bukěn.
  b. Wǒmen syǎng gěi nèisye chyúngrén jywān yidyǎr
    chyán.
  c. Tā yǒudeshr̀ chyán, gēn ta jywān yìdyǎr ba.

358. shèngjīng   N: Holy Bible, the Scriptures, the
          Bible

359. dàuli   N: teaching, doctrine
 359.1 yǒudàuli SV: be logical, reasonable
 359.2 jyǎngdàu VO: to preach

  a. Tā shwōde hwà hěn yǒudàuli.

360. ānjìng   SV: be quiet

  a. Chǐng ānjìng dyǎr!

361. fēn   V: divide, separate, share
 361.1 fēn dūngsyi divide things
 361.2 fēngei wǒ
  wǔkwai chyán give me my five dollar share
 361.3 fēnkai   RV: separate

  a. Wǒ bǎ nèikwai táng, fēngei ta yíbàn.

362. chyúng   SV: be poor
 362.1 chyúngrén   N: poor people

    a. Tā chyánlyangnyán hěn chyúng.

363. kǔ   SV: be bitter to the taste; be hard,
                             difficult (of life)
 363.1 chīkǔ   VO: suffer bitterly

    a. Dàgài méi rén syǐhwan chī kǔ dūngsyi.
    b. Tā jèilyangnyán, kǔjíle.
    c. Nèige rén hěn néng chīkǔ.

364. tsúnglái...
       (jyou)   MA: heretofore, in the past
 364.1 tsúnglái...
       méi...   never before, never did
 364.2 tsúnglái...
       bù...   never before, never do

    a. Wǒ tsúnglai méitīngjyangwo tā chàng gēr.

365. sž   V: die
 365.1 sžrén   N: dead person
 365.2 dǎsžle   RV: killed (by beating or a gun)
 365.3 èsžle   RV: die of hunger, starve (to death)
 365.4 bìngsžle   RV: die of illness

    a. Dzwótyan nèige fēijī chūshř, sžle èrshr jige rén.
    b. Wǒmen kwài jǎu yige dìfang chīfàn chyu ba, wǒ
       jyǎnjŕde yàu èsžle.

366. hwó   SV: be alive, living
 366.1 hwóje   living
 366.2 hwóbulyǎu   RV: be unable to live
 366.3 hwógwolai   RV: come to

    a. Tā hwójede shŕhou, dzwèi syǐhwan dàu jèr lái.
    b. Dzwótyan tāmen bǎ ta dászle, hòulai tā you
       hwógwolaile.

III. Jyùdz Gòudzàu

1. Descriptive Complement and Resultative Verb Compared:

We are accustomed to think of pǎudekwài as an RV, kwài serving as the result of pǎu and the whole combination referring to the capability of the actor in carrying out the action. In this case, it is customary to write all the syllables together, forming one RV expression:

Tā pǎudekwài. (He can run fast.)

But kwài in this pattern may describe the manner or degree of the action pǎu rather than its result. In this case, kwài is considered as a descriptive complement of pǎu and is written separately:

Tā pǎude kwài. (His running--the way he runs--is fast.)

The following sentence illustrates the different functions of kwài as an RVE and as descriptive complement:

Rén shwō tā tài pàng, pǎubukwài. Nǐ kàn, tā pǎude
  hěn kwài.
(People say he's too fat and can't run fast. Look,
  he runs very fast.)

1.1 The two different functions of kwài can be seen more clearly in a negative statement. In a negative potential RV with kwài as the RVE, the form is the familiar pǎubukwài; but when kwài serves as a descriptive complement, de must be added after the V, pǎude búkwài:

    Resultative Verb: Tā pǎubukwài. (He cannot
                                run fast.)
    Descriptive Complement: Tā pǎude búkwài. (He doesn't
                                run fast.)

1.2 It is to our benefit to review the pattern of "describing the manner of an action", introduced in Speak Chinese, which is the same as calling what comes after the V as a descriptive complement:

    Tā sywé Jūnggwo hwà, sywéde hěn kwài.
    Tāde Jūnggwo hwà, sywéde hěn kwài.

Jèige shŕching, nǐ dzwòde butswò.
Lǎutàitai dzǒulù, dzǒude hěn màn.

1.3 <u>The Structure of the Descriptive Complement</u>:

The descriptive complement describes the manner or
extent of the main action (V) or the state (SV)
preceding it:

Chŕde wǒ jànbuchiláile.
(I ate so much that I could not stand up.)

Gāusyìngde tā yíyè méishwèijyàu.
(He was excited to such an extent that he didn't
   sleep the whole night long.)

The descriptive complement may be just an SV (as
illustrated in 1. and 1.1) or a clause--S-SV, S-RV,
or S-V-O:

SV: Tā pǎude hěn <u>kwài</u>.
S-SV: Tā shwōde <u>wǒmen lèijíle</u>.
S-RV: Lèide <u>wǒ jànbuchiláile</u>.
S-V-O: Chìde <u>wǒ méichŕ wǎnfàn</u>.

The important element in all these structures is the
SV, V or RV; the S or O, or both, may be dropped
when the meaning is clear without them.

1.4 <u>Exercise</u> - Translate into Chinese:

1.41 This tree cannot grow any taller.

1.42 He can write very well, but he doesn't want to.

1.43 These clothes are too small and can't be altered
     satisfactorily.

1.44 I don't think he can explain it clearly.

1.45 I think he explained it very clearly.

1.46 He sings beautifully.

1.47 Can we finish this book within a month? I
     think you can but he can't.

1.48 This table is sturdily made.

1.49 If you drive too slowly, it is just as bad as driving too fast.

1.50 I won't accept his invitation for supper, because I cannot get enough to eat in his house.

2. The Usage of Chúle:

Chúle or "chúle...yǐwài" means "except", "all but". Because of its exclusive meaning, an inclusive adverb, like dōu, chywán, lǎu and dzǔng, is generally used to refer to the rest of the things after an item has been singled out by chúle:

Chúle nèige (yǐwài), wǒ dōu syǐhwan.
(I like all but that one.)

From the above illustration we can see that dōu is equivalent to "all" in the English translation, indicating the inclusiveness; and chúle is equivalent to "but", singling out nèige (that one).

2.1 Chúle in the double clause "chúle...(yǐwài), ... lìngwài..." means "besides", "in addition to". The adverb hái is generally used in this structure to stress the idea of "still", "further" besides the item referred to by chúle:

Chúle jèige byǎu (yǐwài), wǒ lìngwài hái you yige.
(Besides this watch, I still have another one.)

2.2 Exercise - Translate into Chinese:

2.21 Besides the silver watch I bought for her, she still wants a gold one.

2.22 I like all of my courses except history.

2.23 In addition to these five hundred dollars, he still wants to borrow five hundred more.

2.24 Nobody knows how to do it except him.

2.25 In addition to these three Protestant churches, we have two Catholic churches.

IV. Fāyīn Lyànsyí

1. "Jīntyan dzwò lǐbài, shr shéi jyǎngdàu?" "Shr Chén Mushr, nǐ rènshr ma?"

2. "Dzwótyan kāi hwèi nǐmen dzwò shémma le?" "Wǒmen shānglyang jywān chyán de shrching."

3. "Nǐ yě syìn Tyānjǔjyàu ma?"   "Wǒ shémma jyàu dou búsyìn."

4. "Chǐng nǐ bǎ shèngjīng dǎkai." "Wǒ wàngle dai shèngjīng laile."

5. "Nǐ jīntyan dzǎushang shémma shŕhou syǐngde?" "Tā wúdyan jūng jyou bǎ wo jyàusyǐngle."

6. "Nǐ tyāntyān shémma shŕhou chǐdǎu?" "Chángcháng shr dzai shwèijyàu yǐchyán."

7. "Dzài jyàutángli nǐ wèi shémma dzwòdzai hòutou?" "Chyántou dou dzwòmǎnle."

8. "Nǐ yīngdāng bǎ jywānde chyán, fēngei ta yíbàn." "Wǒ yàu fēngei ta, kěshr ta búyàu."

9. "Tāde chíngsying dzěmmayàng?" "Tā chyúngde méi fàn chr."

10. "Dzwótyan nèige fēijī chūshr̀, sǐle jǐge rén?" "Wǔge rén. Yíge dou méihwó."

V. Wèntí

1. Sz̄ Ss. dzai nèige syǎu chéngli jùle meijù? Tā dzai nèr rènshrle shémma rén le?

2. Yǒu yityān ta gen yige syāngsya rén shwō shémma? Nèige syāngsya rén dǔng budǔng ta shwōde hwà? Tā gěi nèige syāngsya rén jyǎngle meiyou? Wèi shémma?

3. Syīngchītyān dzăushang nèige syāngsya rén dau jyàutáng
   chyùle meiyou? Sànle hwèi yǐhòu, tā dau shémma dìfang
   chyule?

4. Nèige syāngsya rén jìnle jyàutáng, dzwòdzai shémma
   dìfang le? Wèi shémma méidzwòdzai chyántou?

5. Táishangde rén shr shémma rén? Tāmen chàngde shr shémma?

6. Táishangde nèige rén syàng bèishū shr̀de shwōle hăusyē
   hwà, nà shr dzwò shémma ne?

7. Táishangde rén nyànde shū shr shémma shū? Tā jyăngde
   shr shémma? Nèige syāngsya rén dŭng budŭng? Tā dzwò
   shémma le?

8. Nèige syāngsya rén shwō jyàutángli dzĕmmayàng? Jyàu-
   tánglide rén dzĕmmayàng?

9. Nèi syāngsya rén jr̄dau bujr̄dau nèijang hwàr shr shémma
   yìsz?

10. Nǐ syăng nèijang hwàrshang dou hwàje shémma? Yŏu jǐge
    rén?

11. Nèijang hwàrshangde rén shéi hĕn shēngchì? Shéi hĕn
    gāusyìng? Nèige rén wèi shémma shēngchì? Nèige rén
    wèi shémma gāusyìng?

12. Nèige syău érdz yŏu yityān chǐng ta fùchin dzwò shémma?

13. Tā dau shémma dìfang chyule? Hòulai ta wèi shémma
    hwéilaile?

14. Tā hwéilai yǐhòu, gen ta fùchin shwō shémma?

15. Tā fùchin kànjyan ta hwéilaile, jyàu yùngren dzwò
    shémma? Tā dà érdz gen ta fùchin shwō shémma? Tā
    fùchin shwō shémma?

16. Shémma shr dzwò lǐbài? Dzwò lǐbài de shŕhou dou dzwò
    shémma shr̀?

17. Shémma shr dzànmĕishŕ? Shémma shr chǐdăo? Shémma shr
    jyăngdàu?

18. Nǐ syìn shémma jyàu? Shr̀ Jīdūjyàu háishr Tyānjǔjyàu?

19. Nǐ měitsż dzwò lǐbài de shŕhou dou jywān chyán ma?
    Jywān dwōshau?

20. Yìbǎikwai chyán, sānge rén fēn, fēndekāi fēnbukāi?
    Yíge rén dàgài fēn dwōshau?

VI. Nǐ Shwō Shemma?

1. Yàushr yǒu rén wèn ni, dzwò lǐbài shr dzěmma hwéi shr̀,
   nǐ gēn ta shwō shémma?

2. Yàushr yǒu rén wèn ni, wèi shémma yàu chàng dzànměishr̄,
   nǐ shwō shémma?

3. Nǐ bǎ dzwò lǐbài dzwòde shr̀ching, shwōshwo.

4. Nǐ néng bǎ hwàrshang nèige gùshr shwōshwo ma?

5. Nǐ néng bǎ nèige bǐfangde yìsz jyǎngjyǎng ma?

VII. Bèishū

A: Hěnjyǒu méijyàn, jìnlái dzěmma yàng?

B: Hài, yǒuyidyǎr bushūfu.

A: Dzěmmale?

B: Shāngfēng, háujityān le.

A: Tóuténg ba.

B: Bù, kěshr késoude hěn lìhai.

A: Děi lyóu dyǎr shén. Chr̄ yàu le meiyou?

B: Chr̄le. Wǒ syàndzài dàu yīywàn chyu kànkan.

A: Dwèile. Nín kwài chyù ba.

B: Hǎu, dzàijyàn ba.

VIII. Fānyì

1. Translate into Chinese:

    1.1 Some people go to church every week; some only go twice a year.

    1.2 Since there are too many people attending service in that church, they need a bigger church.

    1.3 When did the meeting adjourn?

    1.4 This sheet of paper is full; let's have another one.

    1.5 Every seat in that church was taken this morning.

    1.6 That minister likes to preach very much, especially to us country people.

    1.7 Now let's sing some hymns, number fifty-two, first.

    1.8 Do you believe what he says?

    1.9 This doorway (mén) is too low; lower you head first and then go in.

    1.10 In this book, there is a memorization every two lessons.

    1.11 What is your religion? I don't believe in religion.

    1.12 If you don't believe, go an try it yourself.

    1.13 Please open your books and look at page 205.

    1.14 Last night when the thief came, I had gone to bed but I was still awake.

    1.15 When I really fall sound asleep, nobody can wake me up.

    1.16 Although what he said last night was very logical, I still don't believe it.

    1.17 She said it over and over again, but I couldn't understand what she meant.

1.18 I just ask you to give me my due share.

1.19 During that war, quite a few people were killed.

1.20 When he was alive, he contributed a lot of money to that church.

2. Translate back into Chinese:

(342) a. I go to that church to attend the service there every Sunday.

(344) a. When did the meeting adjourn last night?

(345) a. The room is full of people.
     b. Every seat in the room is taken.

(348) a. The purpose of singing hymns is to praise God.

(349) a. This door is too low. You cannot pass through if you don't lower your head.

(350) a. Memorization is very useful in learning foreign languages.

(351) a. Please pray for us in Chinese.

(352) a. I don't believe what he says.

(353) a. Please open your books.

(354) a. He has already wakened.
     b. He is still awake.
     c. He asked me to wake him this morning. I tried for a long time, but did not succeed.

(355) a. Please pass this box of candy around.
     b. He is preaching the gospel in China.

(357) a. They are planning to ask him to contribute a thousand dollars to the school, but they don't know whether he will or not.
     b. We want to raise some money for those poor people.
     c. He has a lot of money. Let's ask him to contribute.

(359) a. What he said was very logical.

(360) a. Quiet down, please!

(361) a. I gave him half of that candy.

(362) a. He was very poor for the last couple of years.

(363) a. Probably there is nobody who likes to eat
things that taste bitter.
b. He's had a hard time these last few years.
c. That man can endure a great deal of suffering.

(364) a. I have never heard him sing before.

(365) a. The airplane had an accident yesterday. More
than twenty persons were killed.
b. Let's find a place to eat, quickly. I'm
starved!

(366) a. When he was alive, he liked very much to come
here.
b. They killed him yesterday, afterward he came to
again.

DISHRLYÒUKE - TSĀNGWĀN SYWÉSYÀU

I. Dwèihwà

Sż Ss. syǎng chyu tsāngwān yige jūng-
sywé.   Tā jŕdau Jàu Džān Ss. rènshr nèige
syàujǎng. Tā jyou chyu jǎu Jàu Ss., chǐng
Jàu Ss. gěi ta syě yifēng jyèshàusyìn. Tā
5   jyànjau Jàu Ss. shwō:

Sż: Āi, Džān, hěn jyǒu méijyàn.

Jàu: Nín hǎu a? Shémma shŕhou hwéilaide?

Sż: Hwéilai lyangtyan le. Wǒ syǎng chyóu nín dyǎr
            shŕ. Wǒ syǎng dau Syīnggwó-Jūngsywé chyu
10   tsāngwantsāngwan. Wǒ jìde nín shwōgwo, nín
            rènshr nèiwei Chén Syàujǎng, shr bushŕ? Wǒ
            syǎng chyóu nín géi wo syě yifēng jyèshàusyìn,
            bùjŕdau chéng buchéng?

Jàu: Dāngrán kéyi. Nín něityan chyù? Yàuburán wǒ
15   gen nín yíkwàr chyù, hǎu buhǎu?

Sż: Nà tài máfan nín le. Wǒ kàn búbìle. Nín géi
            wo syě yifēng syìn, jyou syíngle. Dzàishwō,
            wǒ hái méijywédìng nèityān néng chyù ne.

Jàu: Yě hǎu. Nèmma wǒ syàndzài jyou gěi nín syě.

20   (Gwòle lyǎngtyan Sż Ss. dàule Syīnggwó-Jūng-
            sywéde ménfángr, bǎ tāde pyàndz gen jyèshàusyìn
            náchulai, gēn ménfángrlide rén shwō:)

Sż: Wǒ shr Sżmǐdż. Jèi shr wǒde pyàndz, jèi shr
            jyèshàusyìn. Wǒ yàu jyàn nǐmen syàujǎng.
25   Láujyà, nín kànkan dzài jèr meiyou.

Ménfángr: Chǐng nín děng yihwěr, wǒ gěi kànkan chyu.

            (Ménfángr náje pyàndz gen syìn, jìnchyule,
            yìhwěr jyou chūlaile, shwō:)

Ménfángr: Chǐng nín jìnlai ba.

            (Dàule kètīngli.)

Ménfángr: Nín syān chǐngdzwò ba. Syàujǎng yìhwěr jyou
            lái.

5   (Yíwèi szshrdwōsweide nánren, dàije yǎnjìngr
            jìnle kètīng, jyou syàuje gēn Sz Ss. lāshǒu.)

Syàujǎng: Nín shr Szmǐdz Ss. ba, wǒ shr Chén Dzūnghàn.

Sz: Ōu. Chén Syàujǎng. Jyǒuyǎng, jyǒuyǎng.

Syàujǎng: Nín dau Jūnggwo dwó jyǒule?

10 Sz: Chàbudwō bànnyán le.

Syàujǎng: Nín gēn Džān shr dzài Měigwo rènshrde ma?

Sz: Kě bushr̀ ma! Wǒmen rènshr shŕjinyán le. Lǎu
            péngyou.

Syàujǎng: Tā hǎu ba.

15 Sz: Hěn hǎu, tā jyàu wo tì ta wèn nín hǎu.

Syàujǎng: Syèsye. Dzěmmayàng? Nín shr yàu kànkan
            shàngkède chíngsying, shr̀ bushr̀?

Sz: Dwèile. Yīnwei wǒ tīngshwō nín dwèi bàn
            sywésyàu, yòu yǒu yánjyou, yòu yǒu jīngyan....

20 Syàujǎng: Gwòjyǎng.

Sz: Swóyi lái tsāngwantsāngwan, gēn nín sywésywe.

Syàujǎng: Nín jēn shr̀ tài kèchi. Jèige sywésyàude lìshr̀
            hěn dwǎn. Bànle tsái wǔnyán. Wǒmen yǒu
            lyòubān sywésheng, chūjūng sānbān, gāujūng
25   sānbān. Fángdz ne, yǒu báge kèshr̀, yíge lǐtáng;
            yùndùngchǎng, tǐyùgwǎn túshūgwǎn, dōu yǒu.
            Swéirán bútài hǎu, kěshr̀ hái dōu kéyi yùng.
            Děng yìhwěr, wǒ gēn nín chyu kànkan.

Sz: Syàndzài yǒu dwōshau sywésheng?

Syàujǎng: Yǒu sānbǎidwō. Bǐ lyǎngnyán yǐchyán dwō yíbèi.

Sz̄:   Dōu jùsyàu ma?

Syàujǎng: Bù. Sùshè búgòu dà. Jyòu you sānfēnjryī
          jùsyàu. Kěshr wǔfàn chàbudwō swóyǒude sywésheng
5   dōu dzai jèr chr̄.

Sz̄:   Yǒu dwōshauwèi jyàuywán?

Syàujǎng: Yǒu shŕlyòuwèi.

Sz̄:   Nín jèrde gūngkè dōu yǒu shémma?

Syàujǎng: Bùyíyàng. Děi kàn shr něibān. Kěshr Jūngwén,
10   Yīngwén, dìlǐ, lìshǐ něiban dōu yǒu.

Sz̄:   Yìnyán fēn jǐge sywéchī?

Syàujǎng: Wǒmen jèr yìnyán fēn lyǎngsywéchī. Shǔjyà,
          fàng lyǎngge ywè. Hánjyà, jyou you sānge
          syīngchī.

15 Sz̄:   Měityān dzǎushang jídyan jūng shàngkè?

Syàujǎng: Jèr shr̄ gūngkèbyǎu. Nín kàn, dzǎushang dìyītáng
          shr bādyǎn jūng shàngkè. Shàng wǔshrfēn jūng
          de kè, syōusyi shŕfēn jūng.

Sz̄:   Syàndzài shàngkè ne ma?

20 Syàujǎng: Shàngkè ne. Wǒmen chyu kànkan chyu ba.

Sz̄:   Hǎujíle.

II. Shēngdz̀ Yùngfǎ

367. tsāngwān   V: pay a visit to (a public place)
                          inspect informally, go sightseeing

    a. Tā chūchyu tsāngwān sywésyàu chyule.

368. jǎng   N: head (of an organization)
  368.1 shěngjǎng   N: governor of a province
  368.2 syànjǎng   N: magistrate of a county

368. -jǎng (continued)
  368.3 syàujǎng   N: principal of a school, president of
                                 a college
  368.4 chwánjǎng   N: captain (fo a boat)
  368.5 jyújǎng   N: the one in charge of the office,
                                 as - yóujèngjyú jyújǎng - postmaster

369. jyèshàusyìn   N: letter of introduction

370. chyóu   V: ask, beg
  370.1 chyóu rén   VO: ask for help
  370.2 chyóu....
        dyǎr shr̀   ask a favor

      a. Wǒ chyóu nín dyǎr shr̀.
      b. Nèiběn shū wǒ chyóu ta tì wǒ mǎile.

371. ménfángr   N: gatekeeper's room, gatekeeper

372. pyàndz   N: card, calling card (M: -jāng)

373. yǎnjìng(r)   N: eye glasses (M: -fù, set)
  373.1 dài yǎnjǐng(r) VO: wear glasses

374. lā   V: pull
  374.1 lāshǒu   VO: shake hands
  374.2 lāgwolai   RV: pull over
  374.3 lāshanglai   RV: pull up
  374.4 lāsyàchyu   RV: pull down

      a. Tā jyànjau wo, jyou lìkè gwòlai gēn wo lāshǒu.

375. jīngyàn   N: experience
  375.1 yǒujīngyàn   VO/SV: be experienced

      a. Tā dwèi jèiyàngde shr̀ching jīngyàn hěn dwō.

376. lìshr̆   N: history

      a. Jūnggwo yǒu wǔchyānnyánde lìshr̆.

377. bān   M/N: class (the group of students or the
                        period of class)
  377.1 shàngbān   VO: go to class; go to work
  377.2 syàbān   VO: class is dismissed; office hours
                        are over
  377.3 jèibān   this class

377. bān (continued)
 377.4 lyǎngbān   two classes

    a. Tā dzài bānshang cháng shwèijyàu.
    b. Jèige sywésyàu yǒu jǐbān sywésheng?

378. chūjūng   N: junior high (abbr. of 378.1)
 378.1 chūjí-
        jūngsywé   N: junior high school
 378.2 chūjūngyī
        (nyánjí)   N: first year of junior high

379. gāujūng   N: senior high (abbr. of 379.1)
 379.1 gāují-
        jūngsywé   N: senior high school
 379.2 gāujūngsān
        (nyánjí)   N: third year of senior high

380. kèshr̀   N: class room

381. -táng   BF/M: hall/class period
 381.1 (dà)
        lǐtáng   N: auditorium
 381.2 kètáng   N: class room
 381.3 jyǎngtáng   N: class room

    a. Wǒ jīntyan shàngwǔ yǒu sāntáng kè.

382. fēijīchǎng   N: air field
 382.1 -chǎng   BF: field

383. yùndùng   V: exercise
 383.1 yùndùngchǎng   N: athletic field

384. -gwǎn   N: hall, building
 384.1 tǐyùgwǎn   N: gymnasium
 384.2 túshūgwǎn   N: library

385. -bèi   M: times, -fold

386. -fēnjr̄-   M: pattern for fractions
 386.1 sānfēnjr̄yī   NU: one third
 386.2 jǐfēnjr̄jǐ   NU: what fraction?

387. jùsyàu   VO: live in the school

388. sùshè   N: dormitory

389. jyàuywán   N: teacher (M: -wèi)

390. gūngkèbyǎu   N: schedule of day's classes

391. dìlǐ   N: geography

392. sywéchī   N/M: semester, term
  392.1 jèisywéchī   this term
  392.2 shàngsywéchī   last term
  392.3 syàsywéchī   next term
  392.4 sānge sywéchī   three terms

393. jyà   N: vacation
  393.1 chwūnjyà   N: spring vacation
  393.2 shǔjyà   N: summer vacation
  393.3 hánjyà   N: winter vacation
  393.4 bìngjyà   N: sick leave
  393.5 chǐng jyà   VO: ask leave
  393.6 fàng jyà   VO: close school for a vacation,
                            to have a vacation
  393.7 fàng sāntyān
      jyà   have three days vacation

    a. Nǐmen fàng jǐtyān jyà?
    b. Shǔjyà kwài dàule.

III. Jyùdz Gòudzàu

1. Multiples and Fractions:

In English we use such expressions as:

twice as much   half again as large as
three times as much as   one-fifth larger than
fourfold   fifty percent wider
half as long as   one and a half times the
                             size of

In Chinese these all fall into the pattern of comparison
with measured degree. A secondary pattern, much less
used than the comparison pattern, is sometimes met. It
is known as the equality pattern.

1.1 <u>Comparison Pattern with Measured Degree Based on BǏ</u>:

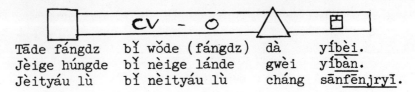

Tāde fángdz	bǐ wǒde (fángdz)	dà	yíbèi.
Jèige húngde	bǐ nèige lánde	gwèi	yíbàn.
Jèityáu lù	bǐ nèityáu lù	cháng	sānfēnjryī.

NOTE: <u>bèi</u> indicates the number of <u>times</u> or <u>fold</u>;
<u>bàn</u> is the fraction <u>half</u> but follows the
pattern of <u>bèi</u> (and is sometimes used in
the sense of <u>bèi</u>, making the expression
<u>gwei yíbàn</u> ambiguous).

<u>X-fēnjr-Y</u> is the formula for a fraction when
preceded by an appropriate denomi-
nator and followed by a numerator.

1.2 <u>Equality Pattern Based on Yǒu or Shr̀</u>:

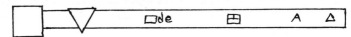

Jèige wūdz shr̀ nèige(wūdz)de sānbèi.
Jèige wūdz yǒu nèige(wūdzde) sānbèi (nemma dà).

1.3 <u>Exercise I</u> - Make sentences in Chinese, using the
following SV in the two patterns introduced above:

| ywǎn | cháng | kwài | dwō | hǎu | dà | gwèi |
| jìn | dwǎn | màn | shǎu | hwài | syǎu | pyányi |

1.4 <u>Exercise II</u> - Translate into Chinese:

1.41 I have only half as much as he has.
1.42 Mine is fifty percent larger than his.
1.43 This building is three times as tall as that
one.
1.44 There are more men than women in this town. The
women are only nine-tenths as many as the men.
1.45 He drives twice as fast as I do.
1.46 His house is one and a half times the size of
mine.
1.47 He spent about three times as much as I did.
1.48 This one is one-fifth shorter than the other.
1.49 He only spends one fourth of the time I do in
studying.
1.50 This tree is about two-thirds as tall as that
one.

2. <u>Prestated Topic of a Sentence</u>:

The basic pattern in both Chinese and English is S-V-O.
In Chinese there is often added to these a prestated
topic. In English, we may say, "As to such-and-such a
matter, I am wholeheartedly in favor of it." "As to"
here introduces a prestated topic. In Chinese, however,
no introductory "as to" is required. Moreover, this
prestated topic may be (1) identical with the subject,
(2) identical with the object or (3) the possessor of
the subject. A prestated topic may be set off from the
rest of the sentence by a comma to indicate that it in
no way affects the structure of the statement that
follows:

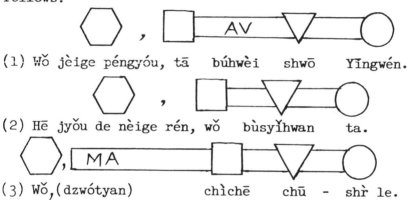

(1) Wǒ jèige péngyǒu, tā búhwèi shwō   Yīngwén.

(2) Hē jyǒu de nèige rén, wǒ bùsyǐhwan   ta.

(3) Wǒ,(dzwótyan)   chìchē   chū - shr̀ le.

In (3) both <u>wǒ</u> and <u>chìchē</u> may be considered as the sub-
ject by interpreting it as <u>wǒde chìchē</u>. Since an MA,
like <u>dzwótyan</u>, may be inserted between <u>wǒ</u> and <u>chìchē</u>,
<u>wǒ</u>, although still the possessor of <u>chìchē</u>, may also be
considered as a prestated topic.

2.1 <u>Exercise</u> - Translate into Chinese:

2.11 With so little money, it will all be gone after
the groceries and house rent are paid for.
2.12 Of these pictures, I like this one the most.
2.13 The one who gave me a car is very wealthy.
2.14 As to the well-to-dos, they don't want to donate;
as to the poor, they cannot afford to donate
anything.
2.15 I don't understand a word of what he said.
2.16 As to the teachers in the school, none of them
dislikes you.
2.17 As to that man! He wants everything.

2.18 Speaking about the school he visited, everyone
     wants to study there.
2.19 As to all my friends, I didn't give them any-
     thing.
2.20 Although he sold the house for $5000, he spent
     it all within a month.

IV. Fāyīn Lyànsyí

1. "Wǒ chyóu nín dyǎr shr̀." "Yǒu shémma shr̀? Nín shwō ba."

2. "Jāng Ss. wèn nín hǎu." "Nín jyànjau ta yě tì wǒ wèn tā
   hǎu."

3. "Nèiwei jyàuywán shr̀ jyāu chūjūng shr̀ jyāu gāujūng?"
   "Chūjung, kěshr wǒ bùjr̄dau ta jyāu něibān."

4. "Jèige sywésyàu yǒu tǐyùgwǎn meiyou?" "Méiyou tǐyùgwǎn,
   kěshr yǒu yùndùngchǎng."

5. "Nǐ jèisywéchī jùsyàu ma?" "Bújù. Sùshè tài lwàn."

6. "Wǒ kànkan gūngkèbyǎu, jǐdyan jūng shàng bān?" "Dàgài
   shr bādyan bàn."

7. "Syàujǎng dzài dàlǐtáng dzwò shémma ne?" "Gēn jyàuywán
   tán hwà ne."

8. "Jèisywéchī nǐ jyāu dìlǐ ma?" "Méijyāu dìlǐ, jyāule
   yimén lìshř."

9. "Nǐmen sywésyàu shémma shŕhou fàng shǔjyà?" "Dàgài shr
   lyòuywè, wǒ shwōbuchīngchu."

10. "Wǒ syǎng míngtyan chǐng yìtyan jyà, kéyi bùkéyi?"
    "Yàushr yǒu yàujǐnde shr̀ jyou kéyi."

V. Wèntí

1. Sz̄ Ss. wèi shémma chyu jǎu Jàu Ss.?

2. Sz̄ Ss. syǎng chǐng Jàu Ss. bāng ta yidyǎr máng, tā shr
   dzěmma gen Jàu Ss. shwōde?

3. Sz̄ Ss. dzĕmma jr̄dau Jàu Ss. rènshr Chén Syàujăng?

4. Wèi shémma Sz̄ Ss. búràng Jàu Ss. gen ta yíkwàr chyù?

5. Sz̄ Ss. dàule sywésyàude ménfángr gen ménfángrlide ren dzĕmma shwōde?

6. Chén Syàujăng shémma yàngr? Tā jìnle kètīng dzwò shémma shr̀?

7. Sz̄ Ss. gen Chén Syàujăng shwō wèi shémma ta yau tsāngwān nèige sywésyàu?

8. Nèige sywésyàude lìshr̆ you dwōshaunyán le? Tāmen you dwōshaubān sywésheng? Chūjūng jĭbān, gāujūng jĭbān?

9. Nèige sywésyàu dōu yŏu shémma fángdz? Yŏu sùshè meiyou?

10. Tāmen you dwōshau sywésheng? Bĭ lyăngnyán yĭchyán dwō dwōshau?

11. Yŏu dwōshau sywésheng jùsyàu? Jùsyàude sywésheng shr swŏyŏude sywéshengde jĭfēnjr̄jĭ?

12. Yŏu dwōshau sywésheng dzai sywésyàuli chr̄ wŭfàn?

13. Tāmen yŏu dwōshauwèi jyàuywán? Tāmen dōu yŏu shémma gūngkè?

14. Tāmen yinyán fēn jĭsywéchī? Yŏu dwōshau r̀dzde shŭjyà? Yŏu dwōshau r̀dzde hánjyà? Chwūnjyà ne?

15. Tāmen mĕityān shémma shŕhou shàng kè? Shémma shŕhou syà kè? Gūngkèbyăushang shr dzĕmma syĕde?

16. Mĕigwode jūngsywé fēn chūjūng gāujūng bufēn? Chūjūng jĭnyán? Gāujūng jĭnyán?

17. Mĕigwode jūngsywé dzwèi yàujĭnde gūngkè dōu shr̄ shémma?

18. Nĭ shàngde nèige jūngsywé dōu yŏu shémma fángdz? Yŏu yùndùngchăng meiyou? Yŏu sùshè meiyou? Nĭ nèige shŕhou jùsyàu ma?

19. Nĭ yíge lĭbài shàng dwōshautáng kè? Mĕityān jídyan jūng shàng kè? Jídyan jūng syà kè?

20. Jèige sywésyàu yìnyán fēn jǐsywéchī? Shǔjyà dwóma
    cháng? Hánjyà dwóma cháng? Chwūnjyà ne?

VI. Nǐ Shwǒ Shémma?

1. Yàushr nǐ chyù kàn nǐde péngyou, dàule ménfángr, nǐ gēn
   ménfángrlide rén shwō shémma?

2. Yàushr nǐ dàu yíge sywésyàu chyu tsāngwān, dzài tsāngwān
   yǐchyán, ni gēn syàujǎng shwō shémma?

3. Nǐ kànjyan nǐde péngyou, syǎng dǎting yige byéde péngyoude
   chíngsying, nǐ shwō shémma?

4. Yàushr nǐ syǎng gàusung nǐ sywésyàude chíngsying, nǐ shwō
   shémma?

5. Yàushr yǒurén wèn ni, yìtyān shàng jǐge jūngtóude kè, nǐ
   dzěmma shwō?

VII. Gùshr

(on record)

VIII. Fānyì

1. Translate into Chinese:

   1.1 May I ask a favor of you?

   1.2 May I ask you to write a letter of introduction?

   1.3 This teacher is experienced in teaching history in
       junior high.

   1.4 This is an old high school, but this library is new.

   1.5 When are you coming back from work?

   1.6 The class will end at ten past ten o'clock.

1.7 Those students are all in the first year of senior high.

1.8 The dormitory is big enough for every teacher and student to live at the school.

1.9 How many courses does that teacher teach?

1.10 After he finished his speech, the principal of the school shook hands with everybody.

1.11 What does the principal look like? Does he wear glasses?

1.12 He has been a freshman for three terms.

1.13 When will the spring vacation begin at your school?

1.14 We are going to have three days vacation.

1.15 Tomorrow is a holiday.

2. Translate back into Chinese:

(367) a. He went out to visit a school.

(370) a. May I ask a favor of you?
      b. I have asked him to buy that book for me.

(374) a. As soon as he saw me, he came over and shook hands with me.

(375) a. His experience in this kind of things is quite extensive.

(376) a. China has a history of five thousand years.

(377) a. He often sleeps in class.
      b. How many classes are there in this school?

(381) a. I have three classes (or periods) this morning.

(393) a. How many days vacation do you have?
      b. Summer vacation will soon be here.

DISHRCHÍKE - TSĀNGWĀN SHÀNGKÈ

I. Dwèihwà

Sž Ss. chyu tsāngwān sywésyàu. Chén
Syàujǎng dàije ta dàu yíge kèshř
kànkan shàngkède chíngsying.

Syàujǎng: Wǒ syān chǐng nín kàn jèibān ba. Jèibān shř
5   chūjūng èrnyánjíde Yīngwén. Jyàu Yīngwén,
         dāngrán shr měibānde sywésheng ywè shǎu ywè
         hǎu, kěshr yīnwei wǒmende jyàuywán búgòu,
         swóyi jèibān chàbudwō you sžshrdwōge sywésheng.
         Wǒ jřdau jèige bànfa búdwèi. Búgwò méi fádz.
10   Syìngkwēi wǒmen sywésyàu yǒu lyóushēngjī,
         yě yǒu lùyīnjī; tāmen sywéshēng syàle kè,
         kéyi tīng pyāndz, tīng lùyīn.

Sž: Nà jyou hǎudwōle.

         (Tāmen dàule kèshřli, dzwòdzai hòutou.)

Jyàuywán: (dwèi sywésheng) Kàn disžshrbáyè. Jāng
15   Fāngnyán, nǐ nyàn diyíjyù.

Jāng: (jànchilai) "I don't...(a)...know whether...
          (a)...I...(a)...will go or not."

Jyàuywán: Nǐde fāyīn búswàn tài bùhǎu. Kěshr nyànde
          bútài džrán. Wǒ dàije nǐmen nyàn jitsž.
20   Nǐmen dou gēnje wo nyàn.

          (Nyànle jitsž yǐhòu.)

Jyàuywán: Lǐ Yǒutsái, nǐ jyēje nyàn dièrjyù.

          (Lǐ Yǒutsái jànchilai, jànle lyǎngfēn jūng,
          mànmārde shwō:)

25 Lǐ: Syānsheng, dzwótyan wǎnshang wǒ yǒuyidyǎr tóu-
          teng. Nín lyóusyade gūngkè, wǒ méiyùbei, jèi
          disānge dž nyàn shémma? Wǒ bùjřdau džemma
          nyàn.

Jyàuywán: Disānge dz̀ shr̀ "whether".

Lǐ: "No matter weser....."

Jyàuywán: Bùdwèi. Nǐ tīngje, wǒ gěi ni gǎi. Nǐ gēnje
           wo shwō: "Whether".

5 Lǐ: "Wheser."

Jyàuywán: "No matter whether."

Lǐ: "No matter wheser."

Jyàuywán: Búdwèi. Búshr "wheser", shr̀ "whether." "TH"
           gēn "S" de fāyīn yǒu fēnbye. Nǐ tīngdechulái
10   ma?

Lǐ: Tīng shr tīngdechulái, kěshr shwōbudwèi. Chǐng
           nín dzai dài wo nyàn jitsz̀.

Jyàuywán: Ní lyóushén tīng, "whether."

Lǐ: "Whether."

15 Jyàuywán: Dwèile, wàng syà nyàn.

Lǐ: No matter...(a)...whether...(a)...he will...(a)
           ...go or not, I...(jèige jèige), will stay here.

Jyàuywán: Nǐ dǔng jèijyu hwà dzěmma jyǎng ma? Nǐ néng
           hwéidá ma? Nǐ néng bǎ jèijyu hwà, fāncheng
20   Jūngwén ma?

Lǐ: Wǒ syáng wo néng fān. Nà yìsz shr̀ bushr̀
           "Wúlwùn nǐ chyù búchyu, wǒ fǎnjèng búchyù."

Jyàuywán: Chàbudwō. "Whether", jèige dz̀, dzěmma yùng?
           Nǐ yùng jèige dz̀, dzwò yijyù hwà.

25   (Lǐ Yǒutsái jàndzai nèr, bàntyān méishwō hwà.)

Jyàuywán: (dwèi Lǐ Yǒutsái) Nǐ dzwòsya ba. Yǒu byérén
           hwèi meiyou? Méiyou rén hwèi. Nǐmen dōu kàn
           disz̀shrjyǒuyè syàtoude lyànsyí. Hwéichyu bǎ
           lyànsyí dzwòdzwo. Dzài bǎ dishr̀erke wénsyi-
30   wénsyi. Syàsyīngchīyī wǒmen kǎushr̀. Nǐmen

yǒu shémma wèntí ma?

(Sż Ss.gen syàujǎng jyou chūlaile. Dzài
lìngwài yige kèshřli, yiwèi lǎu syānsheng
jyǎng Tángshř. Yǒu sżshrjige sywésheng tīng,
hēibǎnshang syěje "jyǔ tóu wàng míng
ywè, dī tóu sż gù syāng" shŕge dà dż.
Syàujǎng gen Sż Ss. jàndzai hòutou.)

Lǎu syānsheng: Jèi lyǎngjyu shř shř Lǐ Bái dzwòde.
Nǐmen yǒu rén hwèi jyǎng ma?

(Sywésheng dōu bùshwō hwà.)

Lǎu syānsheng: Něige dż búhwèi jyǎng? Jyǔshǒu.

(Yǒu yíge sywésheng jyǔshǒu.)

Lǎu syānsheng: Hǎu. Jāng Míngcháng. Nǐ něige dż
bùdǔng? Yǒu shémma wèntí?

Jāng: Jèige "jyǔ" dż wǒ búhwèi jyǎng. Píngcháng
wǒmen shwō yùng shǒu jyǔ dūngsyi. Hwòshr shwō,
bǎ dūngsyi jyúchilai. Wǒmen yě shwō jyǔshǒu.
Kèshr "jyǔtóu" dzěmma jyǎng ne?

Lǎu syānsheng: Nǐmen děi jřdau, syàndzài wǒmen shwōde
hwà, gēn shř lǐtoude hwà, yǒu hěn dàde
fēnbyé. Syàndzài wǒmen shwō "jyǔ",
dwōbàn dōu shr yùng shǒu jyǔ. Yàushr
jèige "jyǔ" dż, yě shr yùng shǒu jyǔde
yìsz, nèmma "jyǔtóu" jyou shr yùng shǒu
bǎ tóu jyúchilaile. Nà búshr chéngle
syàuhwa le ma? "Jyǔtóu" lyǎngge dżde
yìsz, jyou shr wǒmen syàndzài shwō
"táitóu" de yìsz. "Wàng" jyou shr "kàn".
"Jyǔ tóu wàng míng ywè", jyou shr táitóu
kànjyan hěn lyàngde ywèlyang. Syàtou
nèijyù "dī tóu sż gù syāng", dzěmma jyǎng
ne?

Jāng: Wǒ syang "dī tóu" jèi lyǎngge dż, gen wǒmen
syàndzài shwō "dī tóu", méi shemma fēnbyé.
Jyòu shr bǎ tóu dīsya. "Sż" wǒ syǎng jyou shř
"syǎng" de yìsz, "Gù syāng" jyou shř "lǎujyā".
Jèijyu shřde yìsz, wǒ syǎng shr "dīsya tóu

jyou syángchi lǎujyā laile". Bùjŕdau dwèi
budwèi?

<u>Lǎu syānsheng</u>: Bútswò.

5
(Sž Ss. gen Chén Syàujǎng mànmārde dzǒuchu-
laile.)

<u>Sž</u>:   Jèiwei lǎu syānsheng jyǎngde hěn yǒuyìsz.

<u>Syàujǎng</u>: Jèiwei syānsheng dwèi jyǎng Tángshŕ fēicháng
yǒuyánjyou. Chǐng nín dau wǒmen túshūgwǎn
chyu kànkan ba.

10 <u>Sž</u>:   Hǎujíle.

II. <u>Shēngdž Yùngfǎ</u>

394. ywè...ywè...	A: the more...the more...	
394.1 ywè chŕ		
ywè pàng	the more you eat, the fatter you are	
394.2 ywè syě ywè		
kwài	the more you write, the faster you get	

a. Ywè sywé ywè dwō, ywè dwō ywè rúngyi wàng.

395. ywè lái ywè...	A: getting more and more...
395.1 ywè lái	
ywè nán	getting more and more difficult
395.2 ywè lái ywè	
dzāugāu	getting worse and worse

a. Nèige rén ywè lái ywè chígwài.

396. bànfǎ	N: method of doing, way to do something
396.1 méiyǒu	
bànfǎ	VO: there is no way out
396.2 syǎng bànfǎ	VO: to think of a way

a. Jèijyàn shŕ, nǐ děi tì wǒ syǎng yige bànfǎ.

397. lyóushēngjī	N: phonograph
397.1 kāi lyóu-shēngjī	VO: play the phonograph
397.2 lùyīn	VO: to record (sound), to tape
397.3 lùyīnjī	N: tape recorder

398. pyāndz   N: record, film
 398.1 tīng pyāndz   VO: listen to record
 398.2 lyóushēngjī
       pyāndz   N: phonograph record

399. yè   M: page
 399.1 diyīye   the first page

400. fāyīn   VO/N: pronounce/pronunciation

    a. Tā jèige dz̀ fāyīn fāde búdwèi.

401. dz̀rán   SV/A: be natural/of course, naturally
 401.1 nà shr̀ dz̀rán IE: Naturally!

    a. Tāde hwà shwōde hěn dz̀rán.
    b. Nǐ bùgěi ta chyán, dz̀rán ta bugéi ni dzwò.

402. dài(je)   V: lead

    a. Chǐng nín dàije wǒmen chǐdǎu.
    b. Syānsheng dàije wo nyànle sāntsz̀.
    c. Chǐng nín dài wo chyu kànkan.

403. jyēje   A: continuing, going on, or tying in
                          where one left off when interrupted.
 403.1 jyēje nyàn   continue reading
 403.2 jyēje shwō   continue speaking
 403.3 jyēje syě   continue writing

    a. Tāde gùshr, dzwòtyan méishwōwán; jīntyan hái yàu
       jyēje shwō.

404. fēnbyé   N: difference
 404.1 yǒu fēnbye   there is a difference
 404.2 fēnbye hěn dà   the difference is considerable
 404.3 fēnbye dzai jèr   the difference is right here

    a. Jèi lyǎngge dz̀ yǒu hěn dàde fēnbye.

405. -chūlai   RVE: make out, distinguish
 405.1 kànchulai   RV: make out (seeing)
 405.2 wénchulai   RV: make out (smelling)
 405.3 chángchulai   RV: make out (tasting)
 405.4 chr̄chulai   RV: make out (tasting)
 405.5 tīngchulai   RV: make out (hearing)

406. hwéidá   V: answer

    a. Tā jyàu wo hwéidá, kěshr wo hwéidábuchulái.

407. fān(yì)   V/N: translate/translation; translator
  407.1 fānyi shū   VO: translate books.

408. chéng   V: become
               RVE: (change) into
  408.1 fāncheng
      Jūngwén   RV-O: translate into Chinese
  408.2 fēncheng
      sānkwài   RV-O: divided into three pieces
  408.3 dzwòchéng   RV: accomplish

    a. Jinyán bújyàn, tā chéngle dà rén le.
    b. Chǐng nǐ bǎ jèijyu hwà fāncheng Yīngwén.
    c. Tāde yīshang dzwòchéngle ma?

409. lyànsyí   V/N: practice
  409.1 dzwò lyànsyí VO: do exercise

    a. Sywé shwō wàigwo hwà, lyànsyide jīhwei ywè dwō
       ywè hǎu.
    b. Tā Jūnggwo hwà méisywéhǎu, shr yīnwei lyànsyí
       búgòu.

410. wēnsyí   V: review

    a. Wǒmen jèige syīngchī wēnsyi, méiyou syīn gūngkè.

411. kǎu   V: examine, take an examination
  411.1 kǎu shū   VO: examine, take an examination
  411.2 kǎushr   V: examine, take an examination
               N: examination

    a. Wǒmen shémma shŕhou kǎushr?
    b. Tā jèitsz kǎushr, kǎude bútswò.

412. wèntí   N: question, problem
  412.1 hwéidá wèntí VO: answer a question
  412.2 méi wèntí   IE: there is no problem.

413. Tángshŕ   N: T'ang (Dynasty) poetry (M. shǒu)

414. hēibǎn   N: blackboard (M: -kwài)

415. LǏ Bái   N: Li Po (one of the most celebrated
                          poets of the T'ang Dynasty)

416. jyǔ   V: raise
  416.1 jyǔshǒu   VO: raise one's hand
  416.2 jyúchilai   RV: raise up

    a. Shéi hwèi, chǐng jyǔshǒu.
    b. Jèige dūngsyi wo yìjř shǒu jyǔbuchilái.

417. táitou   VO: lift up one's head, raise up one's
                          head

    a. Nǐ bǎ tóu táichilai. (Táichi tóu lai.)
    b. Wǒ táitóu yíkàn, wàitou syà sywě le.

418. ywèlyang   N: moon

419. syángchilai   RV: recall, think of
  419.1 syángchi
          lǎujyā laile recall my old home
  419.2 syángchi tā
          shwōde laile   recall what he said
  419.3 syángchi yǐchyánde
          shřching
          laile   recall old times

    a. Tā yìshwō yàu sywé Yīngwén, wǒ jyou syángchi nǐ
       laile.

III. <u>Jyùdz Gòudzàu</u>

1. <u>NU-M as a predicate:</u>

Sometimes a NU-M alone may serve as predicate without a
verb:

    Tā sānswèi le. (He is three years old.)
    Wǔkwai chyán yiběn. (Five dollars per book.)

One explanation is that the verb is understood (since a
verb may be supplied).

    Tā (yǒu) sānswèi (nemma dà) le.
    Wǔkwai chyán (mǎi) yiběn.

Another explanation is that a NU-M used in this way
functions as a verb. The fact is that a NU-M is often
used as a full predicate.

1.1 The subject or topic of the NU-M predicate is not
necessarily a noun. It may be an S-V-O:

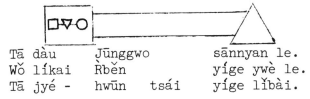

Tā dàu	Jūnggwo		sānnyan le.
Wǒ líkai	Rběn		yíge ywè le.
Tā jyé -	hwūn	tsái	yíge lǐbài.

1.2 **Exercise** - Translate into Chinese:

1.21 This book costs five dollars.

1.22 How old are all your children?

1.23 How much (money) for each of us?

1.24 He has been graduated from college for five
years already.

1.25 I have had this pen for more than ten years and
I am still using it.

1.26 I have been here for more than six months.

1.27 He arrived here an hour ago.

1.28 He finished singing only ten minutes ago.

1.29 It has been only two years since he left school.

1.30 This tree has been here for ten and a half years.

2. Action-time Relationship:

When a time-spent expression is used in a sentence, it
is sometimes not clear whether it refers to the period
of time during which the action has been continuous or
to the period of time that has elapsed since the action.
The context generally can clarify the ambiguity.

2.1 Action-time relations often appear in one of these

patterns:

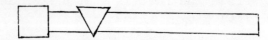

2.11 Tā   chřle   yíge jūngtou le.
     (He has been eating for an hour.---continuous
     action)
     (He finished eating an hour ago.---elasped time)

2.12 Hwār   húngle   sāntyan le.
     (The flower became red three days ago.--elapsed
     time)

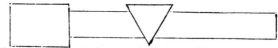

2.13 Wǒ sywé Jūngwén   sywéle   wǔge ywè le.
     (I have been studying Chinese for five months.--
     continuous action) (rarely elasped time)

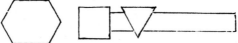

2.14 Nèijang hwàr, tā hwàle yityān le.

     (He has been painting that picture for a whole
     day. --- continuous action)
     (He finished painting that picture a day ago.
     --- (elasped time)

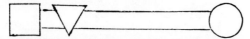

2.15 Tā nyànle sānge lǐbàide Fàwén.
     (He studied French for three weeks.--
     continuous action)

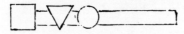

2.16 Tā jyéhwūn yìnyán le.
     (He was married a year ago.--elapsed time)

2.2 <u>Exercise</u> - Translate into Chinese:

     2.21 He has left China for more than three years.
     2.22 He has been talking about leaving China for
          more than three years.
     2.23 He has recovered a week ago.

2.24 He has been well for a week.

2.25 I have been teaching for one year already.

2.26 It has been one year already since I taught him.

2.27 He has been writing that book for half a year.

2.28 He wrote that book a year ago.

2.29 He graduated from college a year ago.

2.30 The wedding lasted four hours.

IV. Fāyīn Lyànsyí

1. "Nèibĕn shū nĭ wèi shémma méikànwán?"   "Ywè kàn ywè
méiyìsz."

2. "Jèi lyangtyān nèijyan shŕching dzĕmmayàng?" "Ywè lai
ywè bùhăubàn."

3. "Nèige dz̀ nĭde fāyīn búda chīngchu." "Dwèile. Chĭng
nĭ dàije wo shwō jitsz̀."

4. "Nèiben shū ni kànle dwōshauyè le?"   "Gāng kànle
èrshrdwōyè, míngtyan dzai jyēje kàn."

5. "Jèi lyăngjyu hwà you shémma fēnbye?"   "Méi shémma dà
fēnbye."

6. "Nĭ néng bă jèijyu hwà fāncheng R̀wén ma?" "Wŏ yĕsyŭ
néng fān, kĕshr bùyídìng dwèi."

7. "Nĭde fāyīn búdwèi, dàgài shr méi gūngfu lyànsyi ba."
"Búshr méi gūngfu lyànsyi, méilyànsyi jyou shr̀le."

8. "Míngtyan kăushr̀, nĭ jīntyan wănshang dĕi wēnsyi ba."
"Nà shr dz̀rán. Bùwēnsyi bùsyíng."

9. "Jèige dz̀de yìsz dzwótyan wēnsyide shŕhou wŏ hăusyàng
jìjule." "Syàndzài wàngle shr̀ bushr̀?" "Búshr wàngle,
shr syăngbuchiláile."

10. "Hēibănshangde dz̀ shéi kànbuchīngchu, jyŭshŏu."
"Syānsheng, dìwŭge dz̀ shr shémma?"

V. <u>Wèntí</u>

1. Chén Syàujǎng dàije Sz̄ Ss. tsāngwān shàngkède chíng-
   sying, tāmen syān kàn něibān? Nèibān yǒu dwōshau
   sywésheng? Wèi shémma nèibān yǒu nèmma dwō sywésheng?

2. Chēn Syàujǎng jywéde yìbān yīngdāng buyīngdāng yǒu nèmma
   dwō sywésheng? Tāmende sywésheng syàle bān dzěmma
   lyànsyi?

3. Jyāu Yīngwén de jyàuywán jyàu sywésheng dzwò shémma?
   Jyàuywán shwō nèige sywéshengde fāyīn dzěmmayàng?

4. Nèiwei jyàuywán jyau Lǐ Yǒutsái nyàn, Lǐ Yǒutsái shwō
   shémma?

5. Lǐ Yǒutsái dǔng budǔng nèijyu Yīngwén shr shémma yìsz?
   Tā néng bǎ nèijyu fāncheng Jūngwén ma? Nèijyu hwà shr
   shémma yìsz?

6. Lǐ Yǒutsái bǎ nèijyu hwà fānwánle, jyàuywán yòu jyàu ta
   dzwò shémma? Tā hwèi buhwèi?

7. Jyàuywán ràng tāmen dzěmma wēnsyi? Wēnsyi didwōshaukè?
   Tāmen shémma shŕhou kǎushr̀? Sywésheng yǒu wèntí meiyou?

8. Chén Syàujǎng gen Sz̄ Ss. chūlai yǐhòu, yòu chyù
   tsāngwán shémma kè?

9. Dzài nèige kèshr̀li yǒu dwōshau sywésheng? Hēibǎnshang
   syěje shémma?

10. Lǎu syānsheng shwō nèi lyǎngjyu shr̄ shr shéi dzwòde?
    Sywésheng yǒurén hwèi jyǎng ma?

11. Jāng Míngcháng wèi shémma jyǔshǒu? Tā yǒu shémma
    wèntí? Tā něige dz̀ bùdǔng?

12. Lǎu syānsheng shwō syàndzài rén shwōde hwà gen shŕlide
    hwà yǒu meiyou fēnbyé?

13. Syàndzài rén shwō "jyǔ" shr shémma yìsz? "Jyǔtóu" shr
    shémma yìsz? "Dītóu" gen syàndzài shwō dītóu de yìsz
    yíyàng buyíyàng?

14. Lǎu syānsheng shwō Jāng Míngcháng jyǎngde dwèi budwèi?

15. Sz Ss. shwō nèiwei lǎu syānsheng jyǎngde dzěmmayàng?
    Chén Syàujǎng shwō nèiwei lǎu syānsheng jyǎng Tángshr
    jyǎngde dzěmmayàng?

16. Jyāu Yīngwén dzwèihǎu yìbān yǒu dwōshau sywésheng?

17. Sywé Yīngwén yùng lyóushēngjī tīng pyāndz, yǒuyùng
    meiyou?

18. Jūnggwó sywésheng sywé Yīngwén, shémma dìfang dzwèi nán?
    Shémma dz fāyīn dzwèi nán?

19. Nèi lyǎngjyu shr̄lide shŕge dz, chǐng ni yígèyígède
    jyǎng yijyǎng.

20. Chǐng nǐ bǎ nèi lyǎngjyu shr̄ fāncheng Yīngwén.

VI. Nǐ Shwō Shémma?

1. Dzài kèshr̀li, yàushr syānsheng shwōde hwà nǐ méitīng-
   chīngchu, nǐ syǎng wèn, nǐ dzěmma wèn?

2. Yàushr nǐ syǎng chǐng syānsheng dàije nǐ lyànsyi fāyīn,
   nǐ dzěmma gēn syānsheng shwō?

3. Yàushr nǐ yǒu wèntí syǎng wèn syānsheng, nǐ dzěmma wèn?

4. Yàushr yǒude dz nǐ búhwèi jyǎng, nǐ dzěmma chǐng
   syānsheng gěi nǐ jyǎng?

5. Yàushr yǒu yige dz nǐ búrènshr, nǐ dzěmma wèn?

VII. Bèishū

A: Jèitáng nǐ yǒu kè meiyǒu?

B: Yǒu. Jīntyan shàngwǔ sz̀táng. Nǐ ne?

A: Wǒ gāng shàngle yitáng lìshr̄. Jèitáng méi kè. Dàu
   túshūgwǎn chyu kàn yihwěr shū.

B: Jīntyan hái yǒu jǐtáng?

A: Syàwǔ hái you yìtáng. Nǐ shémma shŕhou syà kè?

B: Shŕèrdyǎnbàn syàle kè jyou méi kè le.

A: Sāndyan jūng dàu wo nèr chyu hē dyǎr chá, dzěmmayàng?

B: Hǎu. Jyòu nèmma bàn.

VIII. Fānyì

1. Translate into Chinese:

   1.1 The more you pay him money the more he will drink.

   1.2 Since he came here, my headache has been getting
       worse and worse.

   1.3 In case I lose it I'll have to think of another way.

   1.4 His translation is all right, but the way he talks
       is not very natural. He needs more practice, I
       guess.

   1.5 I will read it first; all of you follow me.

   1.6 I will go on with the story tomorrow.

   1.7 What is the difference between these two methods?

   1.8 There is considerable difference between these two
       kinds of tea. Can you distinguish it?

   1.9 Can you translate this sentence into Russian?

   1.10 You haven't had enough practice and review. That's
        what you need most. Don't you think so?

   1.11 We are going to review this week, and have an
        examination next week. Our vacation begins Friday.

   1.12 He did very poorly in this examination.

   1.13 Which of you have finished the first question?
        Please raise your hands.

1.14 After the prayer, everybody raised his head.

1.15 When I saw the moon, I recalled my old home.

2. Translate back into Chinese:

(394) a. The more you study, the more you know; the more you know, the easier you forget.

(395) a. That man is getting more and more peculiar.

(396) a. You've got to find me a solution for this problem.

(400) a. He pronounced this word incorrectly.

(401) a. He speaks very naturally.
     b. If you don't pay him naturally he won't do it.

(402) a. Will you please lead us in prayer.
     b. I read it after the teacher three times.

(403) a. He didn't finish his story yesterday, and he will go on with it today.

(404) a. There is a whole lot of difference between these two words.

(406) a. He asked me to answer it, but I couldn't.

(408) a. I haven't seen him for a few years, and he has become an adult.
     b. Please translate this sentence into English.
     c. Are his clothes finished?

(409) a. In learning a foreign language, the more opportunity for practice the better.
     b. His Chinese is poor, because he hasn't had enough practice.

(410) a. This week we'll review. There will be no new lessons.

(411) a. When is our examination?
     b. He did very well in this examination.

(416) a. Whoever knows the answer please raise his hand.
      b. I cannot raise this thing with one hand.

(417) a. Please raise your head.
      b. When I raised my head and looked, it was snowing outside.

(419) a. As soon as he said he wanted to learn English, I thought of you.

DISHRBÁKE - KÀNBÌNG

I. Dwèihwà

Sz̄ Ss. jywéde yǒuyidyǎr bùshūfu.
Tā dàu yige yīywàn chyu jǎu
dàifu gěi ta kànkan. Tā dàule
yīywàn ménkǒur, gēn yige rén
5   dǎting.

Sz̄:   Chǐngwèn, dzài shémma dìfang gwàhàu?

Nèige rén: (yùng shǒu jǐrje) Jyòu dzài dzwǒbyar nèige syǎu
            chwānghu nèr. Chwānghu pángbyār yǒu yige
            páidz, shàngtou syěje gwàhàuchù. Nín rènshr
10   Jūnggwo dz̀ ba. Jyòu shr nèibyar neige,
            chyántou jànje hǎusyē rén. Nín kànjyan meiyou?

Sz̄:   Kànjyanle. Láujyà, láujyà.

            (Sz̄ Ss. dàule lǐtou, kànjyan chwānghu chyántou
            yǒu hěn dwō rén. Tā jyou jàndzai hòutou děngje.
15   Děngjede shŕhou, tā gēn yíge bìngrén, Jāng Ss.
            shwō:)

Sz̄:   Nǐ syìng shémma?

Jāng: Syìng Jāng. Nǐ syìng shémma?

Sz̄:   Syìng Sz̄. Nǐ shr lái kànbìng de ma?

20 Jāng: Kě búshr̀ ma! Yá téng.

Sz̄:   Nǐ dàu jèr láigwo ma?

Jāng: Láigwo háujihwéi le. Jèige yīywàn shŕdzài
            bútswò. Yákē dàifu yóuchí hǎu. Chyán-
            lyangtyan wǒ yá téng, téngde jyǎnjŕde bùnéng
25   chr̄ dūngsyi. Láile yítsz̀, jyou hǎudwōle. Jè
            shr̀ wǒ disāntsz̀ lái. Syàndzai yìdyǎr dōu

búténgle. Yàubúshr dàifu shàngtsz shwō jyàu
wo dzài lai kàn yitsz, wǒ jyou bùláile.

Sz: Dzài jèige yīywàn kànbìng, shǒusyu máfan
           bumáfan?

5 Jāng: Máfan dàushr bùmáfan, gwàle hàu jyòu chyu
           jyàn dàifu, búgwò bìngrén tài dwō, děi děngje.
           Jyòu shr dānwu gūngfu.

           (Sz Ss. kànjyan chwānghu chyántou méi rén le.)

Sz: Ní chyu gwàhàu ba. Gāi ní le.

10   (Jāng Ss. gwàle hàu, shwō:)

Jāng: Ní lái ba. Wǒ yau jyàn dàifu chyule. Dzài-
           jyàn.

           (Sz Ss. dàule chwānghu chyántou.)

Gwàhàuchù: Ní láigwo meiyou?

15 Sz: Méiláigwo, jè shr diyítsz.

Gwàhàuchù: Shr nèikē, shr wàikē?

Sz: Nèikē.

Gwàhàuchù: Nǐ búshr Jūnggwo gōngmín, dwèi budwèi?

Sz: Dwèi. Wǒ shr wàigwo rén. Dàu Jūnggwo lái
           sywe dyǎr Jūnggwo pǔtūnghwà.
20 Gwàhàuchù: Hwānyíng nǐ dàu Jūnggwo lái. Dwèibuchǐ jīn-
           tyan bìngrén hěn dwō, děi dwō děng yìhwěr.

Sz: Dwō děng yìhwěr búyàujǐn, wǒ fǎnjèng méi shr.
           Kéyi yùng shŕhou kàn dyǎr shū.

Gwàhàuchù: Nèmma chǐng nǐ bǎ jèijāng byǎu tyán yityán.
25

           (Sz Ss. bǎ byǎu tyánhǎu, jyāugěi gwàhàuchù.
           Gwàhàuchù gěi tā yíge páidz.

Gwàhàuchù: Ní shr sānbǎi-szshŕ-lyòuhàu. Dàu èrtséng
           lou, èrbǎi-wǔshrhàu chyu jyàn Mǎ Daifu.

Sz̄:   Hǎu. Syèsye.

                (Sz̄ Ss. dàule èrbǎi-wǔshrhàu, bǎ gwàhàude
                páidz gei hùshr kànle kàn.)

Hùshr: Ní chǐng dzwòsya děng yìhwěr ba.

5   (Děngle bànge jūngtóu.)

Hùshr: Sānbǎi-szshŕ-lyòuhàu. Sz̄mǐdz̄ Ss.

                (Sz̄ Ss. jyou dàu dàifude wūdzli chyule.)

Mǎ: Ní shr Sz̄mǐdz̄ Ss. ba? Chǐngdzwò ba.
          Dzěmmale?

10 Sz̄:   Jìnlái yèli shwèijyàu shwèide bùhǎu. Búshwèi
          yě búkwùn. Shwèijáule jyou dzwò mèng. Dzwòde
          mèng, dōu tǐng kěpà. Shwèibulyǎu jifēnjūng,
          jyou syà yityàu, syàsyǐngle. Syǐnglede
          shŕhou, dzǔngshr chū hǎusyē hàn. Hái cháng-
15   chang késou. Yǒu shŕhou jywéde lèide lìlai.
          Yě bútài syǎng chr̄ dūngsyi. Bùjŕdau shr
          shémma ywángu. Wǒ pà ywè lái ywè lìhai,
          swóyi lai chǐng nín géi wo jyǎnchajyǎncha.

Mǎ: Hǎu. Wǒ gěi ní kànkan.

20   (Mǎ dàifu gei Sz̄ Ss. tīngle ting, shr̀le shr
          wēndùbyǎu.)

Mǎ: Ní kě bukě?

Sz̄:   Kě. Dzǔng syǎng hē shwěi.

Mǎ: Tīngbuchūlái yǒu shémma bìng. Yě méifāshāu.
25   Wǒ kàn děi jàu yijāng àikèsz̄gwāng syàng, kàn
          yikàn. Yàushr nǐ yǒu gūngfu, dzwèihǎu shr
          jùywàn jyǎnchá, jyǎnchá.

Sz̄:   Wǒ syǎng wǒ syān jàu yijāng àikèsz̄gwāng
          syàng, chǐng nǐ kàn yikàn, yàushr hái
30   kànbuchūlái, wǒ syàsyīngchī dzài lái jùywàn.
          Bùjŕdau syíng bùsyíng?

Mǎ: Hǎu ba, jànshŕ wǒ syān gěi ní kāi yige

yàufāngr, ní dau yàufángli mǎi yìdyǎr jèige
yàu, shr̀ ānmyányàu, shwèijyàu yìchyán chr̄.
(Bǎ yàufāngr jyāugei Sz̄ Ss.) Ní chǐng dàu
sāntséng lóu sānbǎi-bāshŕ-sz̀hàu, chyu jàu
yìjāng syàng. Syàsyīngchī ní dzài lái kàn-
kan ba.

Sz̄:   Hǎu ba, syèsye ní , dzàijyàn.

II. Shēngdz̀ Yùngfǎ

420. yīywàn   N: hospital

421. jř̌je   V: pointing
  421.1 jř̌   V: point

422. chù   BF: place, office, point feature
                     M: (for dìfang) specifies localization
  422.1 gwàhàuchù   N: registration (desk, window, etc.)
  422.2 chùchù   N: everywhere
  422.3 hǎuchu   N: good point, benefit
  422.4 hwàichu   N: bad point
  422.5 chángchu   N: strong point (of people)
  422.6 dwǎnchu   N: shortcoming (of people)
  422.7 nánchu   N: difficulty
  422.8 yùngchu   N: use, usage

    a. Nyànshū yǒu hěn dwōde hǎuchu.

423. kē   N: department
  423.1 yákē   N: dental department
  423.2 yǎnkē   N: optical department
  423.3 ěrbíhóukē   N: ear, nose, throat department
  423.4 nèikē   N: medical department
  423.5 wàikē   N: surgical department

424. shŕdzài   SV: be real, honest
                     A: really, actually
  424.1 shŕdzài shwō   tell you the honest truth
  424.2 shwō shŕdzàide   tell you the honest truth

    a. Tā jèige rén hěn shŕdzài.
    b. Jèige dz̀ shŕdzài tài nán.

425. shǒusyu   N: procedure, process

426. dānwu   V: to delay, waste (cf. fèi)
  426.1 dānwu gūngfu   waste time, take time
  426.2 dānwu shŕhou   waste time, take time
  426.3 dānwu shŕching   delay a business affair

    a. Wǒmen dzài chìchējàn děng chē, dānwule hěn dwōde
       shŕhou.

427. gāi   AV: it is fitting that, should
  427.1 gāi shéi?   whose turn?
  427.2 gāi dzǒule   its time to go

    a. Jīntyan gāi nǐ chyùle, míngtyan gāi shéi?

428. gūngmín   N: citizen

429. pǔtūng   SV: ordinary, common (cf. píngcháng)
                       A: ordinarily
  429.1 pǔtūnghwà   N: 'Common Speech', Chinese. This term
                         is often heard in the People's Republic.
                         Other terms to mean 'Chinese language'
                         include Hànyǔ, Gwóyǔ and Jūnggwo hwà.

    a. Jèijyù hwà, pǔtūng bújèmma shwō.

430. byǎu   N: chart, blank, form (M: -jāng)
  430.1 tyán byǎu   VO: to fill out a form, chart, etc.

431. tséng   M: story (for lóu)
  431.1 sāntséng lóu   third floor, three stories
  431.2 dìwǔtséng   fifth floor

    a. Jèige lóu yǒu sāntséng.
    b. Tā jùdzai sāntséng lóu.

432. hùshŕ   N: nurse (M: -wèi)

433. jìnlái   A: recently

    a. Nǐ jìnlái kànjyan ta meiyou?

434. kwùn   SV: be sleepy

435. ywángù   N: reason

436. mèng   N: dream
  436.1 dzwò mèng   VO: dream

436.2 mèngjyan   RV: dreamed about, see...in a dream

    a. Wǒ dzwótyan yèli dzwòle yige mèng, mèngjyan tā
       sžle.

437. kě   BF: prefixed to verb with much the
                          meaning of the English -able, -ible
437.1 kěsyàu   SV: be laughable
437.2 kěpà   SV: be productive of fear
437.3 kěnéng   SV/A/N: possible/possibly/possibility
437.4 kěchyùde dìfang places one can go to
437.5 méi shémma
        kěshwōde   nothing that can be said

    a. Nèige rén jēn kěpà.

438. syà   V: startle, frighten
438.1 syàhwàile   RV: scared to pieces
438.2 syàsžle   RV: scared to death
438.3 syà yítyàu   startled

    a. Tā láile, syàle wǒ yítyàu.

439. hàn   N: sweat
439.1 chūhàn   VO: sweat, perspire

    a. Tā chūle yìtóu hàn.

440. jyǎnchá   V: examine
440.1 jyǎnchá bìng   be examined (for a disease)
440.2 jyǎnchá
        syíngli   inspect baggage

    a. Nǐ děi jǎu dàifu, gěi nǐ jyǎnchájyǎnchá.

441. kě   SV: be thirsty

442. jàu syàng   VO: take a picture, be photographed
442.1 syàngpyār   N: photograph
442.2 jàusyàngjī   N: camera

    a. Wǒ gěi nín jàu yijāng syàng ba?
    b. Tā jàude jèijāng syàng bútswò.
    c. Nín syǐhwan jàu syàng ma?

443. gwāng   N: light, ray

443.1 àikèsz̄-gwāng N: X-ray
443.2 jàu àikèsz̄-
        gwāng   VO: take an X-ray
443.3 jàu àikèsz̄-
        gwāng syàng VO: take an X-ray picture

444. jùywàn   VO: stay in the hospital
444.1 jù yīywàn   VO: stay in the hospital
444.2 jùywànde
        bìngrén   N: in-patient

445. yàufāngr   N: prescription (M: -jāng)
445.1 kāi yàufāngr VO: to prescribe

    a. Chǐng nín gěi wǒ kāi yige yàufāngr.

446. yàufáng   N: drugstore (cf. yàupù)

447. ānmyányàu   N: sleeping pills

III. Jyùdz Gòudzàu

1. Ambiguity of Languages:

In the Chinese language, there is no inflection of nouns
for number or case, no inflection of verbs for person,
number, tense, mood or voice. Hence the Chinese lan-
guage is simple in form, but this very virtue of sim-
plicity is accompanied by the evil of ambiguity.

1.1 English is simpler than French and is therefore more
    ambiguous than the latter. Civilization has trained
    us to assume friendly intent on the part of a friend
    when he asks, "May I have you for supper?" and not
    even to suspect him of cannibal intention. Never-
    theless, there is ambiguity inherent in the question.

1.2 Four ambiguous expressions have been chosen from
    what we have learned for further clarification.
    Where there is a choice of expressions the student
    should use the clearest forms, although he should
    be able to understand the ambiguous ones from their
    context because people do use them.

1.21 <u>Dzū fáng</u>:

"Wǒ dzūle yiswǒr fáng" may mean
(I rented a house)--as a tenant, or
(I rented out a house)--as a landlord.

This sentence usually means renting a house by
a tenant. For a landlord planning to rent out
a house, it is best to say:

Wǒ dzūchu yiswǒr fáng chyu; or
Wǒ bǎ yiswǒr fáng dzūchuchyule; or
Wǒ dzūgei (so and so) yiswǒr fáng.

1.22 <u>Jàu syàng</u>:

"Wǒ jàule yijāng syàng" may mean
(I took a picture) or
(I had my picture taken.)

It is much clearer to add a few words and say:

Wǒ gěi ta jàule yijāng syàng.
(I took a picture for him.)

Wǒ chǐng ta géi wǒ jàule yijāng syàng.
(I asked him to take a picture for me.)

1.23 <u>Kàn bìng</u>:

<u>Kàn bìng</u> is ambiguous. When the actor is the
doctor, it means to diagnose a disease, to
attend a patient or to practice medicine. When
the actor is the patient, it means to see a
doctor:

"Wǒ míngtyan yàu chyù kàn bìng" may mean
(Tomorrow I am going out to see a patient.) or
(Tomorrow I am going out to see a doctor.)

In order to avoid ambiguity, it is best to say
"chǐng dàifu géi wo kàn bìng" for seeing a
doctor, thus limiting the actor of <u>kàn bìng</u> to
be the doctor only.

1.24 <u>Jywān chyán</u>:

This VO may mean to contribute money or to ask
somebody else to contribute money:

"Wǒ jywānle yìbǎikwai chyán" may mean
(I contributed $100) or
(I got a $100 contribution--for some organiza-
tion.)

To express the idea of contributing, it is best
to say jywāngei such and such organization for
how much:

Wǒ jywāngei jyàuhwèi yìbǎikwai chyán.

To express the idea of collecting contributions,
it is best to use the following forms:

Wǒ gěi jyàuhwèi jywānle yìbǎikwai chyán.
Wǒ tì jyàuhwèi jywānle yìbǎikwai chyán.

1.3 <u>Exercise I</u> - Translate into English:

1.31 Dzwótyan wǒ jàule yijāng syàng, yě bùjŕdau jàude
hǎu buhǎu. Tāmen shwō jīntyan jyàu wǒ chyu kàn
yàngdz. Yàushr wǒ bùsyǐhwan, tāmen dzài géi wo
jàu.

1.32 Nǐde fángdz dzūhǎule meiyou? Yàushr tāmen hái
méigěi dìngchyan ne, wǒ yǒu yige péngyou syǎng
chyu kànkan, bùjŕdau syíng busyíng?

1.33 Nǐ syǎng jywān dwōsyau chyán ne? Wǒ jywéde
jèijǔng shŕching nǐ děi dzjǐ jywédìng. Byéren
méi fádz tì ni chū júyi. Yàushr nǐ ywànyi dwō
jywān, jyc dwō jywān dyǎr.

1.34 Jèi jityān dzǔng tóuteng. Yě bùjŕdau shŕ
shémma bìng. Swóyi wǒ syǎng dzwèihau shr dzǎu
yìdyǎr kànkan chyu.

1.35 Dzwótyan dzài gūngywánli, syǎuháidz yèu jàusyàng.
Wǒ búràng ta jàu; tā jyou kūle. Wǒde syīn
jàusyàngjī, wǒ pà ta géi wo nùnghwàile.

1.36 Syàndzài wǒmen yǐjing yǒule sānwàn-chīchyāndwo-
kwài chyán le. Nǐ shwō wǒ hái děi dzài jywān

dwōshau? Dāngrán dzwèihǎu néng yǒu wǔwànkwài
chyán. Kěshr dzài jywān yíwàndwō, kǔngpà
bùrúngyi ba.

1.37 Nín jiwèi syān dzai jèr dzwò yihwěr ba. Wǒ děi
kàn bìng chyule. Jēn chígwài, Měitsž dōu shr
jèyàngr. Jyāli yìyǒu kèren, jyou you bìngren
dǎ dyànhwà.

1.38 Dzūfáng jēn bùrúngyi. Dzwèi yàujǐn jyoushr děi
héshr. Yǒurén shwō nǐ gwǎn ta héshr bùhéshr ne,
fǎnjèng tā děi géi ni fángchyan. Wǒ syǎng
bùsyíng. Yàushr buhéshr, yǐhòu yídìng máfan.

1.39 Wǒ dzwótyan kàn bìng chyule, dàifu shwō děi kàn
wǒde X-gwāngde syàng. Tā yau géi wo jàu. Wǒ
shwō wǒ yǒu yige péngyou, tā jàu pyányi. Wǒ
dau tā ner géi ni jàu yijang chyu, syíng busyíng?
Tā shwō bùsyíng. Tā pà ta jàubuhǎu.

1.40 Tā dzwèi syǐhwan jywān chyán. Chyántyan wǒ
kànjyan ta jàndzai jyēshang jyǎngyǎn, jyǎngwánle
jyou gēn rén yàu chyán. Jīntyan yòu dàu jèr
lai jywānlaile.

1.4 Exercise II - Make sentences with dzū fáng, jàu syàng,
kàn bìng and jywān chyán, trying to avoid the possi-
bility of ambiguity.

2. Some More Bǎ Construction:

The bǎ construction has been discussed in Lesson 12. Two
more points are worthy of note.

2.1 It has been said (Lesson 12, Part III, 1.4) that in a
bǎ construction, the main verb must be followed by a
complement of some sort. In addition to the five
types mentioned, the complement may be the descriptive
type with de added after the main verb, (discussed in
Lesson 15). The subject of a descriptive complement
may be moved to a position in front of the main verb
by means of a bǎ:

Descriptive complement: Shwōde wǒmen lèijíle.

The bǎ construction: Bǎ wǒmen shwōde lèijíle.

2.2 In Lesson 12 we learned that in a sentence using the bǎ construction an RVE may follow the main verb as a complement. When the RVE is an RV itself like shànglai, syàchyu, it is possible to insert a place between the double-syllable RVE:

Bǎ jwōdz bānshang lóu chyu.

2.3 Exercise - Translate into Chinese:

2.31 I was so tired that I could not speak a word.
2.32 He stared at me and made me feel embarrassed.
2.33 Please take this book back home.
2.34 He rowed my boat to the other side of the river.
2.35 He talked so long that I almost fell asleep.
2.36 May I drive your car up to the top of the mountain?
2.37 Look! He is flying the plane into that cloud.
2.38 I read so much that my eyes hurt.
2.39 The weather is so hot that everybody is too lazy to work.
2.40 They moved the table into the room.

IV. Fāyīn Lyànsyí

1. "Nèige yīywàn shémma kē dzwèi hǎu?" "Wǒ syǎng wàikē dzwèi hǎu. Yánkē yě bútswò."

2. "Dzài jèr kàn bìng yǒu shémma shǒusyu?" "Nǐ děi dau gwàhàuchù syān tyán yìjang byǎu."

3. "Tā shŕdzai hwèi shwō hwà." "Jèi shr tāde chángchu, yě shr tāde dwǎnchu."

4. "Wǒ jìnlái cháng syīntyàu, bùjŕdau shr shémma ywángu?" "Chǐng dàifu géi ni jyānchajyāncha ba."

5. "Shŕdzai bùdzǎule. Wǒmen gāi dzǒule?" "Tsái shŕdyan jūng. Máng shémma?"

6. "Gwà tèbyéhàu shr dzai jèr gwà ma?" "Jèr jyou gwǎn gwà pǔtūnghàu. Gwà tèbyéhàu dzài wǔtséng lóu."

7. "Wǒ dzwótyan wǎnshang dzwòle yíge mèng. Nǐ jŕdau wo

mèngjyan shémma le ma?" "Nǐ yídìng mèngjyan mǎile yíge
jàusyàngjī."

8. "Nǐ dzěmma jŕdau ta bìngle?" "Lǎu Lǐ gàusung wo de.
   Tā yìshwō, syàle wo yítyàu."

9. "Wǒ jīntyan děi chyu jàu syàng chyu." Shŕ gěi byé rén
   jàu, shr ràng byéren gěi nǐ jàu."

10. "Mǎi ānmyányàu dzěmma mǎi?" "Ní dei yǎu dàifu géi ni
    kāi yige yàufāngr."

V. Wèntí

1. Sž Ss. wèi shémma yau dau yīywàn chyu? Tā dàule yīywàn
   ménkǒur jŕdau bujŕdau nǎr shr gwàhàuchù?

2. Tā gēn rén dǎting gwàhàuchù dzai nǎr nèige rén dzěmma
   gàusung ta? Shwō shémma?

3. Sž Ss. děngje gwàhàude shŕhou, pèngjyan shéi le? Nèige
   rén you shémma bìng? Nèige rén dàu nèige yīywàn
   chyùgwo jǐtsž le?

4. Nèige rén shwō nèige yīywàn hǎu bùhǎu? Shémma kē dzwèi
   hǎu? Kànbìngde shǒusyu máfan bùmáfan? Wèi shémma
   dānwu gūngfu?

5. Gwàhàuchùlide rén wèn Sž Ss. shémma hwà? Sž Ss. gēn ta
   shwō shémma?

6. Nèityān bìngrén dwō budwō? Sž Ss. děi děng dàifu lái,
   tā yàu yùng shŕhou dzwò shémma?

7. Gwàhàude shŕhou you shémma shǒusyu?

8. Sž Ss. náde páidz shr dwōshauhàu? Tā děi dàu jǐtséng
   lóu chyu? Dwōshauhàude wūdz? Jyàn něige dàifu?

9. Sž Ss. kànjyan hùshr, gēn hùshr shwō shémma? Tā děngle
   dwó jyǒu?

10. Sž Ss. gēn dàifu shwō tā jywéde dzěmma bùshūfu?
    Shwèijyàu shwèide dzěmmayàng? Hái dzěmma bùshūfu?

11. Tā wèi shémma yau chǐng dàifu gěi ta jyǎnchá?

12. Dàifu tīngdechūlái tīngbuchūlái tāde bìng shr shémma bìng? Gěi ta shr wēndùbyǎu le meiyou?

13. Tā kě bùkě? Fāshāu méifāshāu?

14. Dàifu shwō děi dzěmma jyǎnchá? Sz Ss. yau dzěmma jyǎnchá?

15. Dàifu gěi ta kāile yige yàufāngr, nèige yàu shr shémma yàu? Nèige yàu dzai shémma dìfang mǎi? Shémma shŕhou chŕ?

16. Dàifu ràng Sz Ss. dau shémma dìfang chyu jàusyàng? Ràng ta shémma shŕhou dzài lái?

17. Nǐ shr bushr měinyán dōu dau yīywàn chyu jyǎnchá yítsz̀? Nǐ chyu jyǎncháde shŕhou dàu něikē chyu jyǎnchá?

18. Dzài Měigwode yīywànli kànbìng shǒusyu máfan bumáfan? Yǒu méiyou pǔtūnghàu gen tèbyéhàu de fēnbyé?

19. Yīywànlide hùshr dou gwǎn shémma shr? Tāmen hwèi kànbìng buhwèi? Tāmen yě gwǎn kāi yàufāngr ma?

20. Nǐ dzwògwo meidzwògwo kěpàde mèng?

VI. <u>Nǐ Shwō Shémma?</u>

1. Yàushr nǐ dzài yíge yīywàn ménkóur syǎng wèn dzài nǎr gwàhàu, nǐ dzěmma wèn?

2. Yàushr nǐ syǎng jŕdau, kànbìng yǒu shémma shǒusyu, nǐ dzěmma wèn?

3. Dàule gwàhàuchùde chwānghu chyántou, nǐ yàu gwàhàu, nǐ dzěmma wèn?

4. Yàushr nǐ yǒu yìdyǎr shāngfēng, yàu chǐng dàifu gěi ni kànkan, nǐ dzěmma gēn dàifu shwō?

VII. Gùshr

(on record)

VIII. Fānyì

1. Translate into Chinese:

    1.1 What is the benefit in doing that?

    1.2 What are his bad points? Can you name any?

    1.3 What is the procedure for getting a job in that hospital?

    1.4 I wrote it as soon as you told me to; I didn't waste any time.

    1.5 It's my turn to fill in the form, not yours

    1.6 Ordinarily he doesn't like to take picures.

    1.7 If you see her too often, I am sure you will dream of her.

    1.8 That's impossible; that was just a dream.

    1.9 When he heard this he was scared.

    1.10 The weather is terribly hot; everybody is perspiring.

    1.11 How did Dr. Ma examine you?

    1.12 I haven't had my picture taken for years. I am going to ask him to take one.

    1.13 May I have my picture taken with you?

    1.14 The nurse said that I might need to have an X-ray taken, but the doctor said that it wasn't necessary.

    1.15 The drugstore wouldn't let me have sleeping pills without a prescription.

2. Translate back into Chinese:

(422) a. There is much benefit in studying.

(424) a. He is a very honest fellow.
     b. This word is really too difficult.

(426) a. We wasted a lot of time waiting at the bus station.

(427) a. It's your turn to go today. Whose turn is it tomorrow?

(428) a. We don't ordinarily say it this way.

(431) a. This building is three stories high.
     b. He lives on the third floor.

(433) a. Have you seen him recently?

(436) a. I had a dream last night and dreamt that he had died.

(437) a. That man is certainly to be feared.

(438) a. He came and startled me.

(439) a. He broke into a heavy sweat.

(440) a. You must go to a doctor and get a physical examination.

(442) a. Let me take a picture of you.
     b. This picture he took is not bad.
     c. Do you like to take pictures? (or) Do you like to have your picture taken?

(445) a. Please write a prescription for me.

DISHRJYŎUKE - CHŪCHYU WÁR

I. Dwèihwà

Yŏu yige syīngchīlyòude dzăushang,
chíngtyān, tyānchi hěn hău. Jàu Ss.
gen Jàu Tt. shānglyang dàije háidz
chūchyu wár. Tāmen lyăngge rénde
5   yìsz syān bùyíyàng. Hòulai Jàu Tt.
ywè shwō, dzjĭ jywéde ywè yŏulĭ.
Jàu Ss. méi bànfă, jŕhău tàitai shwō
shemma, tīng shemma.

Jàu Tt: Jīntyan tyānchi jèmma hău. Wŏmen dài háidz dau
10   năr wárwar chyu? Ēi! Wŏ syángchilaile. Wŏmen
          dau gūngywán chyu sànsanbù, hău buhău? Hěn jyóu
          méichūchyule, wŏ jēn syăng dau wàitou chyu
          dzóudzou.

Jàu Ss: Gūngywán yŏu shémma yìsz? Hái bùrú chyu tīng
15   syì hwòshr kàn dyànyĭngr ne.

Jàu Tt: Tīng syì, kàn dyànyĭngr, wŏ búchyù. Tàiyang
          hăude shŕhou, wŏ ywànyi dau wàitou chyu. Wŏ
          syăng syàndzài gūngywánlide hwār dōu kāile.
          Jèmma nwănhwo, dàije háidz chyu kànkan hwār, kàn-
20   kan dùngwu, tāmen yídìng hěn gāusyìng. Nĭ shwō
          ne?

Jàu Ss: Dău něige gūngywán chyù ne?

Jàu Tt: Jūngyāng Gūngywán jyou hěn hău. Yóuchíshŕ nèige
          húbyārshang, hwánjing fēicháng ānjing. Yòu yŏu
25   shŕtou, yòu yŏu shù, hái yŏu yíkwài tsăudì.
          Dzài nèr dzwòdzwo, dwóma shūfu.

Jàu Ss: Hái you shémma dìfang kěchyù? Yàuburán, wŏmen
          dài háidz dau bwówùgwăn chyu kànkan ba. Dzài
          bwówùgwánli háidz kéyi dé hăusyē jŕshr. Nĭ
30   yĭwei dzěmmayàng?

Jàu Tt: Nǐ dzǔng syǎng dau wūdzli chyu, shr̀ shémma
ywángu? Nǐ kàn, tàiyang dzèmma hǎu, wèi shémma
fēi dau wūdzli chyu bùkě. Ēi! Wǒ syángchi yíge
júyi lai. Wǒ kàn wǒmen chǐng Sz̄ Ss. gēn women
5   yíkwàr chyù. Dzài lìngwài chǐng jige byéren.
Dwèile, chǐng Jāng Ss., Jāng Tt. Chǐng tāmen
syān dau wǒmen jyā lái, dzwò yìdyǎr chr̄de dūngsyi
dàije. Wǒmen jyou dzài nèige húbyārshang yětsān.
Nǐ búshr yau jàusyàng ma? Dàije nǐde jàusyàngjī.
10   Gěi háidzmen jàu jijang syàng. Byéren ne, shéi
ywànyi hwáchwán, shéi hwáchwán; shéi ywànyi chí
dzsyingchē, shéi chí dzsyingchē, shéi ywànyi dǎ
chyóu, shéi dǎ chyóu. Búdàn yǒuyìsz, érchyě
kéyi yùndungyùndung. Wǒ jywéde wǒmen yīngdāng
15   syǎng fádz dzài tyānchi hǎude shŕhou, dau wàitou
chyu dzóudzou, yùndung yùndung. Dwèiyu shēntǐ
gēn jīngshen dōu yǒu hǎuchu. Jyòu jèmma bàn ba.
Nǐ chyu gěi tāmen dǎ dyànhwà, chǐng tāmen lìkè
jyou lái.

20 Jàu Ss: Yùndungyùndung yě hǎu. Wǒ hěnjyǒu méiyùndungle.

Jàu Tt: Nǐ kànkan. Yíge rén dzǔng dzai wūdzli búyùndung,
nà dzèmma chéng ne?

Jàu Ss: Bùjr̄dàu Sz̄ Ss. hǎule meiyou?

Jàu Tt: Sz̄ Ss. méiyou shémma dà bìng. Tā nà shr yīnwei
25   tyāntyān dzài wūdzli dzwòshr̀. Yìdyǎr yùndung
dou méiyǒu. Yàushr tā cháng chūchyu dzóudzou,
wǒ gǎn bǎusyǎn tāde bìng yídìng hěn kwàide jyou
hǎule. Nǐ kwài chyu dǎ dyànhwà chyu ba.

Jàu Ss: Hǎu. Wǒ wènwen tāmen yǒu gūngfu meiyou?

30 Jàu Tt: Bùgwǎn yǒu gūngfu meiyou, nǐ chǐng tāmen yídìng
lái. Gàusung tāmen, yǒu shémma shr̀ míngtyan
dzài bàn. Shéi gǎn shwō, míngtyan néng you
jèmma hǎude tyānchi? Tyānchi bùhǎu jyòushr
syǎng chyu wár, yě wárbulyǎu.

35 Jàu Ss: Nǐ lǎushr jèyang shwō hwà. Tāmen yàushr yǒu
yàujǐnde shr̀ching ne.

Jàu Tt: Syīngchǐlyòu tāmen yǒu shémma yàujǐnde shr̀ching?
Nǐ syān chyu dǎ dyànhwà chyu ba. Tāmen búchyù,
dzài shwō.

(Jàu Ss. yíjyu hwà yě méidzài shwō, jyou chyù
dǎ dyànhwà chyule.)

Jàu: Wài, nín shr Sz̄ Ss. ma?

Sz̄:   Dwèile, nín shr Džān ma?

5 Jàu: Nín dzěmma jr̄dau?

Sz̄:   Wǒ tīngdechūlái. Jèi lyangtyān dzěmmayàng?

Jàu: Hěn hǎu. Nín shēnti hǎu dyǎr le ba?

Sz̄:   Hǎu dyǎr le. Jàule yìjāng X-gwāng syàng, dàifu
        shwō méi shemma. Jyòushr jyàu wǒ dwō syōusyi-
10   syōusyi. Chr̄ dūngsyi lyóu dyǎr shén. Wǒ syǎng
        búyàujǐn. Wǒ chyu jyancháde shŕhou yě búgwo shr̀
        pà yǒu shémma dà bìng.

Jàu: Jīntyan syàwǔ nín yǒu shr̀ ma?

Sz̄:   Wǒ syàndzài hái bùjr̄dàu. Wǒ děng yige dyànhwà.
15   Děi děng jyējau nèige dyànhwà, tsái néng
        jywédìng. Dzěmmale? Nín yǒu shr̀ ma?

Jàu: Jīntyan tyānchi hěn hǎu. Wǒ nèiren gen wo yàu
        chǐng nín gēn wǒmen yíkwàr dàu gūngywán chyu
        yětsān. Bùjr̄dau nín néng chyu bùnéng.

20 Sz̄: Hǎujíle. Wǒ hěn syǎng chūchyu dzóudzou. Kěshr
        wǒ syàndzài bùgǎn jywédìng. Wǒ shŕèrdyǎn jūng
        gěi nín dà dyànhwà gàusung nín chéng buchéng?

Jàu: Hǎu ba. Wǒ děng nínde dyànhwà ba.

Sz̄:   Hǎu. Dzàijyàn.

25   (Jàu Ss. gěi Jāng Ss. dǎ dyànhwà.)

Jàu: Wài, nín shr Jāng Ss. ma?

Jāng: Dwèile. Nín něiwèi?

Jàu: Džān ne.

Jāng: Òu, Jàu Ss. Hǎu ba. Nín yǒu shémma shr̀ ma?

Jàu: Wǒ gēn nín shwō. Jīntyan tyānchi hěn hǎu.
         Nèiren shwō chǐng nín gēn Jāng Tt. dàije háidz
         dàu gūngywán chyu yětsān. Bùjr̄dau nǐmen néng
         chyu bunéng.

5 Jāng: Hǎujíle. Nín děng yihwěr, byé gwà. Wǒ wènwen
         Lìrúng yǒu shr̄ meiyou.

         (Gwòle yihwěr -)

Jāng: Wài, chéng, wǒmen néng chyù. Dzài nǎr jyàn ne?

Jàu: Wǒ nèiren shwō, chǐng nǐmen syān dàu wǒmen jer
10   lái. Yíkwàr dzwò yìdyǎr dūngsyi, děng yìhwěr
         yíkwàr chyu. Chǐng nǐmen syàndzài jyou lái ba.
         Dàu wǒmen jèr chr̄ wǔfàn lai.

Jāng: Hǎu ba. Wǒmen lìkè jyou chyù. Yìhwěr jyàn.

II. Shēngdz̀ Yùngfǎ

448. gūngywán	N: park
448.1 ywándz	N: garden (M: -ge); theater (M: -jyā)
448.2 Jūngyāng Gūngywán	N: Central Park
448.3 hwāywándz (hwāywár)	N: garden
448.4 tsàiywándz	N: vegetable garden
448.5 syìywándz	N: opera house, theater
448.6 dyànyǐngr-ywándz	N: Movie theater
448.7 dùngwùywán	N: Zoo

449. yǒulǐ   VO/SV: logical, reasonable

    a. Tā shwōde hěn yǒulǐ.

450. jr̄hǎu   A: the best thing is to...,
                the only thing to do is...

    a. Tā bújyàu wǒ chyù, wǒ jr̄hǎu jyòu búchyùle.

451. bùrú   V: is not up to, is not as good as
  451.1 A bùrú B = B bǐ A hǎu = A méiyou B hǎu.
  451.2 A bùrú B dà = B bǐ A dà = A méiyou B dà.

a. Kàn dyànyǐngr bùrú tīng syì.

452. syì	N: play, opera
452.1 tīng syì	VO: go to a play
452.2 kàn syì	VO: go to a play
452.3 chàng syì	VO: sing opera

| 453. dyànyǐngr | N: motion picture |
| 453.1 kàn dyànyǐngr | VO: go to the movies |

| 454. tàiyang | N: sun, sunlight |
| 454.1 chū tàiyang | VO: sun comes out |

| 455. dùngwù | N: animals |

| 456. hú | N: lake |

| 457. hwánjing | N: environment |

| 458. shŕtou | N: rock, stone |

| 459. tsǎudì | N: lawn |

| 460. bwówùgwǎn | N: museum |

461. dé	V: get
461.1 dé chyán	VO: receive money (as a gift or prize)
461.2 dé dūngsyi	VO: receive something (as a gift or prize)
461.3 dé bìng	VO: get sick
461.4 dé érdz	VO: have a baby
461.5 déjau	RV: got
461.6 dé jīngyan	VO: gain experience
461.7 dé sywéwen	VO: acquire learning

462. jŕshr	N: knowledge
462.1 dé jŕshr	VO: gain knowledge
462.2 yǒu jŕshr	VO: well informed; educated
462.3 méi jŕshr	VO: uninitiated; uneducated

463. júyi	N: idea, way, plan
463.1 syǎng júyi	VO: think of a way
463.2 chū júyi	VO: suggest a plan

a. Shéi chūde jèige júyi?

464. yĕtsān   V/N: picnic

465. hwá chwán   VO: row boat

466. dżsyíngchē   V: bicycle

467. chí   V: ride, straddle
  467.1 chí mǎ   VO: ride horseback
  467.2 chí dżsyíng
        chē   VO: ride a bicycle

468. dǎ chyóu   VO: play ball

469. búdàn... $\left\{ \begin{array}{l} \text{érchyĕ (yĕ)} \\ \\ \text{bìngchyĕ (yĕ)} \end{array} \right.$ not only.....but

    a. Tā búdàn néng shwōhwà, bìngchyĕ hĕn néng dzwòshr̀.
    b. Nèige dìfang búdàn hwánjing hǎu, érchyĕ dūngsyi
       yĕ pyányi.

470. dwèiyu   CV: with respect to, in relation to,
                         towards

    a. Wǒ dwèiyu jèijǔng shr̀ching, méi shémma jīngyan.

471. shēntǐ   N: body, health

    a. Tā shēntǐ hĕn jyēshr.
    b. Nǐ dĕi lyóushén nǐde shēnti.

472. jīngshen   N: spirit
  472.1 yǒujīngshen VO: be energetic, spirited
  472.2 jīngshénbìng N: mental disorder

    a. Nèiwei lǎu syānsheng hĕn yǒujīngshen.

III. Jyùdz Gòudzàu

1. Jyòu and Tsái Further Compared:

    The comparison of jyòu and tsái in Lesson 13 showed them
    sometimes to be opposite in meaning. They differ also
    in another respect. Jyòu or tsái is often used in a

sentence to contradict a previous statement, but the
sentence with jyòu stresses the contradiction by giv-
ing an example, as in the following:

A: Dzài Měigwó méiyou rén hwèi shwō Jūnggwo hwà.
   (Nobody in the United States speaks Chinese.)

B: Dzěmma méiyǒu? Wǒ <u>jyòu</u> hwèi shwō.

And, the sentence with tsái indicates the contradictt-
tion by stressing the subject that comes before tsái:

   A: Wǒ gěi nǐ mǎile yíge; wǒ syǎng nǐ yěsyǔ aì chr̄.
      (I bought one for you, thinking you might like
       to eat it.)

   B: Wǒ <u>tsái</u> bùchr̄ ne.
      (Not <u>I</u>, <u>I</u> wouldn't eat it!

1.1 Exercise: Translate into Chinese:

      1.11 'I think nobody can understand what he said.'
           'Oh, I can.'

      1.12 ' I think everybody wants to buy one, so you
             must want to buy one too,' 'Oh, no, not I.'

      1.13 'Everybody here is a college graduate.' 'No,
             I am not.'

      1.14 'I think our library must have this book.'
             'No, not <u>our</u> library.'

      1.15 'I have not yet had Chinese food. 'Oh yes,
             you have. The food you had last night was
             Chinese food.'

2. The Translation of 'More' into Chinese:

   The different uses of the word 'more' call for differ-
   ent translations into Chinese.

      2.1 More in amount: Used alone or followed by a noun,
          as in 'Eat a little more' and 'I need more money,'
          MORE can be translated by:

$$\left.\begin{array}{l}\text{dwō}\\\text{dzài}\\\text{dzài dwō}\end{array}\right\}\text{V}\quad\text{yidyar}$$

Nǐ dwō chr yidyǎr.
Nǐ dzài chr yidyǎr.
Nǐ dzài dwō chr yidyǎr.

Sometimes it can be translated as <u>hái</u>, or in any one of the three ways above with <u>hái</u> added:

Nǐ hái yàu dyǎr ma?
Nǐ hái dwō yàu dyǎr ma?
Nǐ hái dzài yàu dyǎr ma?
Nǐ hái dzai dwō yàu dyǎr ma?

2.2 <u>More in number</u>. When preceded by a number or other word indicating a number, "more" is translated as <u>hái</u> or <u>dzài</u>:

<u>Hái</u> yǒu lyǎngge sywésheng yàu lái.
(There are two more students coming.)

Chǐng <u>dzài</u> géi wo jige.
(Please give me a few more.)

2.3 "<u>No more</u>" or "<u>not...any more</u>" is best translated as "búdzài..." or "byé dzài..." while "<u>never...any more</u>" has the Chinese equivalent of "dzài yě bù...":

1.Byé dzài dàu Nyǒuywē chyùle.
  (Don't go to New York any more.)

3.Wǒ dzài ye bùhē jyǒu le.   2.Wǒ búdzài hē jyǒu le.
  (I will never drink any more.)(I will drink no more.)

Note that <u>dzài</u> before <u>bù</u> in the third illustration indicates a much stronger stress on the negative than when it follows <u>bù</u> as in the second illustration.

2.4 <u>In the comparative degree</u>, as we recall, the various forms of "more...than" can be translated in the following ways:

more...than: This is more difficult than that.
bǐ...SV: Jèige bǐ nèige nán.

a little more...than: This is a little more expensive (than that).
bǐ...SV yidyǎr: Jèige (bǐ nèige) gwèi yidyǎr.

much more...than: This is much more expensive
                    (than that).
bǐ...SV-dedwō: Jèige (bǐ nèige) gwèidedwō.

even more...than: This is even more expensive
                    (than that).
bǐ...hái SV: Jèige (bǐ nèige) hái gwèi.
bǐ...gèng SV: Jèige (bǐ nèige) gèng gwèi.

2.5 Exercise - Translate into Chinese:

2.51 "Have you any more bread?" "I have no more."
2.52 It will not be ready for ten days more.
2.53 Don't do that any more.
2.54 I dislike her perhaps even more than you do.
2.55 One more word, and I will send you to the
     police station.
2.56 There are not many more of this kind of book.
2.57 I have known him for more than twenty years.
2.58 He's even more clever.
2.59 I gave him five dollars more than I should.
2.60 Doing a good job is much more important than
     finishing quickly.

IV. Fāyīn Lyànsyí

1. "Tā wèi shémma lǎu tīng tā tàitaide hwà?" "Yīnwei tā
   dzǔng jywéde ta dzjǐ méilǐ, swóyi jyou jřhǎu tīng ta
   tàitaide."

2. "Nǐ shwō shr tīng syì hǎu, shr kàn dyànyǐngr hǎu?" "Wǒ
   jywéde shémma dou bùrú dǎ chyóu."

3. "Nèige gūngywánli húbyārshangde hwánjing dzěmmayàng?"
   "Chū tàiyang de shŕhou dzwèi hǎu, ānjingjíle."

4. "Nǐ hwèi chí dzsyingchē buhwèi?" "Wǒ chí mǎ syíng, chí
   dzsyichē chíbulyǎu."

5. "Tā dzěmma yǒu nèmma fēngfùde jřshr?" "Yīnwei tāde
   jīngyan hěn dwō."

6. "Dzwótyan chyu yětsān de shŕhou, nǐmen dǎ chyóu le ma?"
   "Búdàn dǎ chyóu le, hái hwále yihwěr chwán."

7. "Nǐ kàn ta jèige júyi dzěmmayàng?" "Yě bútswò, kěshr
   wǒ bùyídìng néng ànje tā shwōde bàn."

8. "Nǐ shwō wǒmen dzěmma bàn hǎu?" "Wǒ dwèiyu jèijyan shr̀
   yìdyǎr júyi yě méiyou."

9. "Tāde shēntǐ jēn hǎu, nǐkàn tā yǒu dwóma dàde jīngshen!"
   "Dwèile, ta yìdǎ chyóu, jīngshen jyou láile."

10. "Nèige bwówùgwánli dōu yǒu shémma dūngsyi?" "Yǒu hǎusyē
    shŕtou, kěshr wǒ bùjŕdau dou shr shémma shŕtou."

V. Wèntí

1. Jàu Ss., Jau Tt. yau dàije ·háidz chūchyu wár, tāmen shr
   dzěmma syángchilaide? Nèityan shr syīngchījǐ? Tāmen
   lyǎngge rénde yìsz yíyàng bùyíyàng? Shr̀ dzěmma jywé-
   dìngde?

2. Jàu Tt. shwō yau dàu shémma dìfang chyu? Jàu Ss. ywànyi
   dau shémma dìfang chyu?

3. Jàu Tt. syǐhwan tīng syì, kàn dyànyǐngr ma? Tyānchi
   hǎude shŕhou, tā ywànyi dau shémma dìfang chyu?

4. Jàu Tt. yau dau něige gūngywán chyu? Nèige húbyārshang-
   de hwánjing dzěmmayàng? Jàu Ss. shwō dau bwówùgwán chyu
   you shémma hǎuchu?

5. Jàu Tt. syángchi yige shémma júyi lai? Tā dou yàu chǐng
   shéi? Dàu gūngywán chyu dzwò shémma? Ràng Jàu Ss. dzwò
   shémma? Byéren ne? Jèiyàngr yǒu shémma hǎuchu?

6. Jàu Tt. jywéde Sz̄ Ss.de bìng dzěmmayàng?

7. Jàu Ss. yau chyu dǎ dyànhwà wènwen tāmen you gūngfu
   meiyou, tā tàitai shwō shémma? Wèi shémma Jàu Tt.
   jywéde tāmen méiyou yàujǐnde shr̀ching?

8. Jàu Ss. gei Sz̄ Ss. dǎ dyànhwà, Sz̄ Ss. shwō shémma? Sz̄
   Ss. dzěmma jŕdau shr Jàu Ss.de dyànhwà?

9. Sz̄ Ss.de bìng dzěmmayàng le?

10. Dǎ dyànhwà de shŕhou, Sz̄ Ss. shwō tā néng gen tāmen
    yíkwàr chyu yĕtsān ma?

11. Jàu Ss. gĕi Sz̄ Ss. dǎwánle dyànhwà, yòu gei shéi dǎ
    dyànhwà? Shŕ shéi jyēde dyànhwà?

12. Jàu Ss. dzai dyànhwàli shr dzĕmma gen ta shwōde? Tā
    shr dzĕmma hwéidáde?

13. Tāmen dǎswan shémma shŕhou dzai shémma dìfang jyàn?

14. Tyānchi hǎude shŕhou, nǐ ywànyi dzwò shémma?

15. Gūngywánli dōu yǒu shémma? Dàu gūngywán chyu dzwò
    shémma dzwèi yǒuyìsz?

16. Gūngywánli dōu you dùngwùywán ma? Dōu yǒu bwówùgwǎn
    ma? Bwówùgwǎnli dōu yǒu shémma?

17. Yĕtsān shr shémma yìsz? Nǐ shàngtsz̀ yĕtsān shr dzài
    shémma dìfang? Gēn shéi yíkwar chyùde?

18. Nǐ cháng yùndùng ma? Dzwèi syǐhwan dzwo shémma yùndùng?
    Yìtyān yùndùng jǐge jūngtóu?

19. Syīngchīlyòu rén dōu méiyou yàujǐnde shr ma? Nǐ jywéde
    Jàu Tt. shwōde hwà dōu yǒulǐ ma?

20. Nǐ jùde nèige chéngli you gūngywán meiyou? Nèige
    gūngywánlide hwànjing dzĕmmayàng? Chǐng nǐ bǎ nèige
    gūngywánlide chǐngsying shwō yishwō.

VI. Nǐ Shwō Shemma?

1. Yàushr nǐ syángchi yíjyàn shŕching lai, syǎng shwō, nǐ
   syān shwō shémma?

2. Yàushr nǐ syǎng chǐng nǐde péngyou yíkwàr chyù tīng syì,
   nǐ dzĕmma gēn tā shwō?

3. Yàushr nǐ péngyou chǐng nǐ chyu kàn dyànyǐngr, nǐ bù-
   syǎng chyù, nǐ dzĕmma gēn ta shwō?

4. Nǐ chǐng nǐde péngyou dàu gūngywán chyu sànsan bù, tā

shwō ta búywànyi chyù, yàushr nǐ yídìng jyàu ta chyu, nǐ
dzěmma gēn ta shwō?

5. Yàushr nǐ syǎng gàusung nǐde péngyou dzài gūngywánli dōu
néng dzwò shémma, nǐ dzěmma shwō?

VII. Bèishū

A: Nín jèr yǒu fángdz chūdzū ma?

B: Dwèile. Yǒu yiswǒr. Kěshr syàndzài hái yǒu ren jùje ne.

A: Tāmen shémma shŕhou bāndzǒu?

B: Syàlǐbaiyī bāndzǒu. Kěshr wǒ hái děi shōushrshōushr.

A: Nín kéyi dài wo kànkan ma? Shŕ jǐjyan ne?

B: Yìjyān wòfáng, yìjyān kètīng.

A: Yǒu chúfáng dzǎufángr meiyou?

B: Dōu yǒu. Yígùng swàn sānjyān.

A: Fángdzū dwōshau chyan yíge ywè?

B: Lyòushr-lyòukwaibàn.

VIII. Fānyì

1. Translate into Chinese:

   1.1 Did you go to the opera last week?

   1.2 He has not only a vegetable garden, but a flower
       garden also. However his flowers are not as good
       as his vegetables.

   1.3 Going bicycling is not as good as going to the
       movies.

   1.4 To go boating is better than anything.

1.5 There is a lake in the zoo.

1.6 There isn't even a lawn in that park.

1.7 There is no museum in the vicinity. The only thing
we can do is ride a bicycle in the park.

1.8 What he said is very reasonable. He doesn't say
anything which is not reasonable.

1.9 I went to a play yesterday. It was a good play.
The name is something like....I forget it. I can
never remember names.

1.10 The environment of the opera house is very quiet.

1.11 He is well informed in the field of history. He's
a scholarly man.

1.12 He lost money in that business, but gained
experience.

1.13 You must think of a way to get some exercise, so
you will have a strong body.

1.14 I have no idea what I am going to do.

1.15 He said that I was crazy, I think maybe he is right.

2. Translate back into Chinese:

(449) a. What he said is very reasonable.

(450) a. He won't let me go so the only thing I can do
is not go.

(451) a. Going to the movies is not as good as going to
a play.

(463) a. Whose big idea is this?

(469) a. He can act as well as talk.
b. Not only is the environment good but the prices
are low.

(470) a. I've had no experience in this kind of thing.

(471) a. He has a strong physique.
      b. You ought to take care of yourself.

(472) a. That old gentlemen is full of vigor.

DÌÈRSHRKE - YĚTSĀN YǏHÒU

I. Dwèihwà

Jàu Ss., Jàu Tt. chǐngle jiwèi
péngyou, dàije háidzmen dau gūngywán
chyu yětsān chyule. Tāmen yě chǐng
Sz̄ Ss. chyù, kěshr Sz̄ Ss. nèityan
5   yīnwei yǒu yìdyǎr yàujǐnde shrching,
méichyùlyǎu. Hòulai Jàu Ss. jyànjau
Sz̄ Ss., tāmen lyǎngge rén tán yětsānde
chǐngsying.

Sz̄: Nèityān dàu gūngywán chyu yětsān, wárde hǎu ba. Wǒ
10   méinéng chyu, jēn dwèibuchǐ.

Jàu: Méishemma. Nèityan shr̀ wǒ tàitai yàu chūchyu wǎr.
      Wǒ shr̀ yīnwei lǎn, búda ywànyi chyù, chíshŕ chūshyu
      dzóudzou yě shŕdzài bútswò. Nèityān Jāng Ss. Jāng
      Tt. gēn tāmende háidz dōu chyùle. Dzài nèr yòu
15   pèngjyan Lǐ Ss.

Sz̄: Nèiwei Lǐ Ss.?

Jàu: Lǐ Chyōutáng, Lǐ Ss., shr̀ wǒ yige túngshr̀, shàngtsz̀
      wǒ dzài jyāli chǐng kè, yě yǒu tā. Wǒ gěi nín
      jyèshaugwo, nín jìde bujìde?

20 Sz̄: Òu! wǒ syángchilaile. Jyòushr nèiwei tǐng pyàulyangde
      yǒu yìdyǎr syǎu húdz, dàije yǎnjìngrde nèiwei, shr̀
      bushr̀?

Jàu: Dwèile. Hái you Fāng Sj. Wǒmen dzài yíkwàrde rén
      hěn dwō, wárde hěn rènau.

25 Sz̄: Dōu dzwò shémma wárle?

Jàu: Yīnwei tyānchi bútswò, dàjyāde syìngchyu dōu hěn hǎu.
      Tàitai, syáujyemen dzài nèr yùbei fàn. Lǎu Lǐ nyán-
      chīng, ywànyi gen háidzmen wár. Tāmen dàu yùndung-

chǎng dǎ chyóu chyule. Jāng Ss. gēn wǒ chyù hwá
chwán, dzài chwánshang dyàule yihwěr yú.

SZ̄: Dyàujaule ma?

Jàu: Hwō! Kě shŕdzài yǒu yìsz. Nèige hú litou, yǒu
5   yijǔng yú, yòu dà, yòu hǎuchŗ, jyòushr bùrúngyi
       dyàu. Dzwótyan, wǒmen bǎ chwán hwádau hú dāngjūng,
       dyàule méi dwódà gūngfu, wǒ jyou jywéde yǒu yityáu
       yú láile. Wǒ yìdyǎr dōu bùgǎn dùng, jyòu dzài nèr
       děngje. Děngle yìhwěr, wǒ jywéde chéngle, jyou
10   gǎnjǐn wàng shàng yìlā, yú tsúng shwéili chūlaile.
       Wǒ yíkan, hwō! jēn bùsyàu, jēn yǒu jèmma dà. (yùng
       shǒu bǐfangje) Wǒ jèng syǎng: "jīntyande yùnchi
       dzěmma dzèmma hǎu!" Méisyǎngdàu, Lǎu Jāng kànjyanle,
       yigāusyìng, tā hūrán yìtwēi wo, jyégwǒ nèityáu yú
15   yídùng, yòu dyàusyachyule. Nín shwō kěsyī bukěsyī.

SZ̄: Hòulai yòu dyàujaule meiyou?

Jàu: Hòulai wǒ ywè syǎng ywè shēngchì, jyou bǎ chwán
       hwáhweichyule.

SZ̄: Lǎu Jāng dyàule meiyou?

20 Jàu: Tā búhwèi dyàu. Yàushr ta hwèi dyàu, tá hái néng
        twēi wo ma? Nín syángsyang. Jēn dzāugāu!

SZ̄: Dyàuyú shŗ hěn yǒuyìsz. Kěshr bùnéng jāují. Wǒ
       yǐchyán yě yǒushŕhou dyàuje wár. Kěshr tsúnglái
       yě méidyàujaugwo. Nǐmen méi rén chyu yóuyǔng ma?

25 Jàu: Nèr yǒu yige yóuyǔngchŕ. Kěshr wǒmen méiyou rén
        chyù. Nín syǐhwan yóuyǔng ma?

SZ̄: Yóuyǔng, wǒ dàushr syāngdāng yǒu syìngchyu. Nín ne?

Jàu: Bùchéng. Wǒ yìdyǎr dou búhwèi. Sywégwo, kěshr
       méisywéhǎu. Yísyàchyu, jyou hē shwěi. Yǒu yìnyán
30   gēn péngyou dàu hǎibyār chyu. Péngyoumen dou shwō
       jyàu wo syàchyu. Tāmen shwō tāmen bāngje wǒ. Hǎu.
       Wǒ yísyàchyu, tāmen dōu pǎule. Méi fádz, wǒ džjǐ
       shŗle shŗ, gāng yisyàchyu, jyou shwāidǎule. Hēle
       hǎusyē shwěi, syánjíle, tsúng nèitsż chǐ, wǒ jyou
35   bùgǎn dzài syà shwěi le.

Sz: Nà děi dwō lyànsyilyànsyi tsái syíng ne. Yóuyǔng
hěn yǒuyùng. Nín tīngshwōgwo jèige gùshr meiyou?
Yǒu yige dàifu dàu yige rén jyāli gěi rén kànbìng.
Kāile yijāng yàufāngr. Nèi bìngren chřle tāde yàu,
5 jyou sžle. Kěshr tā bùjřdàu. Dìèrtyān tā yòu chyu
kànbìng. Nèige bìngrén jyālide rén, jyou yau dǎ
ta. Tā syàde gǎnjǐn jyou pǎu. Nèisyē rén jyou
dzài hòutou jwēi ta. Tā pǎudau yige hé byārshang,
yīnwei ta hwèi yóuyǔng jyou tyàudzai héli, yóuyǔngje
10 hwéi jyā le. Dàule jyāli, kànjyan tā érdz dzài
wūdzli nyàn shū ne. Tā wèn ta érdz, "Nǐ wèi shémma
nyàn shū?" Tā érdz shwō, "Wǒ yǎu sywé dàifu." Tā
shwō: "Yàu sywé dàifu, nyàn shū bunyàn shū, búyàu-
jǐn. Nǐ děi gǎnjǐn syān sywé yóujǔng." Nín kànkan
15 yóuyǔng dwóma yǒuyùng!

Jàu: Syìngkwēi wǒ búshř dàifu. Yěsyǔ búhwèi yóuyǔng, méi
shemma dà gwānsyi.

Sz: Yě yǒulǐ. Nǐmen yětsān chřle shémma tèbyé hǎude
dūngsyi le?

20 Jàu: Chyù yěstānde rén, dàgài dōu búdà dzàihu chř. Jyòu
wèideshř dàjyā dzai wàitou wárwár, bùjřdau nín
jywéde dwèi budwèi? Búgwo nèityān wǒmen chřde
syāngdāng fēngfù. Chúle dyǎnsyīn, bǐnggān,
shwěigwǒ, bīngjilíng, kěkǒukělè, yǐwài, hái yǒu
25 chǎumyàn gēn jájyaǔdz.

Sz: Jèi yídìng shr nín tàitaide júyi ba?

Jàu: Shéi shwō búshř ne? Wǒ tàitai dzwèi hwèi chū júyi.
Tāde júyi dwōjíle. Kěshr chàbudwō dōushr Jāng Tt.
dzwòde. Dzwòde fēicháng hǎu. Yóuchíshř nèige
30 chǎumyàn, wèr jyǎnjřde hǎujíle. Nín chřgwo chǎumyàn
meiyou?

Sz: Dzài Měigwó cháng chř. Měigwóde Jūnggwo fàngwǎr
dōu yǒu chǎumyàn.

Jàu: Tāmen dzwò chǎumyàn, gen Jūnggworén píngcháng
35 dzwòde búdà yíyàng. Shémma shřhou you gūngfu, dàu
wǒmen jyā chyu chř yìdyǎr chángchang.

Sz: Wǒ nèige chúdz néng dzwò bunéng?

Jàu: Néng. Tā dzwòde yě bútswò.

Sz̄: Shwōde wǒ dou èle. Syàndzài yě chàbudwō shr
      chr̄fànde shŕhou le. Dàu wo jyā chyu jyàu chúdz
      dzwò yìdyǎr chr̄, hǎu buhǎu?

Jàu: Jyàu chúdz dzwò kǔngpà láibujíle. Wǒmen yíkwàr
5   dau fàngwǎr chyu chr̄, hǎu buhǎu?

Sz̄: Yě hǎu.

II. Shēngdz̀ Yùngfǎ

473. lǎn   SV: be lazy

   a. Jè shŕhou hái bùchǐlai, nǐ shwō ta lǎn bulǎn?

474. chíshŕ   A: in fact, as a matter of fact

   a. Jèike shū, tā shwō hěn rúngyi. Chíshŕ wǒ kàn
      jyǎnjŕde nánjíle.

475. túngshr̀   N/VO: co-worker, colleague
   475.1 túngsywé   N/VO: schoolmate, fellow students
   475.2 túngbān   N/VO: classmate
   475.3 gēn...túng-...   VO: work or study together with....

   a. Tā gēn wǒ túngshr̀.
   b. Tā shr̀ wǒde túngsywé.

476. húdz   N: **beard, mustache**
   476.1 lyóu húdz VO: grow a beard or mustache
   476.2 gwā húdz   VO: shave (interchangeable with
                        gwā lyǎn)

477. rènau   SV: be noisy and bustling

   a. Nyǒuywē Sz̀shrèrjyē hěn rènau.

478. syìngchyu   N: interest (cf. yǒuyìsz)
   478.1 yǒu syìngchyu   SV/VO: be interested in, show
                               interest in
   478.2 dwèi...yǒu syìngchyu   be enthusiastic about

   a. Tā dwèi kāi chìchē syìngchyu hěn gāu.

479. nyánchīng   SV: be young
  479.1 nyánchīng ren N: young person
  479.2 nyánchīngde   N: young person
  479.3 chīngnyán(ren) N: young person

    a. Nèige rén hěn nyánchīng.

480. dyàu yú   VO: fish (with hook and line)

    a. Nǐ syǐhwan dyàu yú ma?

481. dùng   V: move, touch
                      RVE: (indicates capacity for moving or
                           being moved)
  481.1 byé dùng   don't move, don't touch
  481.2 bùsyǔ dùng   hands off, don't move
  481.3 dzǒubudùng   RV: too tired to walk any farther
  481.4 dùngbulyǎu   RV: cannot move

    a. Nèige mén dàgài swǒje ne. Wǒ twēile bàntyān,
       méitwēidùng.

482. hūrán   MA: suddenly

    a. Jīntyan ta hūran gēn wǒ shwō, ta yàu jyéhwūn le.

483. twēi   V: push
  483.1 twēikai   RV: push open
  483.2 twēishangchyu RV: push up
  483.3 twēisyalai   RV: push down
  483.4 wàng shàng
        twēi   push upwards

    a. Nèige men méiswǒje, yitwēi jyou kāile.

484. jyégwǒ   A: as a result, finally
                      N: result, solution

    a. Tā shwō ta lái, shwōle bàntyān, jyégwǒ méilái.

485. dyàu   V: drop, fall
                      RVE: come off
  485.1 dyàusyachyu   RV: drop, fall
  485.2 dyàusyalai   RV: drop, fall
  485.3 syǐdedyàu   RV: can wash off

a. Tā yíbulyóushén, tsúng lóushang dyàusyalaile.
b. Jèijyan yīshang dzāngle yíkwài, syǐle bàntyān
   méisyǐdyàu.

486. kěsyǐ   SV: be pitiful, be regretful (cf. dzāugāu)

a. Kěsyǐ wǒ méinéng chyù.
b. Dzèmma hǎude jwōdz, dzèmma hwàile ne.   Jēn kěsyǐ.

487. yóuyǔng   V: swim
  487.1 yóuyǔngchŕ   N: swimming pool

a. Tā yóuyǔng yóude hěn hǎu.

488. syāngdāng   A: fairly

a. Tā shwōde syāngdāng kwài.

489. shwāi   V: fall (of a person); throw (some-
                         thing) down
  489.1 shwāijau   RV: fell down and got hurt
  489.2 shwāihwàile RV: it fell down and broke; it was
                         thrown and broken
  489.3 shwāidǎule   RV: fell down
  489.4 shwāitǎng-
          syale   RV: fell flat
  489.5 shwāiszle   RV: fell down and died

a. Lyóu dyǎr shén, byé shwāisyàlai.
b. Tā shwāitǎngsyale, kěshr méishwāijáu.

490. jwēi   V: chase after, catch up with
  490.1 jwēishang   RV: catch up with
  490.2 jwēibushàng RV: cannot catch up with
  490.3 jwēideshàng RV: can catch up with

a. Tā pǎude tai kwài, wǒ jwēile bàntyān, jyǎnjŕde
   jwēibushàng.

491. dzàihu   V: be of concern to, care about
  491.1 búdzàihu   it doesn't matter, don't care,
                         it makes no difference to

a. Nǐ ài chyu buchyù, wǒ yìdyǎr dōu búdzàihu.

492. wèi(de)shr   A: in order to, in order that

a. Wǒ géi ni chyán, wèi(de)shr̀ jyàu ni chūchyu wárwar.

| 493. bǐnggān | N: cookies or crackers (M: -kwài, -hé) |

| 494. bīngjilíng | N: icecream |
| 494.1 bīng | N: ice |

495. kěkǒukělè   N: coca cola

496. chǎumyàn   N: "chow mein" (fried noodles)

497. já jyǎudz   N/VO: fried meat-dumplings
497.1 jyǎudz   N: meat-dumplings

498. láibují   RV: there isn't enough time to do (it)
                          can't make it
  498.1 láidejí   RV: there is time, can make it

a. "Wǒ dzwò jyóudyan jūngde chē, láidejíma?"
   "Láibují."

III. Jyùdz Gòudzàu

1. Shwāi and Dyàu Compared:

These two verbs are so easily confused that a comparative
study is needed to clarify their use.

1.1 Shwāi may have one of three meanings:

1.11 It means to drop and break:

Wǎn shwāile.
(The bowl has been dropped and broken.)

1.12 It refers to the action of falling down. The
actor may be a person or an animal but not an
inanimate object.

Tā tsúng chwángshang shwāisyalaile.
(He fell down from the bed.)

1.13 In the sense of "to crash" something, it refers
to the harsh action of throwing something

against something (like throwing a book on the table), or banging the door, etc.:

Tā chìde bǎ mén yishwāi jyou chūchyule.
(He was so angry that he banged the door and went out.)

1.2 <u>Dyàu</u> also has two common meanings:

1.21 It means to fall off or drop off (both animate and inanimate things):

Nèiben shū wǒ méinájù, dyàudzai dìshang le.
(I didn't get hold of that book and it dropped on the floor.)

1.22 It means to become detached from something, both as a verb or as an RVE:

Tā dyàule yige ěrdwo.
(One of his ears came off.)

Wǒ syǐle bàntyān méisyǐdyàu.
(I washed for a long time, but it didn't come off.)

1.3 <u>Exercise</u> - Translate into Chinese:

1.31 The child fell from the window but wasn't hurt.

1.32 I was careless and dropped the pen on the floor.

1.33 He jumped from the plane, he didn't fall off.

1.34 He threw his books rudely on the table and walked out.

1.35 As soon as that tumbler fell on the floor, it broke.

1.36 This is very sturdy. No matter how you drop it, it won't break.

1.37 This color is fast.

1.38 The wind blew all the flowers off the trees.

1.39 As that bird was flying, it bumped into the building and dropped dead.

1.40 I dropped my key on the chair.

2. The Translation of "Enjoy" and "Send":

There are certain English words which can be translated into Chinese in many different ways and sometimes cause confusion. In this lesson, we discuss translations of "enjoy" and translations of "send".

2.1 The verb "to enjoy" finds no simple equivalent in the Chinese language. When one wants to express the idea of enjoyment, one has to more or less beat around the bush by saying wárde hěn hǎu, jywéde yǒuyìsz, ài, syǐhwan, etc.:

We enjoyed the party very much at his house.
(Wǒmen dzai ta jyā wárde hěn hǎu.)

Did you enjoy his speech?
(Nǐ jywéde tāde yǎnjyǎng yǒuyìsz ma?)

He enjoys eating good food.
(Tā ài chr̄ hǎu dūngsyi. or Tā syǐhwan chr̄ hǎu dūngsyi.)

2.11 Exercise - Translate into Chinese:

2.111 I enjoy writing Chinese characters very much.

2.112 I didn't enjoy the food at all.

2.113 We went to the park yesterday. I enjoyed it very much.

2.114 I don't think there are many people who enjoyed his speech last night.

2.115 How do you enjoy yourself every evening?

2.2 The verb "to send" has several Chinese equivalents:

2.21 It is translated as jì when it means to send

by mail:

He sent me a letter last week.
(Shànglǐbài tā gei wo jìlaile yifēng syìn.)

2.22 To send to...is translated as sùngdau:

Send this book to Miss Wang.
(Bǎ jèiben shū sùngdau Wáng Sj. ner chyu.)

2.23 To send for... is translated as pài rén chyu
chyǔ, ná, mǎi, etc.

Don't bother to send it over. I'll send for
it.
(Byé sùnglai. Wǒ pài ren chyu chyǔ ba.)

2.24 Exercise - Translate into Chinese:

2.241 I have sent my cook for some fruits.
2.242 He sent me fifty dollars to buy a table.
2.243 By whom shall I send this letter?
2.244 I sent him over to England.
2.245 If you wish to see this book, I'll send
for a copy.

IV. Fāyīn Lyànsyí

1. "Dzěmmale? Nǐ lyóu húdz le?" "Méiyou. Wǒ jyoushr lǎn,
sāntyan méigwā húdz le."

2. "Dzwótyan nǐmen wárde dzěmmayàng?" "Dàjyāde syìngchyu
hěn hǎu, wárde hěn rènau."

3. "Dyàu yú dzěmma dyàu?" "Dyàude shŕhou bùnéng dùng,
yàushr yú láile, nǐ yídùng, yú jyou pǎule."

4. "Nèige nyánchīngde yě shr nǐde túngshr̀ ma?" "Dwèile.
Wǒde túngshr̀ dōu hěn nyánchīng."

5. "Tā shr̀ dzěmma tsúng fángshang dyàusyalaide?" "Nèige rén
hūrán yìtwēi ta, tā jyou dyàusyalaile."

6. "Tā tsúng fángshang dyàusyalai, shwāijaule meiyou?"

"Shwāijau dàushr méishwāijau, kěshr syà yítyàu."

7. "Tā nyánchīngde shŕhou yóuyǔng yóude dzěmmayàng?"
   "Yóude syāngdāng hǎu, kěsyī syàndzài lǎule."

8. "Dwèibuchǐ wǒ méimǎijáu bǐnggān." "Búyàujǐn, yǒu
   bǐngjilíng jyou syíngle, bǐnggān yǒu meiyou, wǒ yìdyǎr
   dou búdzàihu."

9. "Tā kāi chē kāide jēn kwài, wǒ jyǎnjŕde jwēibushǎng."
   "Nǐ hébì jwēi ta ne?"

10. "Nǐ wèi shémma yídìng yau sywé Jūngwén ne?" "Wèideshŕ
    dàu Jūnggwo chyu dzwò mǎimai."

                       V. Wèntí

1. Jàu Ss. tāmen chyu jětsān, Sz Ss. wèi shémma méichyù?
   Hòulai Sz Ss. jyànjau Jàu Ss. shwō shémma?

2. Nèityan chyu yětsān, Sz Ss. wèi shémma búywànyi chyù?
   Jàu Ss. shwō dōu you shéi chyùle? Yòu pèngjyan shéi?

3. Lǐ Ss. jyàu shémma? Jàu Ss. dzěmma rènshr ta? Sz Ss.
   jyàngwo ta meiyou? Lǐ Ss. shémma yàngr?

4. Nèityande tyānchi dzěmmayàng? Tāmen dōu dzwò shémma
   wár le?

5. Tāmen dyàu yú dyàujaule meiyou? Nèige hú lǐtoude yú
   dzěmmayàng? Tā dyàu yú de shŕhou dzěmma dyàu? Wèi
   shémma nèiyau yú yòu dyàusyachyule?

6. Jāng Ss. hwèi dyàu yú buhwèi? Wèi shémma Jàu Ss. shwō
   tā búhwèi? Sz Ss. hwèi dyàu yú buhwèi?

7. Jàu Ss. hwèi yóuyǔng buhwèi? Tā sywé yóuyǔng shr
   dzěmma sywéde?

8. Wèi shémma Sz Ss. shwō yóuyǔng hěn yǒuyùng? Tā nèige
   gùshr shr dzěmma shwōde?

9. Tāmen chyù yětsān de shŕhou dōu chŕle shémma dūngsyi
   le?

10. Tāmen chr̄de dūngsyi dōu shr shéi dzwòde?   Shr̀ shéi
    chūde júyi?

11. Tāmen nèityan chr̄de dūngsyi shémma dzwèi hǎuchr̄?

12. Sz̄ Ss. chr̄gwo chǎumyàn meiyou?   Měigwóde Jūnggwó
    fàngwǎr dōu yǒu chǎumyàn ma?

13. Jūnggwó rén píngcháng jyāli chr̄de chǎumyàn, gen Měigwo
    fàngwǎrlide chǎumyàn yíyàng buyíyàng?   Sz̄ Ss.de chúdz
    hwèi dzwò chǎumyàn buhwèi?

14. Tāmen dau shémma dìfang chyu chr̄ dūngsyi chyule?   Wéi
    shémma méidàu Sz̄ Ss. jyā chyu?

15. Nǐ syǐhwan yětsān ma?   Dzwèi syǐhwan dàu shémma dìfang
    chyu yětsān?   Shr̀ shānshang, shr̀ hǎibyārshang, háishr
    gūngywánli?

16. Yětsānde shŕhou chr̄de dūngsyi dōu chàbudwō yíyàng ma?
    Dōu chr̄ shémma?

17. Yětsānde shŕhou jyou wèideshr̀ chr̄ dūngsyi ma?   Chúle
    chr̄ dūngsyi hái néng dzwò shémma shr̀?

18. Nǐ hwèi dyàu yú buhwèi?   Nǐ tīngjyangwo dyàu yú de gùshr
    meiyou?   Nǐ shwō yige dyàu yú de gùshr.

19. Nǐ hwèi yóuyǔng buhwèi?   Shr̀ dzai shémma dìfang sywéde?
    Lyànsyíle dwōshau tsz̀ jyou hwèile?

20. Chǐng ni bǎ nǐ shàngtsz̀ yětsānde chíngsying shwō yishwō.

VI. Nǐ Shwō Shémma?

1. Yàushr̀ nǐ syǎng wèn yíge péngyou, tā dzwótyan chǐng kè
   de chíngsying, nǐ dzěmma wèn?

2. Yàushr̀ nǐ yàu gàusung nǐde péngyou dàu gūngywán chyu
   yětsānde chíngsying, nǐ dzěmma shwō?

3. Nǐ shwō yishwō Jàu Ss. dyàu yú de shr̀ching.

4. Nǐ shwō yishwō yětsān dzwèihǎu chr̄ shémma dūngsyi?

5. Yàushr̀ dàule chr̄fànde shŕhou nǐ syǎng chǐng nǐde péngyou, swéibyàn chyù chr̄ yìdyǎr dūngsyi, nǐ dzěmma shwō?

VII. Gùshr

(on record)

VIII. Fānyì

1. Translate into Chinese:

1.1 The child says that he isn't lazy, but too tired. I think that while he may be tired, he is also lazy. But his mother thinks he merely says he is tired while actually he is just lazy.

1.2 The one who has a mustache and wears glasses is my colleague.

1.3 Everyone was interested in playing ball. They had an exciting time.

1.4 He told me that he was interested in fishing. But as a matter of fact I don't think he likes it, because I have asked him to go several times, and he hasn't gone with me even once.

1.5 He told me that Mr. Chen had suddenly passed away. I was so surprised.

1.6 This table is too heavy; I don't think I can move it by myself.

1.7 He said that the door wasn't locked, but I couldn't push it open.

1.8 I told him not to go by air, but he wouln't listen to me. Now, look. The result is that he crashed and was killed.

1.9 He wasn't careful and fell into the lake.

1.10 There is a beautiful swimming pool, but un-
fortunately none of us can swim.

1.11 All of the food he bought, such as cookies, ice
cream, Coca Cola, etc., is fairly good, but the
prices are high.

1.12 If he hadn't chased me, how could I have fallen
down!

1.13 It isn't the price I am concerned about; it's the
style I don't like.

1.14 I came all the way from China so that I could see
you.

1.15 I want to take the eleven o'clock train. Do you
think I can make it?

2. Translate back into Chinese:

(473) a. As late as this and he isn't up yet! Wouldn't
you say he's lazy?

(474) a. He said this lesson was very easy, but as a
matter of fact, I think it is extremely
difficult.

(475) a. He and I work together.
b. He is my schoolmate.

(477) a. 42nd Street in New York is a very exciting
place.

(478) a. He is very much interested in driving.

(479) a. That person is very young.

(480) a. Do you enjoy fishing?

(481) a. That door probably is locked. I pushed for a
long time and it didn't move.

(482) a. He suddenly told me today that he was going to
get married.

(483) a. That door wasn't locked. As soon as I pushed,
        it opened.

(484) a. He said he would come. He talked a long while
        about it, but in the end he didn't show up.

(485) a. He wasn't careful and fell downstairs.
      b. This garment has a soiled spot. I washed and
        washed but didn't get it out.

(486) a. Too bad I couldn't go.
      b. What a shame for so fine a table to get broken.

(487) a. He swims well.

(488) a. He speaks fairly fast.

(489) a. Take care, don't fall off.
      b. He fell down flat, but was not hurt.

(490) a. He ran too fast. I ran after him for a long
        while but couldn't catch up with him.

(491) a. Whether you (want to) go or not makes no
        difference to me.

(492) a. I am giving you money so you may go out and
        have some fun.

(498) a. "Can I make the nine o'clock train?" "No, you
        can't."

DÌERSHRYÍKE - SYĪHÚ LYǓSYÍNG

I. Dwèihwà

Yǒu yityān Szmǐdz Ss. gēn Jàu Džān
Ss., Jàu Tt. shānglyang gwānyu dàu
Hángjou chyu lyǔsyíngde shrching.

Jàu Tt: Sz Ss., nín dau Jūnggwo láile jèmma jyǒule,
5   lǎushr hěn máng, búshr tsāngwān, jyòushr
           jyǎngyǎn. Dzǔng yě méidé gūngfu dau Shànghǎi
           fùjìn chyu wárwar, shr bushr?

Sz: Shéi shwō búshr ne! Jèi jige ywè jēnshr
           mángde bùdélyǎu. Bǐ wǒ dzài Měigwó de shrhou
10   hái máng. Yìjr yě méidé jīhwei dau gèchù
           chyu kànkan.

Jàu Tt: Jèige ywèdǐ, Džān yǒu gūngshr yàu dàu Hángjou
           chyu. Tā jyàu wo péi ta chyù, wǒ yě syǎng
           shwùnbyàn chyu kàn yige péngyou. Wǒ gāngtsái
15   syǎngdau nín. Yàushr nín yǒu syìngchyu, yě
           yíkwàr chyu wár jityan, wǒmen ye kéyi péije
           nín kànkan Syīhú. Nín shwō dzěmmayàng?

Sz: Nà jēn hǎu. Wǒ jèng yau gēn nín dǎting
           Syīhúde fēngjǐng dzěmmayàng ne. Jèi lyangtyān,
20   bàngūngshrli jiwei túngshr, jēn dzài jìhwa,
           yàu dzǔjr yige Chwūnjyà-lyǔsyíngtwán, shwō
           yàu dau Hángjou chyu. Wǒ yǐwei chūchyu wár,
           yídìng děi yǒu shú péngyou dzai yíkwàr, tsái
           yǒuyìsz. Wǒ gen neisyēwèi túngshr hái yǒu-
25   yidyǎr shēng, swóyi hái méijywédìng tsānjyā
           butsānjyā. Yàushr wǒ néng gen nǐmen yíkwàr
           chyu, nà kě jēn tài hǎule. Nǐmen jywédìng
           něityan dùngshēn le ma? Dǎswan jù jǐtyan ne?

Jàu Ss: Wǒ shr sānshryíhàu dzài nèr kāihwèi. Sānshr-
30   yíhàu shr syīngchīsz, wǒ syǎng yàushr dzài
           ner jùdau syīngchīr, wǒmen yǒu sāntyandwōde

gūngfu, kéyi kànkan chéng litou gen Syīhú
fùjìnde fēngjǐng, yě jyou chàbudwōle. Yàushr
wǒmen syīngchīr syàwǔ hwéilai, syōusyisyōusyi,
syīngchīyī dzǎushang shàngbān, jèng hǎu. Nín
5   syǎng dzěmmayàng?

Sz̄:   Hǎujíle. Jèige jìhwà dwèi wo hěn héshr̀. Nín
           shwō wǒmen dzwò shémma chē chyù ne?

Jàu Ss: Dzwò hwǒchē chyù, búdàu sz̀ge jūngtóu jyou
           dàule. Mínghòutyān, wǒ dau chējàn chyu
10   dǎtingdǎting, shémma shŕhou yǒu chē. Yě děi
           syě fēng syìn chyu, dìng yige lyǔgwǎn. Děng
           wǒ dōu nùnghǎule, dzài dǎ dyànhwà gàusung
           nín ba.

Dàule sānshryíhàu, Sz̄ Ss. dàule Jàujya, tāmen yíkwàr
15 dùngshēn dàu chējàn chyu. Dàule chējàn,

Jàu: Wǒmende syíngli dzěmma bàn?

Jàu Tt: Wǒmende syíngli hěn shǎu, nǐmen dz̀jǐ ná, hái
           bùsyíng ma?

Jàu Ss: Yě syíng. Chǐng nǐmen dzài jer kānje syíngli,
20   wǒ chyù mǎi pyàu.

Sz̄:   Hǎu. Wǒmen kānje, nín chyù ba. (Dzài pyàu-
           fángr chwānghu chyántou.)

Jàu Ss: Wǒ yau mǎi sānjang dàu Hángjou chyùde
           láihwéipyàu.

25 Màipyàude: Hǎu, gěi nín pyàu. Yígùng shr sānshrlyòukwai-
           lyòumáu chyán.

Jàu: Jèige pyàu, dzwò shémma chē dōu néng yùng ma?

Màipyàude: Yàushr yùng jèige pyàu dzwò tèbyé-kwàichē,
           děi jyā yìdyǎr chyán. Dzài chēshang jyāugei
30   chápyàude jyou syíngle.

Jàu Ss: (dzwèi Jàu Tt. gēn Sz̄ Ss.) Pyàu mǎilaile,
           wǒmen shàng chē ba. Wǒmende syíngli yau gwà
           páidz búyàu? Gwàle páidz shěngde náshàng-
           násyàde.

Jàu Tt: Jyòushr dzèmma sānge syǎu syāngdz, dzjǐ nǎje
           yě búfèishr̀, hébì hái gwà páidz? Búbì gwà
           páidz le, shēngde syàle chē yǐhòu, hái děi
           děngje chyǔ. Nǐmen shwō ne?

5 Jàu Ss: Hǎu, jyou tīng nǐde ba. Wǒmen shàng chē
           chyu ba. Shēngde jǎubujáu dzwò.

           (Tāmen jìnle jàntái, shàngle chē)

  Sz̄:   Jèr yǒu jige kūng dzwò. Wǒmen jyou dzwòdzai
           jèr ba.

10 Jàu Ss: Wǒ shàngsyīngchī gěi Syīhú Fàndyàn syěle
           yifeng syìn, chǐng tāmen gei lyóu lyǎngjyan
           wūdz, tāmen yìjr̄ yě méihwéisyìn. Wǒ syīwang
           tāmen yǒu fángdz, yàuburán, jyou hái děi jǎu
           byéde lyǔgwǎn.

15 Jàu Tt: Wǒ syǎng dzài jèige ywè yǐnèi syě syìn chyu
           dìngde, yídìng yǒu fángdz. Yàushr dzai gwò
           jige syīngchī, tyānchi yìnwǎnhwo, dàu Hángjou
           chyùde rén yìdwō, lyǔgwǎn kǔngpà jyou bùhau-
           jǎule. Sz̄ Ss., tīngshwo Měigwo rén dōu
20   syīhwan lyǔsyíng, shr jēnde ma?

  Sz̄:   Kě búshr̀ ma. Dzwòshr̀de rén, yìnyán dōu yǒu
           lyǎngge syīngchīde jyà. Chàbudwōde ren,
           píngcháng dōu shěngsya yidyǎr chyán lai, děng
           fàngjyà de shr̀hou hǎu chūchyu lyǔsyíng.
25   Kěshr lyǔsyíngde rén yìdwō, nèisyě fēngjǐng
           hǎu yidyǎr de dìfang, jyou dzǔngshr yǒu hěn
           dwō rén, fēicháng rènau. Syīhwan chīngjing
           de rén, dàu búywànyi chyùle. Hángjou jèige
           dìfang, chyùde rén dwō budwō?

30 Jàu Tt: Hángjou hěn yǒumíng. Syīhú fùjìnde fēngjǐng
           yòu hǎu. Swóyi chyu wárde rén bùshǎu. Búgwò
           nàlide dìfang hěn dà, yòu shr̀ shān, yòu shr
           hú, rén swéiran dwō, kěshr hái búswàn tài
           lwàn.

35 Sz̄:   Wǒmen syàle chē, dǎswan syān dzwò shémma ne?
           Syàndzai syān shānglyangshānglyang, shěngde
           dàulede shr̀hou, bujr̄dau dzwò shémma hǎu.

Jàu Tt: Syàchē yǐhòu, dìyī, syāndàu Syīhú Fàndyàn.
            Yàushr yǒu fángdz, dāngrán hěn hǎu. Wǒmen
            jyou dōu syān syōusyi yihwěr. Chīle wǔfàn,
            Dzān děi chyu kāihwèi. Tā sànle hwèi jyou
5   méi shř le. Tā chyù kāihwèi de shŕhou, wǒ
            kéyi péi nín dau húbyārshang chyu kànkan.
            Wǒmen gen ta ywēhǎu yige shŕhou, dzài yíkwàr
            chī wǎnfàn. Chīwán fàn, wǒmen kéyi gù yige
            chwán hwáhwa. Jèilyangtyān, ywèlyang jèng
10   hǎu. Míngtyan, hòutyan dzwò shémma ne, děng
            dàule yǐhòu, kànkan dzài jìhwà ba.

Sz: Hǎujíle. Yàushr yǒu gūngfu, hái syǎng chǐng
            nín dàije wǒ mǎi yìdyǎr běndìde chūchǎn. Wǒ
            syǎng jìhwéi Měigwo chyu, sùng rén.

15 Jàu Tt: Dāngrán kéyi. Wǒmen dzjǐ yě yàu mǎi dyǎr
            dūngsyi. Jèng hǎu yíkwàr chyù.

                        II. Shēngdz̀ Yùngfǎ

499. Syīhú   PW: West Lake (of Hangchow)

500. gwānyu   CV: about, concerning, in relation to

    a. Jèige gùshr shr gwānyu dzai Měigwo de Jūnggwo rén
       de shŕching.

501. lyǔsyíng   V/N: travel/travel, trip (M: tsz̀)

    a. Fàngjyàde shŕhou nǐ yau dàu shemma dìfang chyu
       lyǔshíng ma?
    b. Jèitsz̀ lyǔsyíng yòu yǒu yìsz, yòu méiyùng dwōshau
       chyán.

502. gè-   SP: each, every
  502.1 gèchù   N: everywhere
  502.2 gèjǔng   N: different kinds
  502.3 gèyàngr   N: different kinds

503. ywèdǐ   TW: end of the month
  503.1 nyándǐ   TW: end of the year
  503.2 syàywè(ywè)dǐ TW: end of the next month
  503.3 chyùnyan
        nyándǐ   TW: end of last year

504. gūngshr̀   N: official or public business,
                          in contrast to sz̄shr̀, personal
                          or private matters.
504.1 bàngūng   VO: handle official business, work
                          (usually in office)
504.2 bàngūngshr̀   N: office

    a. Nín dzài shémma dìfang bàngūng?

505. Hángjōu   PW: Hangchow, a city about 100 miles
                          southwest of Shanghai.

506. péi   V: accompany, escort, keep someone
                         company
506.1 péi kè   VO: help entertain a guest, keep a
                          guest company
506.2 péike   N: guest who is not the guest of honor
506.3 péi(je) ta   to keep him company
506.4 péi(je) ta
      dzwò yìhwěr   sit with him for a while
506.5 péi(je) ta chyù   go along with him and keep him
                         company

    a. Nǐ yàushr chyù, wǒ jyou péi ni chyù.

507. shwùnbyàn   A: when convenient, at your convenience

    a. Nǐ chūchyude shŕhou, shwùnbyàn gěi wǒ mǎi yìdyǎr
       dūngsyi.

508. jìhwà   V/N: plan

    a. Wǒmen děi syān jyìhwàjyìhwà, míngtyan dzěmma chyù.

509. dzǔjr   V/N: organize/organization

    a. Wǒmen syǎng dzǔjr yige lyǔsyíngtwán.

510. Chwūnjyà-
     lyǔsyíngtwán N: Spring Vacation Travel Club

511. yǐwéi   V: suppose, think that, consider

    a. Wǒ yǐwei ta bùlái(ne), kěshr ta láile.
    b. Jèijyan shr̀, wǒ yǐwei děi dzěmma bàn.

512. shú (or shóu)..SV: be well acquainted with; ripe,
                          be cooked, done
  512.1 shú ren   N: acquaintance

512.2 nyànshúle   RV: read (a book) until familiar with it
512.3 dzǒushúle   RV: go over (a piece of road) until
                          familiar with it
512.4 dzwòshúle   RV: do (something) until familiar with
                          it

    a. Wǒ gen ta hěn shú.
    b. Jèiben shū ta nyànde búgòu shú.
    c. Jèityáu lù, nǐ swànshr dzǒushúle.

513. shēng   SV: be unfamiliar, raw, fresh
 513.1 shēng dz̀   new word
 513.2 shēng ròu   uncooked meat
 513.3 shēng tsài   raw vegetables
 513.4 shēng rén   stranger, new comer

    a. Tā shwō ta gēn Lǐ Ss. tài shēng, bùhǎuyìsz shwō
       nèijyu hwà.
    b. Dzwótyan wǎnshang wǒ tàitai dzwòde ròu, méidzwòshú,
       hái shēngje ne. Wǒ búdàn méigǎn gàusung ta, bìng-
       chyě wǒ hái děi shwō,"Jēn hǎuchr̄".

514. tsānjyā   V: participate in, join

    a. Wǒ méitsānjyā tāmen nèige dzǔjr.

515. dùngshēn   VO: start on a journey

    a. Dzwótyan nǐmen shr̀ shémma shŕhou dùngde shēn?

516. mínghòutyān   TW: tomorrow or day after tomorrow

517. kān   V: watch
 517.1 kān háidz   VO: take care of a child
 517.2 kān dūngsyi   VO: take care of things
 517.3 kān fáng   VO: take care of a house

    a. Láujyà, nín géi wo kānje dyar dūngsyi.

518. jyā   V: add, increase, raise
 518.1 jyā chyán   VO: increase money; get a raise
 518.2 jyā yìdyǎr
        syǎusyin   VO: be a little more careful
 518.3 jyāchilai   RV: add up, add together
 518.4 jyāshang
        jèige   add this in
 518.5 jyādzai yíkwàr   add together

    a. Èr jyā èr shr̀ sz̀.
    b. Jyāshang ta, wǒmen yígùng shr̀ wǔge rén.

519. shěngde   A: lest, avoid, in order to prevent
                       (some one from doing something)

    a. Wǒ děi shěng yìdyǎr chyán, shěngde yǐhòu méi chyán
       yùng.
    b. Nèiben shū wǒ yǒu. Nǐ yàushr yàu kàn, wǒ jyègei ni
       ba. Shěngde nǐ mǎile.

520. fàndyàn   N: hotel
 520.1 Syīhú Fàndyàn   West Lake Hotel

521. hǎu   A: in order to, so that
 521.1 wèi(de)shr hǎu in order to, so that

    a. Wǒ bǎ jèi lyangjāng jr̆ lyóuchilai, míngtyan hǎu
       yǒude yùng.

522. ....yǐnèi   MA: within....

    a. Sānshrkwai chyán yǐnèi, wǒ jyou mǎi.

523. chīngjing   SV: be quiet

    a. Wǒ jùde nèige dìfang hěn chīngjing.

524. ywē   V: invite
 524.1 ywēhǎu   RV: reach an agreement with
                     (someone to do something)

    a. Tā dzwótyan lái ywē wǒ chūchyu chr̄fàn, kěshr wǒ
       méinéng chyù.
    b. Wǒ yǐjing gēn ta ywēhǎule, míngtyan lyòudyǎn
       jūng jyàn.

525. běndì   N: local place, indigenous, native
 525.1 běndì rén   N: natives (of a place)

    a. Nèige màibàude, búdàn mài běndì bàu, yě mài byéde
       dìfangde bàu.

III. Jyùdz Gòudzàu

1. The Difference Between Gwānyu and Dwèiyu:

Gwānyu and dwèiyu as coverbs with the meanings "concerning", "in regard to" and "as to", are usually interchangeable.

> Gwānyu (or dwèiyu) jèngjr̀de shū, wǒ dōu syǐhwan kàn.
> (I like to read all books on politics.)

But after the equative verb shr̀, gwānyu may be used, while dwèiyu may not.

> Jèige gùshr (shr̀) gwānyu yige dzai Měigwo de Jūnggwo-
> rende shēnghwó.
> (This story is about life of the Chinese people in the
> U.S.)

1.1 Exercise - Translate into Chinese:

   1.11 I have nothing to say about that matter.
   1.12 As far as history is concerned, I know practical-
        ly nothing about it.
   1.13 He has no interest at all in doing this kind of
        work.
   1.14 This book is about an accident to an airplane.
   1.15 He is experienced in repairing this kind of
        radio.

2. The Translation of Yǐchyán and Yǐhòu:

Yǐchyán and yǐhòu vary in translation with the way in which they are used.

2.1 Yǐchyán can be translated as "formerly", "before...",
    and "ago":

   2.11 It means "formerly" when it is used as an MA
        and in this sense is interchangable with
        tsúngchyán.

        > Yǐchyán (or tsúngchyán) wǒ jùdzai Jūnggwo.
        > (Formerly I lived in China.)

   2.12 It means "before..." when it follows a time-

clause other than a number-measure time
expression:

Chr wǎnfàn yǐchyán, byé nyànshū.
(Don't study before supper.)

2.13 It means "ago" when it follows a number-
measure time expression:

Sānnyán yǐchyán wǒ méidzài jèr.
(I wasn't here three years ago.)

2.2 <u>Yǐhòu</u> can be translated as "afterwards" and "after":

2.21 As an MA it means "afterwards":

Wǒ yǐhòu jyou shémma dou bujr̄dàule.
(Afterwards, I blacked out completely.)

2.22 When it follows a time expression, it means
"after":

Chr̄fàn yǐhòu wǒ bùhē shwěi.
(I don't drink after eating.)

Sānnyan yǐhòu wǒ jyou bìyè le.
(I will graduate after three years.)

Míngtyan yǐhòu wǒ jyou búchyùle.
(I will not go any more after tomorrow.)

2.3 <u>Exercise</u> - Translate into English:

2.31 Nèige rén dzǔjrle yige lyǔsyíngtwán. Ta dzǔjr
yǐchyán, syān wèn wo tsānjyā bùtsānjyā.

2.32 Yǐchyán wǒ genta bùshú, hòulai dzài yige
gūngshr̄fángrli dzwò shr̄, dzwòle jige ywè jyou
shúle.

2.33 Sānnyán yǐchyán, wǒ yǐwei tā nèige jìhwa hěn
hǎu, syàndzài bùjrdàu wèi shémma, jywéde
bùsyíngle.

2.34 Yàushr nǐ kěn dzwò fēijī, jīntyan dùngshēn,
lyǎngtyan yǐhòu yídìng dàu.

2.35 Yǐchyán tā měitsź jyè chyán wǒ dou jyègèi ta.
Tsúng chyùnyan nyándǐ wǒ méi shŕching yǐhòu
jyou méi fádz dzai jyègei ta chyán le.

3. Other Yǐ- Compounds:

Besides yǐchyán and yǐhòu, there are a number of other
compounds with the yǐ prefix. The meaning of yǐ itself
varies. It may mean "by", "with", "where", etc. It is
more important to the student to remember what each
compound means as a whole.

3.1 Yǐ is often joined with expressions of place:

yǐdūng	to the east of
yǐsyī	to the west of
yǐnán	to the south of
yǐběi	to the north of
yǐshàng	above
yǐsyà	below, beneath
yǐlǐ (or yǐnèi)	within
yǐwài	outside, beyond

3.2 The directional compounds (yǐdūng, yǐsyī, etc.) often
stand after a place word:

Jèige dìfang yǐdūng dōu shr hǎi.
(It is all sea to the east of here.)

3.3 The shàng, syà, lǐ, nèi and wài compounds often
appear after a number-measure:

Yàushr sānshrkwai chyán yǐshàng wǒ jyou bùmǎile.
(I won't buy it if it's over thirty dollars.)

Yíge lǐbài yǐnèi wǒ yàushr bùhwéilai, nǐ jyou yíge
rén chyù ba.
(If I don't come back within one week, please go
without me.)

3.4 Like yǐchyán and yǐhòu, yǐshàng and yǐsyà may some-
times be used as movable adverbs:

Wǒ yǐshàng swǒshwōde dōu shr tā gàusung wǒ de.
(All that I said above was what he told me.)

Yǐsyà wǒ jyou dōu bùdǔngle.
(From here on, it's beyond my comprehension.)

3.5 <u>Exercise</u> - Translate into Chinese:

3.51 They fought to the north of the Yellow River.
3.52 I will not leave this country before the end of March.
3.53 All the trees inside this wall are ours.
3.54 There are more than 300 pages in that book.
3.55 I enjoyed the book up to page 200; from there on I didn't like it very much.
3.56 The railroad station is east of our school.
3.57 The wall is built of rock up to here, from here on up, it is made of dirt.
3.58 I have to finish it within three days.
3.59 I have learned the first half of that song. From the fifth line on, I haven't yet learned it.
3.60 I think a house like this for less than twenty-thousand dollars is very reasonable.

IV. <u>Fāyīn</u> <u>Lyànsyí</u>

1. "Gāngtsái dzài bàngūngshr̀lǐ, nǐmen tánde shr <u>shémma?</u>"
   "Wǒmen <u>tánde</u> shr gwānyu lyǔsyíngde <u>jìhwa.</u>"

2. "Gwānyu dzǔjr lyǔsyíngtwán de <u>jìhwa</u> nǐ yǐwei yīngdāng <u>dzěmma</u> bàn?" "Wǒ méiyou shemma <u>júyi.</u>"

3. "Nǐ dzwótyan dzwò <u>shémma</u> le?" "Dzwótyan wǒ péije yiwei <u>shēng</u> <u>péng</u>you dàu gèchù <u>tsāngwan</u>le tsāngwan."

4. "Yàushr nǐ dau Nyǒuywē lái, kéyi shwùnbyàn dau wǒ jyā <u>dzwòdzwo.</u>" "Wǒ yídìng <u>kàn</u> nín chyù."

5. "Wǒ ywēle yige <u>shú</u> rén yíkwàr chyu chr̄ <u>wǎnfàn</u>, nǐ yě tsānjyā hǎu buhǎu? "<u>Hǎujíle.</u> <u>Shémma</u> shŕhou? Dzài shémma dìfang <u>jyàn?</u>"

6. "Nǐmen chyu <u>lyǔsyíng</u>, dǎswan shémma shŕhou dùng<u>shēn</u>?"
   "Dàgài <u>mínghòutyān</u> jyou yau dùngshēn le."

7. "Jīntyan lěng, nǐ dwō chwān yìjyan <u>yīshang</u> ba." "Dwèile.

Děi dwō jyā yìdyǎr syǎusyin. Shěngde jāulyáng."

8. "Nǐ dǎswan jùdzai nǎr ne?" "Wǒ děi jǎu yige chīngjing
    dìfang, hǎu nyànshū."

9. "Nǐ jèitsz̀ dau jèr lái yǒu shémma gūngshr̀ ma?" "Méiyou.
    Jyou wèideshr̀ lai kànkan nimen."

10. "Tā shwōde búshr gwānyu lyǔsyíngde jìhwa ma?" "Òu! Wǒ
    yǐwei ta hái shwō syàuhwa ne."

V. Wèntí

1. Sz̄ Ss. dàule Jūnggwo yǐhòu, wèi shémma méidau Shànghǎi
    fùjìn chyu wárwar?

2. Jàu Ss. wèi shémma yau dau Hángjou chyu? Tā shémma
    shŕhou chyù? Jàu Tt. wèi shémma chyù?

3. Jàu Tt. wèi shémma yau chǐng Sz̄ Ss. yíkwàr chyù?

4. Sz̄ Ss. wèi shémma méijywédìng tsānjyā bùtsānjyā nèige
    Chwūnjyà-lyǔsyíngtwán? Nèige Chwūnjyà-lyǔsyíngtwán yàu
    dàu shémma dìfang chyu? Shr̀ shéi dzǔjr de?

5. Tāmen shémma shŕhou dùngshēn? Dǎswan dzai Hángjou jù
    jǐtyan? Něityan chyu, něityan hwéilai?

6. Jàu Ss. něityan kāihwèi? Tā jìhwa dzai ner dzwò shémma?
    Tāde jìhwa Sz̄ Ss. jywéde dzěmmayàng?

7. Tāmen dzwò hwǒchē chyu dzài lùshang děi dzǒu dwōshau
    jūngtóu? Tā shwō ta yau dzěmma yùbei?

8. Tāmen tsúng shémma dìfāng dùngde shēn? Tāmende syíng-
    li shr dz/jǐ ná de háishr chǐng byéren gěi tāmen ná de?
    Jàu Ss. mǎide pyàu shr láihwéipyàu ma? Dwōshau chyán?
    Tā mǎide pyàu kéyi dzwò tèbyé-kwàichē ma?

9. Tāmende syíngli gwà páidz le meiyou? Wèi shémma? Jàu
    Ss.de yìsz dzěmmayàng?

10. Jàu Ss. wèi shémma gěi Syīhú Fàndyàn syě syìn? Tā
    jyējau hwéisyìn meiyou?

11. Syīhú Fàndyàn yàushr méi fángdz, tāmen dzěmma bàn? Wèi
    shémma Jàu Tt. syǎng Syīhú Fàndyàn yǒu fángdz?

12. Sz̄ Ss. shwō Měigwo rén dou syīhwan lyǔsyíng ma?

13. Syīhú jèige dìfang, chyùde rén dwō budwō? Lwàn búlwàn?

14. Syàle chē yǐhòu tāmen dǎswan syān dzwò shémma? Chr̄wánle
    wǔfàn tāmen dzwò shémma? Chr̄wánle wǎnfàn tāmen dzwò
    shémma?

15. Sz̄ Ss. hái yau dzwò shémma?

16. Nǐ syīhwan lyǔsyíng ma? Syīhwan dzwò shémma chē
    lyǔsyíng? Dàu shémma dìfang chyu lyǔsyíng?

17. Lyǔsyíng yǐchyán yīngdāng dzěmma yùbei?

18. Dzwò hwǒchē de shŕhou, syíngli shr̀ dz̀jǐ dài hǎu, shr̀
    gwà páidz hǎu? Yǒu shémma hǎuchu?

19. Nǐ jywéde Měigwo ren dou syīhwan lyǔsyíng ma? Tāmen
    syīhwan shémma shŕhou lyǔsyíng? Dàu shémma dìfang chyù?

20. Chíng ni bǎ nǐ shàngtsz̀ lyǔsyíngde chíngsying shwō
    yishwō?

VI. Nǐ Shwō Shémma?

1. Yàushr nǐ syǎng dàu yige dìfang chyu lyǔsying, nǐ syǎng
   ywē nǐde péngyou yíkwàr chyù, nǐ dzěmma gēn ta shwō?

2. Yàushr nǐde péngyou ywē nǐ gēn ta yíkwàr chyu lyǔsyíng,
   nǐ syǎng wèn ta shémma wèntí?

3. Yàushr nǐ ywànyi gen ta yíkwàr chyù, nǐ dzěmma shwō?
   Yàushr nǐ búywànyi gen ta yíkwàr chyù, nǐ dzěmma shwō?

4. Nǐ syǎng yige lyǔsyíngde jìhwà, gen wǒmen shwō yishwō.
   Bǐfang, dàu shémma dìfang chyù? Chyù dwōshau r̀dz?
   Shémma shŕhou dùngshēn? Shémma shŕhou hwéilai? Dzwò
   shémma chē chyù? Dàu nèr yǐhòu jùdzai nǎr shémmáde.

5. Nǐ shwō yishwō nǐ lyǔsyíngde jīngyàn.

VII. Bèishū

A: Jīntyan jēn rè a.

B: Kě búshř ma!

A: Jèr syàtyan jēn bùshūfu. Chūhàn chūde tài dwō.

B: Nín wèi shémma búdàu hǎibyār chyu lyángkwailyángkwai?

A: Wǒ búhwèi yóuyǔng.

B: Búhwèi yóuyǔng, méi gwānsì. Nín yàushr méi shř, wǒmen syàndzài chyu hǎu buhǎu?

A: Kéyi. Kěshr wǒ méiyou yóuyǔngyī.

B: Búyàujǐn. Wǒ yǒu lyǎngjyàn. Děng wǒ bǎ yóuyǔngyī nálai, wǒmen jyòu dzǒu.

VIII. Fānyì

1. Translate into Chinese:

   1.1 This story is about his trip to Japan.

   1.2 I want to know something about the situation in China.

   1.3 How long a trip was it?

   1.4 Where are you planning to travel on your spring vacation?

   1.5 They sell all sorts of native products.

   1.6 You cannot join several kinds of organization at the same time.

   1.7 I will be in Italy by the end of next month.

   1.8 If you are going to town, will you please show him around at your convenience.

   1.9 If you are going to make coffee, please make one more cup. Thanks.

1.10 This plan suits me perfectly.

1.11 As far as I'm concerned, I don't think his speech is well organized.

1.12 I thought he was an American, but actually he was a Frenchman.

1.13 I am acquainted with this town.

1.14 I don't feel at home when I meet strangers.

1.15 We have to start off a little earlier tomorrow.

1.16 This fish isn't salty enough. I'll have to add a little more salt.

1.17 I have to study hard, to avoid being embarrassed tomorrow, when the teacher calls on me.

1.18 If you can give me some, that will save my buying it.

1.19 I will buy another pen, so that in case I lose this one I will have something to use.

1.20 I must remember these Cantonese sentences so that when I go to a Chinese restaurant I can order a meal.

2. Translate back into Chinese:

(500) a. This story is about Chinese people in America.

(501) a. Are you going to travel some where during the vacation?
      b. It was an interesting trip and didn't cost much.

(504) a. Where do you work?

(506) a. If you are going, I will go along to keep you company.

(507) a. When you go out, buy some things for me at your convenience.

(508) a. We have to plan beforehand how we are going tomorrow.

(509) a. We want to organize a travel club.

(511) a. I thought he wasn't coming, but he showed up.
b. I think this matter should be done this way.

(512) a. I am very well acquainted with him.
b. He's not familair enough with this book.
c. You can be considered familiar with this road.

(513) a. He said he doesn't know Mr. Lee well enough to say that.
b. Yesterday the meat my wife cooked was not done. I not only did not dare tell her, but also had to say: "It's very delicious."

(514) a. I did not join their organization.

(515) a. When did you start yesterday?

(517) a. Please watch these things for me.

(518) a. Two and two is four.
b. Counting him in, there are five of us.

(519) a. I have to save some money lest I should have nothing to spend in the future.
b. I have that book. If you want to read it I will lend it to you, to save your buying it.

(521) a. I'll keep these two sheets of paper, so that I will have some paper to use tomorrow.

(522) a. If it is within thirty dollars, I will buy it.

(523) a. I live in a quiet neighborhood.

(524) a. He came and asked me to eat out with him, but I couldn't make it.
b. I have arranged with him to meet at six o'clock tomorrow.

(525) a. That newspaper man sells not only local papers, but also papers from other places.

DÌERSHRÈRKE - KÀN SHŪ, KÀN BÀU

I. Dwèihwà

Yǒu yityān, Jàu Ss. syàle bān, méi
shr̀, jyou dau Sz̄ Ss. nèr chyu kànkan,
tán yitán.

Jàu: Sz̄ Ss., méichūchyu a?

5 Sz̄: Āi! Džān. Tsúng nǎr lái?

Jàu: Wǒ syàle bān, méi shr̀, lái kànkan nín.

Sz̄: Hǎujíle. Wǒ jèng syīwang yǒu yige rén lai tántan
ne. Dzěmmayàng? Yǒu shémma syīnwén?

Jàu: Wǒ mǎile yifèr wǎnbàu, jyòu kànle kan dà tímu, hái
10   méidžsyì kàn ne. Yòu yǒu fēijī chūshr̀ le. Sžle
shŕjigè rén. Jěn dzāugāu.

Sz̄: Kě búshr̀ ma. Wǒ gāngtsái tīngle tīng wúsyàndyàn.
Wǒ yě tīngjyanle. Bujŕdau shr shémma ywángu,
jìnlái fēijī dzǔng chūshr̀.

15 Jàu: Wǒ syǎng shr̀ yīnwei syàndzàide fēijī bǐ yǐchyán
dwōle, fēijī dwō, dāngrán chūshr̀de jīhwei yě dwō.
Dzàishwō, kǔngpà tāmen jyǎnchá jīchi, jyǎncháde
búgòu džsyì. Hái yǒu hěn dwō byéde ywángu, syàng,
tyānchi bùhǎu, kāi fēijī de bùlyóushén, dōu néng
20   chūshr̀.

Sz̄: Nín shwōde hěn dwèi. Jèisyē r̀dz Ōujoude chíngsying
dzěmmayàng?

Jàu: Hài! Dàgài hái shr̀ nèmma lwàn ba. Wǒ dwèiyu
shr̀jyè-dàshr̀ jyǎnjŕde méitài jùyì. Píngcháng kàn
25   bàu, búgwò kànkan datímu, dzai tīngting wúsyàndyàn,
jyou wánle. Jŕdaude tài shǎu. Syàndzài, jèngjr̀,
jīngjì, dzūngjyàu, jyàuyù, gè jǔngde wèntí dōu tài

fŭdzá . Shŕdzài méi fádz wàng shēnli yánjyou. Búgwò
wǒ jywéde shŕjyeshang kělyánde rén tài dwō. Hěn
dwōde rén dōu hěn kǔ. Jēn bùjŕdau yīngdāng dzěmma
bàn.

5 Sz̄: Wǒmen syìnjyàude rén syǎng, jŕyǒu dzūngjyàu néng
jyějywé yíchyède wèntí. Yàushr rénren dou yǒu
àisyīn, ài rén de syīn, shŕjyèshangde wèntí, jyou
jyǎndandwōle. Bùjŕdau nín yǐwei dzěmmayàng?

Jàu: Nín shwōde bútswò. Búgwò wǒ dwéiyu dzūngjyàude
10   dàuli, jŕdaude tài shǎu, yǐhòu děi hǎuhāurde yánjyou-
yánjyou. (Jàu Ss. kànjyan Sz̄ Ss. jwōdzshang fàngje
yiběn shū.) Nín kàn shémma shū ne?

Sz̄: Shŕ yiběn gwānyu gùngchǎnjǔyì de shū. Wǒ syǎng dwō
jŕdau yìdyǎr gùngchǎnjǔyìde dàuli. Nín yě syǐhwan
kàn shū ma?

15 Jàu: Hěn syǐhwan. Méi shŕde shŕhou, kàn shū shŕ dzwèi
yǒuyìszde shŕching.

Sz̄: Nín cháng kàn shémma shū?

Jàu: Wǒ shémma dou kàn. Syǎushwōr, dzájŕ, hwàbàu, dōu
kàn, wǒ shŕ kànje wár. Kànde shŕhou jywéde yǒuyìsz,
20   kànwánle, jyou wàngle. Nín yě yǒushŕhou kàn
Jūngwén shū ma?

Sz̄: Yě kàn. Jyòushr kànde màn yìdyǎr. Wǒ syǎng shŕ
yīnwei lyànsyi búgòu. Dàgài cháng kànkan jyou
syíngle.

25 Jàu: Nà yídìng. Wényánde shū nín yě néng kàn ma?

Sz̄: Néng kàndǔng yìdyǎr. Yǒushŕhou děi chá dzdyǎn.
Báihwàrde shū, bàu, dzájŕ, kànje dau búswàn tài nán.
Kěshr yě bùneng shwō yìdyǎr wèntí dōu méiyǒu. Yǒu-
shŕhou yǒu kànbùdǔngde dìfang, dàgài yě kéyi
30   tsāichulai. Bǎ Jūngwén jēn sywéhǎule, yě shŕdzài
bùrúngyi.

Jàu: Kě búshŕ ma. Wǒmen Jūnggwo rén sywé Yīngwén, yě
shŕ yíyàngde nán. Dzwèi yàujǐnde jyòushr děi cháng
yùng, cháng wēnsyi, yàushr búyùng, gwòbulyǎu dwōshau
35   rdz, jyou wàngle. Wúlwùn sywé shémma wàigwowén, dōu-
shr jeyàngr.

Sz̄: Búgwò wǒmen Měigwo rén, jywéde Déwén, Fàwén, méiyou
    Jùngwén dzèmma nán shr̀de.

Jàu: Nàshr yīnwei, Yīngwén dz̀de syěfǎ, gēn Déwén, Fàwén,
    hěn syàng. Bìngchyě, yǒu hěn dwō dz̀, jyǎnjŕde
5   yíyàng. Jūnggwo dz̀ búdàn bùrúngyi jìju fāyīn yě
    yǒu hěn dwōde nánchu.

Sz̄: Shéi shwō bushr̀ ne! Wǒ shwō hwà, sz̀shēng jyou
    dzǔngshr bùjwǔn.

Jàu: Nín shwōde hěn hǎu. Tswòde shŕhou hěn shǎu. Búgwò
10 sz̀shēng dzài Jūnggwo hwà hěn yàujǐn. Yǒushŕhou
    yàushr shwōde chà yìdyǎr, yìsz jyou chàdwōle.
    Bǐfang ba, "hwàr" gen "hwār", "shù" gen "shū", nín
    kàn yìsz chà dwōshau!

Sz̄: Shr̀ a. Wǒmen wàigwo rén yīnwei shwōde sz̀shéng
15 búdwèi, bujŕdau chūle dwōshau syàuhwar.

Jàu: Jūnggwo rén shwō Yīngwén shwōbuhǎu, yě yíyàngde
    chángcháng chū syàuhwàr. Nín shwō dwèi budwèi?

Sz̄: Yě dwèi.

Jàu: Nín tīngjyangwo jèige gùshr ba. Yǒu yige Jūnggwo
20 sywéshēng, tīngjyan yǒude rén dzai jyèshàuwánle
    yǐhòu, shwō, "I'm charmed." Kěshr ta méitīngchīng-
    chu. Yǒu yitsz̀ byéren gěi tā jyèshàu yiwei syáujye,
    nèige rén shwō, "Jèiwei shr̀ Lǐ Sj." Tā gǎnjǐn shwō,
    "I'm charming."

25 Sz̄: Jèige hěn syàng nèige gùshr. Yíge wàigwo rén, syǎng
    shwō, "jyǒuyǎng, jyǒuyǎng." Tā shwōtswòle. Tā shwō,
    "jyàngyóu, jyàngyóu". Nín shwō kěsyàu bukěsyàu?

Jàu: Jēn youyìsz. (Kànkan byǎu) Hwō! Yǐjing lyòudyǎn
    le. Wǒ děi dzǒule.

30 Sz̄: Máng shemma?

Jàu: Wǒ jīntyan wǎnshang yǒu yige ywēhwei.

Sz̄: Jǐdyǎn ne?

Jàu: Chīdyǎn. Wǒ hái děi syān hwéi jyā.

<u>Sz̄</u>: Hái kéyi dzài dzwò shŕfen jūng.

<u>Jàu</u>: Bùle. Gwò lyǎngtyan jyàn ba.

Sz̄: Hǎu, nèmma dzàijyàn.

II. <u>Shēngdz̀</u> <u>Yùngfǎ</u>

526. syīnwén   N: news

527. -fèr   M: issue, number (of something
                         published periodically)

   a. Tā tyāntyān dzǎushang mǎi yifèr bàu.

528. tímù   N: topic, theme
   528.1 bàushangde
         dàtímu   headlines

529. dz̆syì   SV/A: be careful/carefully (cf. lyóushén;
                         syǎusyin)

   a. Tā nèige rén hěn dz̆syì.
   b. Chǐng nǐ dzài dz̆syìde kàn yitsz̀.

530. wúsyàndyàn   N: radio

531. jīchi   N: machine

532. jùyì   VO: pay attention (cf. lyóushén)
                      AV/V: pay attention to/pay attention

   a. Shàng kè de shŕhou chǐng ni jù yidyǎr yì.
   b. Chǐng nǐ jùyì nèige rén.
   c. Tā hěn jùyì nyànshū.

533. jèngjř   N: politics

534. jīngjì   N/SV: economy/be economical

535. dzūngjyàu   N: religion
   535.1 syìn
         dzūngjyàu VO: believe in religion

536. jyàuyù   N: education

537. fŭdzá   SV: be complicated (opposite of jyǎndān)

    a. Jèijyan shŕching hěn fŭdzá.

538. kělyán   SV: be pitiful (cf. kěsyī)

    a. Nèige chyúng rén jēn kělyán.

539. jyějywé   V: solve, settle

    a. Jèige wèntí, méi fádz jyějywé.

540. jŭyì   N: principle (-ism)
    540.1 gùngchǎnjŭyì   N: communism

541. syǎushwōr   N: novel

542. dzájr̀   N: magazine

543. hwàbàu   N: pictorial magazine

544. wényán   N: literary language, classical style

    a. Nèiběn shū shr yùng wényán syěde.

545. chá   V: investigate, inspect, look up
    545.1 cháchulai   RV: find out about
    545.2 chá dz̀   VO: look up words

546. dz̀dyǎn   N: dictionary
    546.1 chá dz̀syǎn   VO: consult the dictionary

    a. Chǐng ni géi wo chácha jèige dz̀.

547. tsāi   V: guess
    547.1 tsāijáule   RV: guessed it

    a. Nǐ tsāitsai shŕshr.
    b. Wǒ tsāile bàntyān, méitsāijáu.

548. báihwà(r)   N: colloquial language, vernacular style
    548.1 báihwàr
        syǎushwōr   novel in the vernacular

    a. Wényán, báihwà tā dōu kàndedŭng.

549. syěfǎ   N: the way of writing
 549.1 shwōfǎ   N: the way of speaking
 549.2 kànfǎ   N: point of view, way of looking at
                           things

550. szshēng   N: four tones (of the Chinese Mandarin
                           language)

551. jwǔn   SV/A: be accurate/certainly
 551.1 jwǔn shŕhou   on time

    a. Wǒde byǎu bùjwǔn.
    b. Chǐng ni jwǔn shŕhou lái.
    c. Wǒ míngtyan jwǔn lái.

III. Jyùdz Gòudzàu

1. Syǎusyin, Lyóushén, Jùyì and Džsyì Compared:

   These four expressions are interchangable in the sense
   of being careful. In addition, jùyì carries the meaning
   of being attentive or concentrating one's attention on
   something; džsyì means to be meticulous. The following
   chart clarifies their parts of speech in usage:

	syǎusyin	lyóushén	jùyì	džsyì
SV	X			X
A	X	X	X	X
V	X	X	X	
VO		X	X	
AV		X	X	

1.1 Exercise - Translate into Chinese:

    1.11 Be careful in your work.
    1.12 Spend your money carefully.
    1.13 He is careful about his clothes.
    1.14 Please be very careful about your diet.
    1.15 Pay attention to what I say.
    1.16 He takes no care of his things.

1.17 Look out, the train is coming.
1.18 Be careful, don't drop it.
1.19 Give this matter your careful attention.
1.20 Accidents occur when people are not careful.

2. The Translation of "Care":

Although this English word is not as bad as "make" in
its wide varieties of meaning, it is bad enough to
warrant special attention to its many uses. Listed in
the following are its most common uses:

2.1 It may be translated as gwǎn or dzàihu, meaning "mind"
or "pay a damn":

Wǒ bùgwǎn (or búdzàihu) ni chyù buchyù?
(I don't care whether you go or not?)

2.2 It may be translated as gwǎn in the sense of taking
care of:

Jèijyan shr̀, shéi gwǎn?
(Who takes care of this matter?)

Wǒ dzwèi bùsyǐhwan gwǎn jyālide shr̀ching.
(I hate to take care of household chores.)

2.3 It may be translated as jùyì, lyóushén, dǰsyì or
syǎusyin in the sense of being careful. (See 1.
above)

2.4 It means syǐhwan or ài in the sense of caring for:

Wǒ bùsyǐhwan chr̄ yú.
(I don't care for fish.)

2.5 When used in the pattern "leave in...care", it may
be translated as jyāu...gwǎn:

Bǎ jèijyan shr̀ jyāu(gei) ta gwǎn ba.
(Let's leave this matter in his care.)

2.6 Exercise - Translate into Chinese:

2.61 The child is ill for lack of care.
2.62 He doesn't take care of his money.

2.63 I confided my property to his care.
2.64 This matter demands special care.
2.65 Too much care cannot be exercised in writing letters.
2.66 He takes great care in the use of words.
2.67 I don't care a bit for what he says.
2.68 I do not care much for swimming.
2.69 He may go anywhere he likes for all I care.
2.70 The children were left in the care of their grandfather.

3. <u>Kělyán and Kěsyī Compared</u>:

We should not be confused about the meaning and usage of these two words. <u>Kělyán</u> means to pity, be pitiful or pitiable while <u>kěsyī</u> means "too bad", "what a pity" or "unfortunately". The former can serve as a verb or a stative verb while the latter is most often used as a movable adverb. The former is used in a situation that deserves pity and sympathy while the latter is used in one that creates disappointment.

Kěsyī dzwótyan tā méilái.
(Too bad he didn't come yesterday.)

Nèige chyúngren dwóma kělyán ne! Wǒ hěn kělyan ta.
(How pitiful that poor man is! I really pity him.)

(Note that when <u>kělyan</u> is used as a verb, the second syllable usually becomes unaccented.)

3.1 Because of the specific differences in meaning between these words, <u>kělyán</u> only refers to people and other living things that arouse human sympathy while <u>kěsyī</u> may refer to both animate and inanimate things:

Tā jēn kělyán, chyúngde lyán chřfànde chyán dōu méiyǒule.
(He is truly pitiable. He is too poor to know where his next meal will come from.)

Kěsyī nèige jwōdz hwàile.
(Too bad that table is broken.)

3.2 <u>Exercise</u> - Translate into Chinese:

3.21 She is very intelligent. Too bad she isn't
      very pretty.

3.22 God pities those who pity others.

3.23 Unfortunately it rained yesterday; otherwise
      we would have had a grand time.

3.24 People who have wives are pitiful; people who
      don't are pitiful too.

3.25 Look what a pity it is!

IV. Fāyīn Lyànsyí

1. "Jīntyan wǎnbàushang yǒu shémma syīnwén?" "Wǒ lyán
   dà tímu hái méikàn ne."

2. "Wúsyàndyànlide gwǎnggàu nǐ jùyìle meiyou?" "Wǒ
   tsúnglái bùtīng gwǎnggàu."

3. "Jèige chìchēde jīchi, chǐng ni géi wo džsyì jyǎncha-
   jyǎncha, hǎu bùhǎu?" "Míngtyan syíng busyíng? Jīntyan
   wǒ méi gūngfu."

4. "Tā búshr yánjyou jyàuyù ma?" "Wǒ yǐwei tā shr sywé
   jèngjr jīngji de ne."

5. "Jèige wèntí nǐ shwō dzěmma jyějywé?" "Jèige wèntí tài
   fúdzá, wǒ kàn wǒmen lyǎngge rén jyějywébulyǎu.

6. "Nǐ jywéde shémma rén dzwèi kělyán?" "Wǒ syǎng búsyìn
   dzūngjyàu de rén dzwèi kělyán"

7. "Jèige dzájřshangde syǎushwōr nǐ kàngwo meiyou?"
   "Tīngshwō nèige dzájř cháng jyǎng gūngchǎn-jǔyì, wǒ búkàn."

8. "Nǐ hwèi chá dždyǎn búhwèi?" "Wǒ bùchá dždyǎn. Yǒu
   búrènshrde dž, wǒ kéyi tsāi."

9. "Tā fānde nèige syǎushwōr, shr yùng wényán fānde, shr
   yùng báihwà fānde?" "Dàgai swànshr báihwà."

10. "Shwō Jūnggwo hwà, yàushr szshēng bùjwǔn, byéren néng
    dǔng ma?" "Yěsyǔ kéyi dǔng yidyǎr."

V. Wèntí

1. Nèityan Jàu Ss. wèi shémma dau Sz̄ Ss. nèr chyu? Sz̄ Ss.
   ywànyi ta chyù ma? Sz̄ Ss. wèn ta shémma?

2. Jàu Ss. kàn bàu le meiyou? Tā kànde shr shémma bàu?
   Tā dzsyì kànle meiyou? Bàushang yǒu shémma syīnwén?
   Nèige syīnwén Sz̄ Ss. shr dzěmma jr̄daude?

3. Jàu Ss. shwō wèi shémma fēijī cháng chūshr̀? Nǐ yǐwei
   tā shwōde dwèi búdwèi?

4. Jàu Ss. shwō Ōujoude chíngsying dzěmmayàng? Tā dwèiyu
   shr̀jyè-dàshr̀ hěn yǒuyánjyou ma?

5. Sz̄ Ss. yǐwei shr̀jyeshangde wèntí yīngdāng dzěmma jyějywé?
   Jàu Ss. dwèiyu dzūngjyàu yǒuyánjyou ma?

6. Sz̄ Ss. de jwōdzshang fàngje yiben shémma shū? Tā wèi
   shémma yau kàn nèiben shū?

7. Jàu Ss. yě syǐhwan kàn shū ma? Tā kàn shémma shū? Tā
   jywéde kàn shū yǒuyìsz ma? Tā kànde shū, ta jìdejù ma?

8. Sz̄ Ss. néng kàn Jūngwén shū bùnéng? Tā shr kàn wényánde
   háishr kàn báihwàde?

9. Sz̄ Ss. kàn shū kànde kwài bukwài? Yùng chá dzdyǎn
   buyùng? Tā kàn shū shr̀ bushr̀ yidyǎr wèntí dou méiyǒu?
   Tā kànbudǔngde dìfang dzěmma bàn?

10. Sz̄ Ss. yǐwei Jūngwén nán ma? Jàu Ss. yǐwei sywé
    wàigwowén yīngdāng dzěmma lyànsyi?

11. Měigwó rén sywé Jūngwén wèi shémma méiyou sywé Déwén
    Fàwén nèmma rúngyi?

12. Shwō Jūnggwo hwà, Sz̀shēng hěn yàujǐn ma? Yàushr sz̀shēng
    bùjwǔn, yǒu shémma hwàichu?

13. Jūnggwo rén sywé Yīngwén yǒu shémma nánchu? Nǐ bǎ Jàu
    Ss. shwōde nèige syàuhwar shwō yishwō.

14. Sz̄ Ss. shwōde nèige syàuhwar nǐ tīngjyangwo ma? Chǐng
    ni shwō yitsz̀.

15. Jàu Ss. wèi shémma yàu dzŏu? Tā děi syān dau shémma dìfang chyu?

16. Jīntyan yŏu shémma syīnwén? Nĭ mĕityan kàn bàu ma? Mĕityan tīng wúsyàndyàn ma?

17. Nĭ yĭwéi shŕjyèshangde wèntí yīngdāng dzĕmma jyĕjywé?

18. Nĭ yĭwei fēijī cháng chūshŕ shr shémma ywángu?

19. Nĭ syĭhwan kàn shū ma? Dōu kàn shémma shū? Nĭ dŭng gùngchănjŭyì bùdŭng?

20. Nĭ sywé Jūngwén you shémma nánchu?

VI. Nĭ Shwō Shémma?

1. Yàushr nĭde péngyou lái kàn ni, nĭ kànjyan ta, nĭ shwō shémma?

2. Chĭng ni bă jīntyan bàushangde dà tímu shwō yishwō.

3. Yàushr yŏu rén wèn ni, Jūnggwo shū, nĭ kàndedŭng ma? Nĭ shwō shémma?

4. Chĭng ni bă Mĕigwo rén sywé Jūngwén de nánchu shwō yishwō.

5. Yàushr nĭ chyu kàn nĭde péngyou, tánle yìhwěr, nĭ yau dzŏu, nĭ dzĕmma gēn nĭde péngyou shwō?

VII. Gùshr

(on record)

VIII. Fānyì

1. Translate into Chinese:

   1.1 Have you bought an evening newspaper? What does it say?

1.2   I only get the political news from the headlines.
      I never read the details.

1.3   You have to read this book carefully.

1.4   He is a meticulous person.

1.5   Please turn off the radio

1.6   She uses a machine for laundering.

1.7   Will this machine work?

1.8   I can't get anyone to take notice of what I wear.

1.9   Pay attention to what he said.

1.10 Did you notice the radio news this morning?

1.11 He said he is not interested in religion.

1.12 The relationship is fairly complicated.

1.13 Not only has that old lady lost her son, but she is
      terribly poor. She is such a pitiful case.

1.14 I think both the people who haven't any religion,
      and those who have a religion but don't live it,
      are to be pitied.

1.15 Could you help me to solve this problem?

1.16 Some people believe that communism can solve the
      problems of this world.

1.17 That novel is written in vernacular style.

1.18 When I read a book which is written in classical
      style, I have to look up words in a dictionary.

1.19 I don't like to look up words in a dictionary.
      It's too much trouble. Whenever I run into words
      I don't know I just guess at them. Sometimes I
      guess right.

1.20 I don't think there is any way of making my tones
      accurate.

2. Translate back into Chinese:

(527) a. Every morning he buys an issue of newspaper.

(529) a. He is a very careful man.
      b. Please read it through carefully once more.

(532) a. Please pay a little attention when you are in
         class.
      b. Please watch that man.
      c. He pays attention to study very much.

(537) a. This matter is very complicated.

(538) a. That poor man is very pitiful.

(539) a. There is no way to solve this problem.

(544) a. That book is written in classical style.

(546) a. Please look up this word for me.

(547) a. Try to guess it.
      b. After trying for a long time, I still didn't
         guess it.

(548) a. He can read both classical and vernacular styles.

(551) a. My watch is inaccurate.
      b. Please come on time.
      c. I will certainly come tomorrow.

DÌERSHRSĀNKE - TÁN FÀNGJYÀ

I. Dwèihwà

Yǒu yityān, Sz̄ Ss., Jàu Ss., Jàu
Tt. dzai yíkwàr hē chá.

Jàu Ss: Kwài fàngjyà le. Sz̄ Ss., nín yǒu shémma jìhwà?

Sz̄:   Wǒ hái méijywédìng. Wǒmen yǒu dwōshau r̀dz jyà,
5   wǒ hai bùjr̄dàu ne. Nín ne?

Jàu Ss: Yě méidìng. Yàushr kěnéng, hěn syǎng dǎu běifāng
          chy̌u, kànkan Běijīng gēn Tyānjing chy̌u.

Sz̄:   Dwèile. Jàu Tàitai de fùchin, mǔchin dōu dzài
          Běijīng jù, shr̀ bushr̀?

10 Jàu Tt: Bù. Dōu dzai Tyānjing. Kěshr wǒmen yě dǎswàn
          dau Běijīng chyu wár jityān.

Sz̄:   Nà tài hǎule. Jyānglái yǒu jīhwei de shŕhou,
          wǒ yídìng děi dau Běijīng chyu kànkan.

Jàu Tt: Nèmma wǒmen yíkwàr chy̌u, hǎu buhǎu?

15 Sz̄:   Hǎu shr̀ hǎu, kěshr wǒ chyùbulyǎu. Wǒmen dǐng
          dwō jyou yǒu yíge syīngchīde jyà.

Jàu Ss: Yíge syīngchī shr dwǎn yidyǎr. Dzwèihǎu néng
          dzai nèr jù yìlyǎngge ywè. Shwùnbyàn yě dáu
          fùjìnde dìfang, syàng shémma Syīshān ne,
20   Wànlǐ-chángchéng a, Mínglíng a, shènjr̀yú,
          Běidaihé, dōu chyu kànkan, tsái hǎu.

Sz̄:   Kě búshr̀ ma! Wǒ tīngshwōgwo Běidaihé. Nín
          chyùgwo ma? Nèige dìfang dàudǐ dzěmma yàng?

Jàu Ss: Chyùgwo. Kěshr wǒ jywéde bùrú Chīngdǎu hǎu.

<u>Jàu</u> <u>Tt</u>: Tā shr Shāndung rén, dāngrán shwō Chīngdǎu hǎule.

<u>Jàu</u> <u>Ss</u>: Nà yě bùyídìng. Nǐ kàn, Chīngdǎu búdàn fēngjǐng, chìhòu, dōu fēicháng hǎu, túngshŕ, nèige chéng lǐtou, kūngchì syīnsyan, gēn byéde chéng wán- chywán bùtúng. Běidaihé wǒ jyòu chyùgwo yítsž. Nèige hǎibyār yě bútswò, dzwèi dà de hǎuchu, jyou shr lyángkwai. Byéde, wǒ dou bújìdele.

<u>Jàu</u> <u>Tt</u>: Nǐ shwōhwà syànglái jyou shr jèyàngr. Bújìdele, hái shwō. Nǐ bújìdele, dzèmma jŕdau Chīngdǎu bǐ Běidaihé hǎu ne? Wǒ swéirán méidau Chīngdǎu chyùgwo, tīng nǐ dzèmma yishwō, wǒ jyou gǎnshwō nǐ shwōde búdwèi.

<u>Sž</u>:   Yige dìfang gen lìngwài yige dìfang bǐ, běnlái shr hěn nán. Wǒ syǎng lyǎngge dìfang yídìng shr "gè yǒu swǒ cháng". Jàu Tt., nín dzai Běijīng jùle jǐnyán?

<u>Jàu</u> <u>Tt</u>: Chyánhòu yǒu chībānyán. Syān dzài nèr shàng syǎusywé, hòulai jyā bānhwei Tyānjing chyule, jyou dzai Tyānjing shàng jūngsywé. Děng jūng- sywé bìyè le, yòu hwéidau Běijīng shàng dàsywé. Wǒ swéirán shr Tyānjing rén, kěshr wó syǐhwan Běijīng. Dzài Běijīng, chŕfàn, tīng syì, bǐ nǎr

dōu hǎu. Shēnghwó yě pyányi. Shāngdyànlide dyànywán tèbyé héchì. Nǐ dau shāngdyàn chyu mǎi dūngsyi, gāng yíjìnchyu, tāmen jyou chǐng nǐ dzwòsya, yòu dàu chá, yòu dyǎn yān. Tāmen péije nǐ tán jège, tán nàge. Tánle bàntyān, jè tsái wèn nǐ, 'Nǐ yau mǎi dyǎr shémma?' Nǐ yìshwō nǐ yàu mǎi shémma, tāmen lìkè jyòu bǎ swǒyǒude dūngsyi dōu náchulai gěi nǐ kànkan. Yìdyǎr dōu búpà máfan. Nǐ tyāuhǎule. Tāmen gěi nǐ sùngdau jyā chyù. Yǒude shāngdyàn, hái búyùng lìkè gěi chýan. Kéyi jì jàng. Jēn fāngbyan.

<u>Jàu</u> <u>Ss</u>: Běijīng jeige dìfāng, dàgài shr rénrén dōu syǐhwan. Dàudǐ Běijīng yǐjīng dzwòle dwōshau nyánde shǒudū, yě yǒu hěn dwōde sywesyàu, jēn kéyi shwo shr yíge wénhwà chéng. Swóyi yíchyè- de fēngsú syígwàn yě dōu gēn byéde dìfāng bù- yíyàng.

<u>Jàu</u> <u>Tt</u>: Nà dàu búyàndé. Fēngsu syígwàn bùyíyàng, bùyídìng shr yīnwei shǒudūde gwānsyi. Gèchùde

fēngsu, syígwàn dōu bùyíyàng. Bǐfang ba,
Shànghǎide fēngsu syígwàn, gēn Hángjou yíyàng
ma? Jè shr yīnwei jyāutūng bùfāngbyande
ywángu. Sz̄ Ss. nín shwō dwèi budwèi?

5 <u>Sz̄</u>:   Bútswo. Yàushr jyāutūng fāngbyan, gèchùde rén
dōu cháng lyǔsyíng, yǒu hǎusyē fēngsu syígwàn,
dzrán jyou dōu chàbudwōle.

<u>Jàu Ss</u>: Yàushr nèmma shwō, jyāutūng bùfāngbyan yě yǒu
jyāutūng bufāngbyan de hǎuchu. Gèchù you gèchù
10   tèbyéde kūngchi, tèbyéde yàngdz hǎusyàng gèng
yǒuyìsz. Yàushr nǎr dou yíyàng, nà lyǔsyíng
hái yǒu shémma yìsz?

<u>Jàu Tt</u>: Nǐ kàn, nǐ jèige rén dwóma dzsz̄. Jyòu wèideshr
nǐ jywéde yǒuyìsz, nǐ ywànyi jyāutūng bùfāngbyan.
15   Nǐ yě bùsyángsyang, jyāutūng dwèiyu rénde shēng-
hwó, shr dwóma yàujǐn? Yàushr fēijī, chwán,
hwǒchē, chìchē, dyànbàu, dyànhwà, syìn, dōu
bùtūngle, nǐ syángsyang jèige shrjye hái chéng
shémma yàngdz?

20 <u>Jàu Ss</u>: Déle, déle. Fǎnjèng wǒ shwō shémma dou búdwèi.

<u>Jàu Tt</u>: Nà dau bújyàndé. Yàushr nǐ shwōde yǒulǐ, wo
jyou bùnéng shwō nǐ búdwèi.

<u>Sz̄</u>:   Nǐmen dàgài shémma shrhou dùngshēn nɛ?

<u>Jàu Ss</u>: Hái méiyídìng. Nín fàngjyàde shrhou dǎswan
25   dzwò shémma?

<u>Sz̄</u>:   Yěsyǔdàu fùjìn syāngsya chyu jù jityān. Yǒu
yíge péngyou, dzài Shànghǎi fùjìnde syāngsya jù.
Tā chíng wo dau tāmen jya jù jityān. Wǒ yě
syǎng chyu hwànhwan hwánjing, túngshŕ yě
30   syōusyisyōusyi.

<u>Jàu Tt</u>: Nín jèige jìhwa yě bútswò. Syāngsya shēnghwó
lìngwài yǒu yijǔng kěàide dìfang. Yóuchíshr
wǒmen dzai chéng lǐtou jùjyǒulede rén, dàu
nèijǔng dzŕánde hwánjingli jù jityan, yídìng
35   jywéde fēicháng yǒuyìsz.

<u>Sz̄</u>:   Wǒ syǎng yě shŕ. (Kànkan byǎu) wǒ gāi dzǒule.

Jàu Ss: Byé máng. Dzài jèr chr̄ wǎnfàn ba.

Sz̄:   Bùchéng. Wǒ yǒu yige ywēhwèr. Nín hái yǒu sye
          r̀dz tsái dzǒu ne. Dzài nín dzǒu yǐchyán wǒmen
          hái yǒu jīhwei jyàn ne.

Jàu Tt: Nèmma nín syīngchǐlyòu lái chr̄ wǎnfàn, wǒmen
          dzài tántan, hǎu bu hǎu?

Sz̄:   Hǎujíle. Wǒ syīngchǐlyòu lái.

Jàu Ss. gen Jàu Tt: Dzàijyàn.

II. Shēngdz̀ Yùngfǎ

552. jyānglái   MA: in the future, hereafter, later

   a. Jyānglái nǐ jǎngdàle syǎng dzwò shémma shr̀?

553. dǐng   A: most
 553.1 dǐng hǎu   excellent
 553.2 dǐng kwài   fastest
 553.3 dǐng yǒuchyán   richest

554. shènjr̀yú   A: even, to the point of
 554.1 búdàn...
       shènjr̀yú...   not only...but even...

   a. Tā lèijíle, lèide shènjr̀yú dzǒuje jyou shwèijáule.
   b. Tā búdàn bugēn nǐ yàu chyán, shènjr̀yú nǐ gěi ta
      chyán, tā dou búyàu.

555. dàudǐ   A: after all, at bottom; (what) in the
                        world?
 555.1 swéirán...
       dàudǐ...   although...after all...

   a. Tā dàudǐ yàu dzwò shémma?
   b. Jāng Ss. swéirán dzài Měigwo jùle hěn jyǒu, dàudǐ
      tā shr Jūnggwo rén, yǒu hěn dwō Měigwode shr̀ching,
      háishr bútài dǔng.

556. chìhou   N: climate

557. túngshr̀   A: at the same time

a. Nèige rén tsūngming, túngshŕ yě kěn yùnggūng.

558. kūngchì   N: atmosphere, air

559. syīnsyan   SV: fresh; new
  559.1 syīnsyan
          nyóunǎi   fresh milk
  559.2 syīnsyan jīdàn   fresh egg

      a. Nyóunǎi bùsyīnsyanle, byé hēle.

560. wánchywán   SV/A: be complete/completely

      a. Tā wánchywán bùdǔng.

561. bùtúng   SV: be different (more literary than
                            bùyíyàng)

      a. Jèi lyǎngge bùtúng.

562. syànglái   A: Always and customarily, up to now

      a. Wǒ syànglái bùsyǐhwan kàn tā syěde shū.

563. "gè yǒu swǒ
        cháng"   I.E.: each one has its own good points

      a. Tāmen lyǎngge ren shŕ "gè yǒu swǒ cháng".

564. chyánhòu   A: all told, altogether, (from
                            beginning to end)
  564.1 chyánhòu
          yígùng....   first and last, altogether

      a. Tā chyánhòu yùngle wǒ èrbǎikwai chyán.
      b. Wǒ dzài Jūnggwo chyánhòu yígùng jùle sānshr-
         dwōnyán.

565. shēnghwó   V/N: live/livelihood, living

      a. Tā jìnláide shēnghwó dzěmmayàng?
      b. Dūngsyi tài gwèi, dzěmma shēnghwó?

566. dàu   V: pour
  566.1 dàu chá   VO: pour tea
  566.2 dàu shwěi   VO: pour water

567. tyāu   V: choose; select

    a. Wǒ tyāule yige húngde.

568. jàng   N: account, bill
  568.1 jì jàng   VO: put on account, charge

    a. Jīntyan wǒ méidài chyán, jì jàng chéng buchéng?

569. shǒudū   N: capital

570. wénhwà   N: civilization, culture

571. fēngsú   N: custom

572. syígwàn   N: habits

573. bújyàndé   I.E.: not necessarily (so)

    a. Tā swéirán dzwò chìchē, kěshr yě bújyàndé yǒuchyán.

574. jyāutūng   N: communication and transportation.

575. dzsz̄   SV: be selfish

    a. Nèige rén tài dzsz̄, nǐ shwō dwèi budwèi?

576. tūng   V/RVE: pass through/get through
  576.1 tūng chē   to be open to traffic, be accessible
                     by train or bus
  576.2 tūng syìn   to correspond by mail
  576.3 tūng dyànhwà   to put through a phone call
  576.4 dǎ dyànhwà
      dǎbutūng   cannot put through a phone call

    a. Nèige dìfang tūng hwǒchē ma?
    b. Dzwótyan wǎnshang fēng tài dàle, swóyi jīntyan
       dyànhwà dōu bùtūngle.

III. Jyùdz Gòudzàu

1. The Translation of "Make":

  In the English language there are certain words which,
due to usage through the years, have come to mean so

many different things that careful discrimination is
needed in translation. The verb "to make" is one of the
most troublesome. Here are some of the most common uses
of the verb "to make", translated into idiomatic Chinese:

1) He made a table for his wife.
   (Tā gěi ta tàitai dzwòle yige jwōdz.)

2) That car can make eighty miles an hour.
   (Nèige chē yíge jūngtóu néng dzǒu--or pǎu--bāshrlǐ.)

3) I will make this wall blue.
   (Wǒ yau bǎ jèige chyáng nùngchéng lánde.)

4) Don't make me buy something I don't like.
   (Byé jyàu wo mǎi wǒ bùsyǐhwande dūngsyi.)

5) The train will make New York within two hours.
   (Hwǒchē dzai lyǎngge jūngtóu yǐnèi jyou kéyi dàu
   Nyǒuywē.)

6) Can you make a fire in this wind?
   (Nǐ néng dzai fēngli shēng hwǒ ma?)

7) Does this make sense to you?
   (Nǐ jywéde jèige yǒu dàuli ma?)

8) We can make better time if we take this road.
   (Wǒmen yàushr dzǒu jèityáu lù jyou kéyi shěng
   shŕhou.)

9) I will make out a list tomorrow.
   (Wǒ míngtyan kāi yige dāndz.)

10) She had her old coat made over.
    (Tā bǎ yijyàn jyòu yīshang gǎile.)

11) My mind is made up.
    (Wǒ yǐjing jywédìngle.)

12) Can you make out what he means?
    (Nǐ jŕdau tā shr shémma yìsz ma?)

1.1 Exercise - Translate into Chinese:

1.11 This is made by hand.
1.12 He made fifty miles that day.
1.13 I cannot make anything out of that book.
1.14 The train makes fast time.
1.15 That makes me very glad.
1.16 He just cannot make up his mind.
1.17 I think what he said doesn't make sense even to himself.
1.18 We will make home by two thirty.
1.19 I'll make you like me.
1.20 It's too cold here. Let's make a fire.
1.21 He has made his car red, but I don't like it.
1.22 Will you make out a list of the things you want.
1.23 I had this fur coat made over for her, but she still doesn't like it.
1.24 This cloth will make me a good coat.
1.25 He was made a teacher.

2. The Translation of "Take":

This word is probably only next to "make" in its complexity in meaning. Here are some of the most common uses of the word:

1) Which room will you take?
(Nǐ yàu něijyan wūdz?)

2) Let's take a house in the country for the summer.
(Women syàtyan dzai syāngsya dzū yiswǒr fáng jù ba.)

3) Let me take your suitcase.
(Wǒ gei ni ná jèige syāngdz.)

4) Will you let me take your car?
(Wǒ kéyi yùng nǐde chìchē ma?)

5) It took me a long time to get here.
(Wǒ yùngle hěn dwōde gūngfu tsai dàude jèr.)

6) We ought to take it easy in this kind of weather.
(Jèmma rède tyānchi, wǒmen dzwèihǎu mànmārde dzwò.)

7) I took for granted that he wouldn't come.
(Wǒ yǐwei tā bùláile ne.)

8) The speech was taken down.
(Nèige jyǎngyǎn yǐjing syěsyalaile.)

9) Let's take this road.
    (Wǒmen dzǒu jèityau lù ba.)

10) Where will this road take us?
    (Jèityau lù tūng shémma dìfang?)

2.1 Exercise - Translate into Chinese:

2.11 I'll take this article with me.
2.12 It took me two weeks to finish that book.
2.13 He was taken for dead.
2.14 I have taken a house which is very close to
     yours.
2.15 What do you generally take for breakfast?
2.16 I took down what he said.
2.17 Which train are you going to take?
2.18 This river will take us to his house.
2.19 I wish I could take it easy as you do.
2.20 Which car will you take?
2.21 How long does it take to go there?
2.22 He took a room at my friend's house.
2.23 I offered him five hundred dollars but he
     wouldn't take it.
2.24 He took me home afterwards.
2.25 I took it for gold, but it was only made of
     copper.

IV. Fāyīn Lyànsyí

1. "Nǐ jyānglái dàudǐ dǎswàn dzwò shémma?" "Wǒ syànglái
   bùsyǎng jyāngláide shrching."

2. "Jīnnyande chìhou hǎusyǎng gen měinyán bùtúng, nǐ shwō
   ne?" "Wǒ kàn bújyàndé ba?"

3. "Hwáshèngdwùnde jyāutūng fāngbyan bùfāngbyan?" "Měigwóde
   shǒudū, nǐ syǎng jyāutūng hái néng bùfāngbyan ma!"

4. "Jèi lyǎngge dìfangde fēngsu syígwàn, něige dìfang hǎu?"
   "Wǒ syǎng shr gè yǒu swǒ cháng."

5. "Jèi chēlide kūngchì wèi shémma dzèmma hwài?" "Chōu yān
   de rén tài dwō."

6. "Jèi jinyán Lǎu Jāngde shēnghwó dzěmmayàng?" "Hěn chyúng. Shènjìryú chyúngde méi fàn chr̄."

7. "Láujyà, chíng ni gei wo dàu yiwǎn chá, shwěi yě syíng." "Nǐ dàudǐ yàu shémma?"

8. "Nǐ mǎi yú de shŕhou, wèi shémma tyāu nèmma dâ gūngfu?" "Wǒ děi tyāu yìtyáu syīnsyande."

9. "Nǐ dzwótyan wèi shémma méigéi wo dǎ dyànhwà?" "Dǎle sāntsz̀ dou méidǎtūng."

10. "Nǐ shwō dzěmmayàngr rén jyou búdz̀sz̄le?" "Wǒ kàn wénhwà yàushr gāu, rén jyou búdz̀sz̄le."

V. Wèntí

1. Sz̄ Ss. gen Jàu Ss. Jàu Tt. yíkwàr hē chá de shŕhou, tāmen tán shémma wèntí?

2. Fàngjyàde shŕhou Sz̄ Ss. yǒu shémma jìhwà? Tā jrdau bùjr̄dau tā you dwōshautyan jyà?

3. Jàu Ss. Jàu Tt. dǎswan dàu nǎr chyu? Tāmen jywedìngle meiyou?

4. Sz̄ Ss. wèi shémma bùnéng gen Jàu Ss. Jàu Tt. yíkwàr chyu?

5. Dàu Běijīng chyu lyǔsyíng dzwèihǎu děi jù dwó jyǒu? Dōu yīngdāng dàu fùjìn shémma dìfang chyù?

6. Jàu Ss. dau Běidaihé chyùgwo meiyou? Tā shwō Běidaihé dzěmmayàng?

7. Jàu Ss. jywéde Chīngdǎu dzěmmayàng?

8. Jàu Tt. dàu Chīngdǎu chyùgwo meiyou? Tā shwō Jàu Ss. shwōde hwà dwèi búdwei?

9. Jàu Tt. dzai Běijīng chyánhòu jùgwo dwōshau shŕhou? Tā shr dzai Běijīng shàngde jūngsywé ma?

10. Jàu Tt. shwō Běijīng yǒu shémma hǎuchu? Běijīng de shēnghwó dzěmmayàng?

11. Dzài Běijīng pùdzli mǎi dūngsyi de chíngsyìng dzěmma-
    yàng?

12. Jàu Ss. shwō Běijīngde fēngsu syígwàn wèi shémma gen
    byéchu bùtúng? Jàu Tt.de yìsz dzěmmayàng?

13. Jǎu Ss. shwō jyāutūng bùfāngbyan yǒu shémma hǎuchu?
    Jàu Tt. shwō jyāutūng bufāngbyan you shémma hwàichu?
    Sž Ss.de yìsz dzěmmayàng?

14. Shř bushř Jàu Ss. shwō shémma Jàu Tt. dou jywéde búdwèi?

15. Fàngjyàde shŕhou Sž Ss. dǎswan dzwò shémma?

16. Fàngjyàde shŕhou nǐ dǎswan dzwò shémma? Dàu shémma
    dìfang chyu lyǔsyíng?

17. Nǐ jywéde fàngjyàde shŕhou chyu lyǔsyíng yǒu shémma
    hǎuchu?

18. Dzài chéng lǐtou jùde rén, dàu syāngsya chyu jù jityān
    yǒu shémma hǎuchu?

19. "Gè yǒu swǒ cháng" jèijyu hwà shř shémma yìsz? Dzěmma
    yùng? Dzài shémma shŕhou yùng?

20. Chǐng nǐ yùng Jūnggwo hwà jyǎng yijyǎng dzsž jèige dz.

VI. Nǐ Shwō Shémma?

1. Yàushr yǒu rén ywē nǐ yíkwàr chyu lyǔsyíng, kěshr nǐ
   chyùbulyǎu, nǐ dzěmma gēn ta shwō?

2. Yàushr byérén shwōde hwà, nǐ tīngje búdwèi, nǐ dzěmma
   bàn?

3. Yàushr yǒu rén lǎu jywéde nǐde hwà búdwèi, nǐ dzěmma bàn?

4. Yàushr yǒu rén wèn ni, shř tāde Jūnggwo hwà shwōde hǎu,
   háishr tā tàitaide Jūnggwo hwà hǎu, nǐ dzěmma shwō?

5. Yàushr nǐde péngyou dzài nǐ jyāli dzwòle yìhwěr yàu
   dzǒu, nǐ shwō shémma?

VII. Bèishū

A: Nínde Jūnggwó hwà shr dzài nǎr sywéde?

B: Wǒ méisywégwo. Wǒ shēngdzai Jūnggwó.

A: Wǒ tsāi nín jyou shēngdzai Jūnggwó. Yàuburán fāyīn bùnéng dzèmma jwǔn.

B: Yě cháng tswò. Jūnggwó hwàde szsheng jēn nán.

A: Nínde Jūngwén shr̀ dzai sywésyàu sywéde ma?

B: Dwèile. Wǒ dzai Jūnggwó shànggwo jūngsywé.

A: Nín Jūnggwó shū dōu néng kàn ma?

B: Báihwàde syíng. Wényánde děi chá dzdyǎn.

A: Nín kàn dzájr̀ de shŕhou yǒu wèntí meiyou?

B: Yě yǒu búrènshrde dz̀. Kěshr̀ yìsz chàbudwō kéyi dǔng.

VIII. Fānyì

1. Translate into Chinese:

   1.1 I not only find it hard to know future events, but I don't even know what's going on now.

   1.2 The most I can do is to give all the money I have.

   1.3 He said he hadn't even heard of him.

   1.4 Why in the world don't you want to charge it to his account?

   1.5 The food there is not always tasty, but after all, it is fresh.

   1.6 If the climate is so bad, how is it possible for people to live there?

   1.7 At the sea shore, not only is the scenery beautiful, but the air is fresh, too.

1.8 You don't like that fellow, and yet (at the same time) you say he's OK!

1.9 The atmosphere of the meeting was excellent.

1.10 I know the story, but not completely; after all I didn't see it myself.

1.11 These two methods differ somewhat, but each has its good points.

1.12 He has borrowed fifty dollars from me all told.

1.13 How is life over there?

1.14 Will you please pour me a cup of tea?

1.15 It is difficult to choose. The more you try to make a choice the less you succeed.

1.16 Do you have a charge account in this store?

1.17 This is the capital. You probably notice that the customs and habits differ from other places.

1.18 People who have culture are not necessarily unselfish.

1.19 All communications such as train, boat, plane, mail, telephone, telegraph are cut off.

1.20 Even if you try to call him, you won't necessarily get through.

2. Translate back into Chinese:

(552) a. Later when you grow up, what do you want to do?

(554) a. He was terribly tired, so tired that he went to sleep walking.
      b. He not only isn't asking money from you, but even if you give it to him, he won't accept it.

(555) a. What in the world does he want to do?
      b. Although Mr. Chang has been living in America for a long time, yet he's a Chinese after all

and there are still quite a few American ways
he doesn't understand too well.

(557) a. That person is clever, and at the same time he
is willing to study hard.

(559) a. The milk is spoiled. Don't drink it.

(560) a. He doesn't understand a thing.

(561) a. These two are not alike.

(562) a. I have never liked to read his books.

(563) a. Each of those two men has his own talents.

(564) a. He used two hundred dollars of mine altogether.
b. I lived in China for more than thirty years all
told.

(565) a. How is he lately?
b. Things are too high; how can we live?

(567) a. I have chosen a red one.

(568) a. I didn't bring any money today. Could you
charge it?

(573) a. Although he has a car, he isn't necessarily
wealthy.

(575) a. That fellow is too selfish. Don't you think so?

(576) a. Is that place reached by train?
b. The wind was very strong last night, so all the
telephones are out of order today.

322

Chinese Dialogues

DIÈRSHRSŻKE - KÈCHIHWÀ GEN SÚHWÀ

I. Dwèihwà

Yǒu yityān Sz̄ Ss. gēn Jàu Ss.
tánchǐ sywé wàigwo hwà láile.

Sz̄: Nín kàn, wǒ sywe Jūnggwo hwà, yǐjīng sywéle
lyǎngnyán le. Cháng yùngde hwà, wǒ chàbudwō
kéyi shwō jijyù, kěshr Jūnggwo kèchihwà, wǒ
dzǔngshr búdà hwèi yùng.

Jàu: Nín tài kèchi. Nín hwèide búshǎu. Bǐfāng
shwō, 'syèsye', 'dwèibuchǐ', 'láujyà', 'jyè-
gwāng', shémmade, búyùng shwō nín dzǎujyou
shwōde hěn shúle, jyòushr shémma 'gwǒjyǎng'
a, 'bùgandāng' a, nín bushr̀ yě cháng shwō ma?

Sz̄: Dwèile. Jèi jijyù dàushr shwōtswōlede shŕhou
shǎu. Kěshr hái yǒu hěn dwō jèi yílèide dž,
dwèi wǒmen Měigwo rén shŕdzài tài nán.

Jàu: Bútswò. Jèilèide dž shr nán yìdyǎr. Búgwò jèisyē
nyán, jèilèide dž yǐjīng yùngde bǐ yǐchyán shǎule.
Bǐfāng shwō, búwànyi yùng 'nín, nèirén, fùshàng,'
jèilèide dž, yùng byéde dž shwō, byéren tīngje, yě
bùnéng shwō nín méiyou lǐmàu. Dzàishwō, swéirán
shr 'lǐ dwō rén búgwài, kèchihwà yùngde tài dwōlede
shŕhou, dàu hǎusyàng jyǎ shŕde. Búgwò yǒu syē hwà
gēn fēngsu, syígwàn yǒu gwānsyi. Búyùng, búdà hǎu.
Yàushr Jūnggwo gēn Měigwode fēngsu syígwàn yíyàng,
nà jyòu bùnán sywé. Bǐfāng ba, nínde péngyou gwò
shēngr̀, nín gēn tā shwō 'bàishòu, bàishòu'. Yǒu-
rén dé syǎuhár hwòshr jyēhwūn, nín gēn tāmen shwō,
'dàusyǐ dàusyǐ'. Gwònyán, gwǒjyéde shŕhou, shwo
'bàinyán' hwòshr 'bàijyé.' Yǒu kèren láide shŕhou
shwō: 'hwānyíng, hwānyíng'. Jèisyēge dìfang, yīn-
wèi fēngsu, syígwàn chàbudwō, nèmmma sywéchilai,
bǐjyàu bútài nán. Yǒude fēngsu, syígwàn bùtúng,
hwòshr shwōfǎr bùyiyàng, nà jyòu nán yìdyǎr.

Bǐfāng nín dau péngyou jyāli chyù, péngyou sùng nín
chūlai, nín yīnggai shwō 'búsùng búsùng', hwòshr
'byésùng byésùng', hwòshr 'chǐnghwéi chǐnghwéi'.
Yàushr sùng nín péngyou dau nínde ménkoǔr, yě kéyi
shwō, 'màndzoǔ màndzoǔ, wǒ bùyuǎnsùngle'. Hwòshr,
'Wǒ bùywǎnsùngle, yǒu gūngfu chǐng dzài lái tántán.'
Yàushr nín chǐng kè, chrfànde shŕhou, wǒmen cháng
shwō, 'Méi shémma tsài,' hwòshr, 'jyǎndānde hěn'.
Kèren dzoǔde shŕhou, wǒmen cháng shwō 'dàimàn dài-
màn'. Háiyǒu, yàushr nín syǎng wèn rén yíge wèntí,
dzai wèn wèntí yǐchyán, nín dzweihǎu syan shwō,
'wǒ yǒu yidyǎr shr̀, gēn nín lǐngjyàu, lǐngjyàu.'
Jèilèide hwà, dōu hǎusyàng nán yidyǎr.

S ̄z: Jèilèide dz̀, Jūnggwo rén hái cháng yùng ma?

Jàu: Dzai tsúngchyán de shèhwèilǐ, dōu shr cháng yùngde.
Dzweijìn jǐnyán, yóuchīshr yíjyǒuszjyǒunyán yǐhòu,
syīn shèhwèi yǐhòu, Jūnggwo yě shoù wàigwode yǐng-
syǎng, jèilèide dz̀, yǒude rén búdàn bùshwō, érchyě
jywéde jèilèide dz̀, bùyīnggāi yùng.

S ̄z: Jèisyē hwà, wǒ chàbudwō dōu tīngjyangwo, kěshr jì-
bujù, jìbuchīngchu, swóyi búyùng. Hái yǒu yilèide
hwà, wǒ syǎng sywé. Syàng nín gāngtsái shwōde, 'lǐ
dwō rén búgwài', syàng shémma gwèide búgwèi jyànde
de bújyàn'. Jèiyàngrde hwà, nǐmen jyàu súhwà,
shr̀ bu shr?

Jàu: Dweile. Jèiyangrde hwà dwōjíle. Nín dàgai yě hwèi
bùshǎu ba?

S ̄z: Bùdwō. Tīng rén shwōgwo bùshǎu. Yǒu yíjyù, nǐmen
Jūnggwo rén bùjemma shwō, kěshr wǒ gàile. Nín tīng-
tīng syíng busyíng? 'Tyān bupà, dì bupà, jyòu pà
yánggwěidz shwō Jūnggwo hwà.'

Jàu: Aīyā. Jēn hǎujíle. Kěshr nín jèige yánggwěidz,
yǐjīng bùnéng swàn yánggwěidz le. Nínde Jūnggwo
hwà lyán kāi wánsyàu, shwō syàuhwar, dōu méi wèn-
tí. Nà dzěmma hái néng swàn yánggwěidz ne.

Sz: Déle. Wǒ jè shr swéibyàn lwàn shwō, mǎmahūhū,
        dūng yijyù, syī yijyù. Nǐmen cháng shwō 'shwō
        hwà rúngyi, dzwò shr̀ nán'. Wǒ kàn shwō hwà yě
        bújyàndé rúngyi. Sywé shwō hwà jēn shr 'hwódau
        lǎu, sywédau lǎu'.

Jàu: Yidyǎr bútswò. Jyòu shwō 'shwō hwà' jèi lyǎngge
        dž, hái yàu kàn shr shémma yìsz. Yàushr shwō,
        shwō hwà jyòushr syīnlǐ syǎng shémma jyòu shwō
        shémma, bǎ syīnlǐde yìsz shwōchulai jyòu dé, nà
        hái bǐjyàu rúngyi. Yàushr nín yòu děi syǎngje
        lǐmàu, yòu děi gwǎn fēngsú syígwàn, shènjr̀yú,
        dzài jyāshang pà shwōchu hwà lái, rén búaì tīng,
        nà kě jyòu gèng máfanle.

Sz: Kě búshr̀ ma! Wǒ jèige rén syànglái dwèiyu shwō hwà
        bùsyíng. Shú rén dàjyā dzai yíkwàr swéibyàn shwō-
        shwo, hái méi shémma, yíjyànjau shēng rén, búyung
        shwō shr shwō Jūnggwo hwà le, jyoushr shwō Yīngwén,
        wǒ yě shr cháng bùjr̀dàu shwō shémma hǎu. Wǒ jywéde,
        Jūnggwode jèijyù súhwà shwōde bútswò, 'hwèide bùnán,
        nánde búhwèi.' Wǒ jywéde nán, shr yīnwei wǒ yidyǎr
        dōu búhwèi.

Jàu: Nín jè shr kèchi. Wǒ jywéde Měigworén dzài shwō-
        hwàshang dōu hěn jùyì. Dzài sywésyàuli, yě yǒu
        jyāu jyàngyǎnde gūngkè. Píngcháng lyànsyíde jīhwei
        yě dwō. Jige rén dzài yíkwàr dzǔngshr tánde hěn
        rènau. Jyàngyǎnde shŕhou, yě néng shwōde hěn
        chīngchu.

Sz: Swéiránshr̀ dzèmma shwō, kěshr shwō hwà shwōde
        húlihúdūde rén, yě bùshǎu. Yě děi kàn shr̀ shémma
        rén.

Jàu: Nà yěsyǔ. Dàudǐ wǒ jyàngwode Měigworén méiyou nín
        jyàngwode dwō. Jūnggwode súhwà yǒu bùshǎu gēn
        Měigwode súhwà chàbudwō. Bùjr̀dàu nín jùyìle meiyou?

Sz: Òu! Dwèile. Bǐfang syàng, "Shwō Tsáu Tsau, Tsáu
        Tsau jyòu dàu," jyòu shr̀. Dwèi budwèi?

Jàu: Dwèile. Jèilèide hwà yàushr dōu syěsyalai, hěn yǒuyìsz.

Sz̄: Bùjrdàu yǒu jèiyàngrde shū meiyou?

Jàu: Yǒu Jūnggwo súhwà de shū. Yě yǒu Yīngwén súhwà de shū. Jūngwén Yīngwén dzài yíkwàr de, hái méi-kànjyangwo.

Sz̄: Nín syě yiběn ba.

Jàu: Wǒ bùsyíng. Jr̄daude tài shǎu. Nín hǎuhāurde-yánjyou, nín syě ba.

Sz̄: Hǎu! Nà děi dwōshau nyán?

Jàu: "Búpà màn, jyòu pà jàn." Mànmārde lái. Yìdyǎr-yìdyǎrde syě. Dzǎuwǎn kéyi syěchulai.

Sz̄: Yě yǒulǐ. "Pàngdz búshr yìkǒu chr̄de." Dwèi budwèi?

II. Shēngdz̀ Yùngfǎ

577. súhwà   N: proverb, common saying (M:-jyù
 577.1 súyǔ(r)   N: (interchangable with súhwà)

   a. Súyǔ (or súhwà) shwō: 'Hwèide bùnán, nánde búhwèi.'

578. lèi   M: kind, class, category, sort, species

   a. Wǒ buywànyi gēn jèilèi rén shwō hwà.

579. lǐmàu   N: manners, courtesy
 579.1 yǒulǐmàu   SV: be polite, have manners
 579.2 méiyǒu-lǐmàu   SV: be impolite, be ill-mannered

    a. Nèige háidz hěn yǒulǐmàu.
    b. Lāshǒu dzai wàigwo shr yijǔng lǐmàu.
    c. Wǒ jywéde jèmma kwài jyou dzǒu tài méiyǒu
       lǐmàu.

580. lǐ   N: courtesy, ceremony; gift, present
 580.1 sùng lǐ   VO: give (a) gift
 580.2 sùng lǐwù   VO: give a gift

    a. Jèi shr wǒ péngyou sùnggěi wǒde lǐwù.
    b. Yídìng děi sùng tāmen dyǎr lǐwù tsái hǎu.
    c. Syèsyè nín Shèngdànjyé (Christmas) de lǐwù.

581. gwài   V/SV: blame, be offended at/be strange,
                             queer, odd
 581.1 gwàibudé   A: no wonder that
 581.2 nángwài   A: no wonder that

    a. Wǒ shwōde búdwèi, nín byé gwài wǒ.
    b. Nèige rén jēn gwài.
    c. 'Lǐ dwō rén búgwài.'
    d. Jèr nángwài dzèmma lěng a, nèibyār chwānghu kāije
       ne.

582. jyǎ   SV: be false, phony, unnatural, arti-
                             ficial

    a. Tāde húdz shr jyǎde.
    b. Jèi shr jēnde shr jyǎde?

583. shēngr`   N: birthday

584. jyé   N: festival

585. gwò   V: celebrate
 585.1 gwò shēngr` VO: celebrate a birthday
 585.2 gwò nyán   VO: celebrate the new year
 585.3 gwò jyé   VO: celebrate a festival or holiday

586. bàishòu   IE: extend best wishes on a birthday (to someone)

586.1 bàishòu bàishòu   IE: Happy Birthday (said to adults)

586.2 shēngr̄ kwàilè   IE: Happy Birthday (to children)

586.3 bàinyán   IE: extend New Year congratulations

586.4 bàijyé   IE: extend greetings on a festival or holiday

587. dàusyǐ   IE: congratulations

588. hwānyíng   V: welcome

589. bǐjyàu   V/A: compare/comparatively

     a. Chǐng nǐ bǎ jèi lyàngge dūngsyi bǐjyau bǐjyau.
     b. Nèige bǐjyàu dà yìdyǎr.

590. búsùng   IE: 'No need to see me out.' (Lit. Do not accompany me further (said by guest)

  590.1 byé sùng   IE: No need to accompany me further (said by guest)

  590.1 búsùng   IE: I won't accompany you further (said by host to guest)

591. chǐnghwéi   IE: Please return (by guest)

592. màndzǒu   IE: Depart slowly, be careful, take it easy (said by visitor upon departure from a home)

593. dàimàn   IE: I have treated you shabbily (said to a friend at close of party or gathering)

594. lǐngjyàu   IE: May I receive your instruction? (polite remark said before asking a question or seeking advice)

     a. Wǒ yǒu yige wèntí gēn nín lǐngjyaulǐngjyau.

595. shòu ... yǐngsyǎng   PATT: be influence by ...

     a. Nǐ kéyi kànchūlai tā hwà de hwàr shr shòule Fàgwo hwàjyāde yǐngsyǎng.

596. búdàn (shr) ...   PATT: Not only ... but
     érchyě(yǒu)... .   also ... .

    a. Búdàn shr syàsywě érchyě yǒu gwāfēng.

597. yánggwěidz   N: 'foreign devil'
                                foreigner

    a. Tyān búpà, dì búpà, jyòu pà yánggwěidz
       shwō Jūnggwo hwà.

598. kāi wánsyàu   VO: make fun of, to crack
                                a joke

    a. Byé gēn wǒ kāi wánsyàu.

599. mǎhū   SV: be careless, not
                                serious-minded
  599.1 mǎmǎhūhū   SV: be careless, not
                                serious (Literally: horse-
                                horse tiger-tiger)

    a. Tā syànglái shr mǎmǎhūhū.

600. húdu (or) hútu   SV: be muddled, mixed up,
                                stupid, dumb
  600.1 húlihúdū   SV: be muddled, mixed up,
                                stupid

    a. Tā tài húlihúdū le.   Shémma shrching dōu nùng-
       buchīngchu.

601. Tsáu Tsāu   N: Ts'ao Ts'ao. A famous mili-
                                hero in Chinese history who
                                lived during late Han and
                                early Three Kingdoms periods.
                                Early third century A.D.

    a.'Shwōdau Tsáu Tsāu, Tsáu Tsāu jyou dàu.

602. dzǎuwǎn   A: sooner or later

    a. Tā dzǎuwǎn yàu dàu Jūnggwo chyù.

603. pàngdz   N: fat person

604. -kǒu   M: mouthful, measure for person
  604.1 yìkǒu fàn   a mouthful of rice
  604.2 jǐkǒu (r) rén   how many persons (in a family)?

    a. 'Pàngdz búshr yìkǒu chřde.'

Fāyīn Lyànsyí

1. Lǐ dwō rén búgwài.
2. Gwèide búgwèi, jyànde bújyàn.
3. Tyān búpà, dì búpà, jyòu pà yánggwěidz shwō Jūnggwo hwà.
4. Shwō hwà rúngyi, dzwò shř nán.
5. Hwódàu lǎu, sywédau lǎu.
6. Hwèide bùnán, nánde búhwèi.
7. Shwō Tsáu Tsau, Tsáu Tsau jyou dàu.
8. Búpà màn, jyòu pà jàn.
9. Pàngdz búshr yìkǒu chřde.
10. Bàishòu bàishòu.
11. Dàusyǐ dàusyǐ.
12. Hwānyíng hwānyíng.
13. Búsùng búsùng.
14. Wǒ bùywǎnsùngle. Yǒu gūngfu chǐng dzài lai wár.
15. Wǒ gēn nin lingjyàu dyǎr shř.

Wèntí

1. Sz̄ Ss. gen Jàu Ss. tánchi shémma láile? Sz̄ Ss. hwèi
   shwō Jūnggwóde kèchihwà ma? Tā dōu hwèi shémma?

2. Sz̄ Ss. jywéde shémma yàngrde kèchihwà dzwei nán? Jàu
   Ss. yǐwei něigàngrde kèchihwà kéyi búyùng? Něiyàngrde
   fēi yùng bùkě?

3. Jàu Ss. yǐwei shémma yàngrde kèchihwà rúngyi sywé?
   Shémma yàngrde kèchihwà nánsywé?

4. Shémma yàngrde fēngsu syígwàn Měigwo gen Jūnggwo yíyàng?
   Shémma yàngrde búyiyàng?

5. Dàu péngyou jyā chyu, péngyou sùng kèren chūlai, kèren
   yīnggāi shwō shémma? Yàushr nǐ sùng nǐde kèren dàu
   ménkǒur, nǐ shwō shémma?

6. Jūnggwo ren chǐng kè, chřfàn yǐchyán cháng shwō shémma?
   Kèren dzǒude shŕhou shwō shémma?

7. Sŝ Ss. jywéde kèchihwà yǒuyùng meiyou? Tā hái syǎng
   sywé shémma hwà?

8. Sz̄ Ss. hwèi shwō něi jijyù súhwà? Nǐ hwèi shwō néi
   jijyù súhwà?

9. Wèi shémma Jàu Ss. shwō Sz̄ Ss. bùnéng swànshr yánggwěidz?
   Sz̄ Ss. jywéde ta dz̀jǐde Jūnggwo hwà dzěmmayàng?

10. Jàu Ss. jywéde shwō hwà nán bunán? Tā jywéde Měigwo
    rén dwèi shwō hwà dōu hěn jùyì, wèi shémma?

11. Sz̄ Ss. yǐwei Měigwo ren shwō hwà dōu hěn chīngchu ma?

12. Jūnggwode súhwà yǒu gēn Měigwode chàbudwōde ma? Nǐ
    jr̄dau jǐge?

13. Yǒu meiyou gwānyu Jūnggwo súhwàde shū? Yǒu meiyou
    gwānyu Měigwo súhwàde shū? Yǒu meiyou Jūngwén Yīngwén
    dzai yíkwàr de?

14. Jàu Ss. yàu syě nèiyàngrde shū ma? Sz̄ Ss. néng bunéng
    syě nèiyàngrde shū?

15. "Bàishòu", "bàinyán", "bàijyé", "dàusyǐ" dōushr dzai
    shémma shŕhou yùng?

16. "Lǐ dwō rén búgwài" shr shémma yìsz? "Lǐ dwō rén
    búgwài" de "lǐ" dz̀ shr shémma yìsz?

17. "Tyān búpà, dì búpà, jyòu pà yánggwěidz shwō Jūnggwo
    hwà," shr shémma yìsz?

18. "Shwō hwà rúngyi, dzwò shr̀ nán," gēn "hwódau lǎu,
    sywédau lǎu," dōu shr shémma yìsz?

19. "Hwèide bùnán, nánde búhwèi," shr̀ shémma yìsz? "Pàngdz
    búshr yìkǒu chr̄de," shr̀ shémma yìsz? Dzài shémma
    shŕhou yùng?

20. "Búpà màn, jyòu pà jàn," shr̀ shémma yìsz? Nèige "pà"
    dz̀ shr̀ shémma yìsz? Jèijyu hwà shémma shŕhou yùng?

Nǐ Shwō Shémma?

1. Yǒu rén gwò shēngr̀, gwò nyán, hwòshr gwò jyé de shŕhou,
   nǐ gēn tāmen dōu shwō shémma?

2. Yǒu rén jyéhwūnde shŕhou nǐ shwō shémma? Shēng
   syǎuhár ne?

3. Nǐ yàu wèn wèntí, dzài wèn yǐchyán, nǐ yīngdāng syān
   shwō shémma?

4. Yàushr yǒu rén shwō nǐ hěn yǒulǐmàu, nǐ shwō shémma?

5. Yàushr yǒu rén shwō nǐde Jūnggwo hwà shwōde hěn hǎu,
   nǐ shwō shémma?

Gùshr

(on record)

Fānyì

1. Translate into Chinese:

   1.1 They are all the same kind of people.

   1.2 He has very good manners.

   1.3 Tomorrow will be his birthday. What kind of gift
   are you going to give him?

   1.4 I gave him a generous present, because as the
   Chinese saying goes: "People don't criticize you
   for being over courteous."

   1.5 He himself broke the glass but he blamed it on me.

   1.6 What do you say! Is it genuine or a fake?

   1.7 What do you say in Chinese on New Year's day?

1.8 When he came back, we had a big party to welcome him.

1.9 Just compare them, you'll find out which is thick and which is thin.

1.10 There is something I don't quite understand; I want to ask you about it.

1.11 Some Chinese call foreigners foreign devils; I don't know why. Maybe they just want to make fun of them.

1.12 This is very important, don't be careless.

1.13 He is so old that he's getting muddled.

1.14 Don't worry. Sooner or later I will give you back the five dollars.

1.15 Eat it. Just a mouthful won't hurt you.

2. Translate back into Chinese:

(577) a. As the saying goes: "To those who know how, it is not difficult; those who find it difficult, don't know how."

(578) a. I don't like to talk with this kind of people.

(579) a. That child has good manners.
      b. In the West, hand shaking is a form of courtesy.

(581) a. If I say something wrong, please don't be offended.
      b. That person is very odd.
      c. "People don't criticize a person for being over courteous."

(582) a. His beard is false.

(589) a. Compare these two.
      b. That one is a little bigger.

(594) a. I have a question to ask you. (Please en-
         lighten me.)

(597) a. I fear neither heaven nor earth, but only the
         way a foreigner speaks Chinese.

(598) a. Don't make fun of me.

(599) a. He is always careless.

(600) a. He's too muddled. He doesn't get anything
         straight.

(601) a. Speak of the devil and he appears.

(602) a. Sooner or later he'll go to China.

(604) a. "A fat person doesn't become fat in one mouth-
         ful."

LANGUAGE CHANGE IN CHINA

As the dialogue of this lesson indicates the rapid
but uneven changes in language use that have taken
place in modern China, especially in the urban areas
of the People's Republic, have led to a good deal of
uncertainty about what is proper in various linguis-
tic circumstances. Considerable variations exist
among speakers of Chinese in the various Chinese
speaking areas: in the People's Republic, on the is-
land of Taiwan, in Hong Kong and in the Chinese
speaking communities in foreign lands. Generally in
all these areas the tendency has been towards greater
simplicity, more directness, and much less use of
language that is representative of 'old' China, that
is the China before 1949. Certainly in forms of add-
ress, there are considerable variations even between
Chinese not to speak of the problems which arise when
Chinese speak to foreigners and vice versa. Such prob-
lems are not vital to the beginning or intermediate
student of the language. Such a student must continue
to concentrate on the major problems which face all

students of a modern foreign language: master the
sounds of the language, master the basic grammatical
patterns and acquire the fundamental vocabulary.
Variations of language use will always occur because
any modern language is continually growing and chang-
ing. These differences can be best appreciated and
mastered in the native environment. The basic voc-
abulary stock of words relevant for the beginning
and intermediate student has not changed consider-
ably. The major changes in vocabulary usage and
custom relate to the advanced levels and especially
to technical vocabulary.

    For reference purposes we present here a list
of some words where usage has altered. We limit
this list to only those words that either relate to
the situational dialogues of this book or are other-
wise useful to the intermediate level student of
Chinese.

syīngchī	week. Replaces lǐbài ('week'). Thus syīngchī-yī, -èr, sān, sź, etc.
sywésyí	to study, learn. Now more common than niàn (to study).
yìchǐ	together. Competing with yíkwàr.
syānsheng	'Mr.' Use as a title still persists, especially in rural areas.
tàitai	'Mrs.' Use as title declining.
syáujye	'Miss' Use as title declining.
aìren	husband, wife, fiancé, fiancée. Replacing jàngfu ('husband'), and tàitai, nèiren ('wife') especially in People's Republic. Never used as title. Non-Chinese should use the word with caution.
gàusu	to tell. Now preferred over gàusung.
Nǐ syìng shémma?	What is your(sur)-name? replacing the respectful Nín (or nǐ) gwèisyìng?
shŕjyān	time. Replacing gūngfu for meaning 'leisure time, free time.'

-bian,-biar   suffix for placewords as shàngbian 'top'
              now replacing -tou but both suffixes
              still in use.

syǎude   to know. Competing with jřdau ('to know')

-yuán   suffix for person increasing in use. As
              in shòupiàoyuán ('ticket seller')

nǐ jīa   your home. Replacing the respectful fǔ-
              shàng ('your home')

dwànlyàn   to do physical training or exercise
              Now more common than yùndùng.

Fǎyǔ   French language. Equivalent to
              Fǎgwo hwà.

gūngdzwò   to work (V), work (N) gaining in pop-
              ularity over dzwòshř, 'to work'

Hànyǔ   Chinese language. Now heard often as
              equivalent to Jūnggwo hwà.

Hàndž   Chinese characters. Now heard often
              as equal to Jūnggwo dž.

jyàushř   classroom. Competing with kètáng with
              identical meaning.

lǎushř   teacher. Used also as title. Replaces
              syānsheng in this meaning.

māma   usual meaning 'mom' but now often used
              for 'mother'.

niàn   usual meaning 'to study' but now has
              meaning of 'to read aloud'. Sywésyí
              is now used for the general concept of
              'to study'. Sywé is also used in this
              meaning but is mostly used with speci-
              fic object.

syǎushř   hour. Gaining ascendancy over jūngtóu
              ('hour')

bìsyū   must. Gaining increased use over bìděi
              but both still common.

Nǐ hǎu!   Hello, How do you do, Pleased to meet you.
              Replaces the respectful Jyǒuyǎng ('pleased
              to meet you').

nín	you (respectful pronoun). Used by many Chinese in addressing themselves or in addressing foreigners. Some regard it as overly polite and prefer 'nǐ'.
shāngdyàn	store. Replaces pùdz (store, shop).
tóngjř	comrade. Preferred by many Chinese as a form of address used in reference to both men and women. Should by used by foreigners with caution.
bàba	usual meaning 'papa, dad' now often used for 'father'
tsāochǎng	playground, sportsfield. Competing with yùndùngchǎng
tśzdyǎn	dictionary (including compound words). Competing with dżdyǎn in this meaning.
náli, náli	'You flatter me' (spoken in reply to a compliment. Replaces Gwòjyǎng ('You flatter me').
fúwùyuán	general term for service personnel. Replaces hwǒji ('waiter') and other older terms referring to service personnel.
chìchējàn	bus stop. Abbreviated form of gōnggōngchìchējàn.
syǎupéngyòu	polite form of address for a child. (Lit. 'little friend').
yóujyú	post office. Now more common than yóujèngjyú, especially in the People's Republic.

LIST OF NOTES ON SENTENCE STRUCTURE

CHINESE DIALOGUES

VOCABULARY

A

B

bànfǎ   N: method of doing, way to do
                                something   223
   bàngūng   VO: to conduct official business   283

bāu   V/M: wrap/package, parcel   77
   bāuchilai   RV: wrap up   77
   bāugwǒ   N: parcel, parcel post
                                (M. - jyàn, - ge)   63
   bāushang   RV: wrap up   77

bǎusyǎn   VO: buy insurance, guarantee
                             V/SV: guarantee/be safe   152
   bǎu hwǒsyǎn   VO: buy fire insurance   152

bàushangde dàtímu   headlines   298

-bēi   M: glass of, cup of   121
   bēi(dz)   N: cup, glass   121

běifāng   N: the North   38
   běifāng rén   N: Northerner   38
   Běijīng Dàsywé   National Peking University   49

-bèi   M: times, - fold   212

bèishū   VO: recite (a lesson); to
                                memorize, to learn by heart   196

běndì   N: local place, indigenous native   285
   běndì rén   N: natives (of a place)   285

bídz   N: nose   13

bǐfang   N/V: example/describe with gesture   138
   bǐfangshwō   V: for instance   138
   bǐjyǎu   V/A: compare/comparatively   326

bìyè   VO: graduate   49

bīng   N: ice   270
   bīngjilíng   N: icecream   270

bǐnggān   N: cookies or crackers
                                (M: -kwài,-hé)   270

bìngjyà   N: sick leave   213
   bìngszle   RV: die of illness   198

búdàn...⎰bìngchyě(yě)⎱érchyě(yě)		not only....but	255
búdàn...shènjr`yú...		not only... but even...	311
búdàu	V:	less than, not quite (usually followed by a numeral)	24
búdzàihu		it doesn't matter, I don't care, it makes no idfference to	269
búgwò	A:	but, only	165
bújyàndé	IE:	not necessarily (so)	313
búlwùn (wúlwùn)	A:	it doesn't matter, no matter what	123
búsùng	IE:	Don't accompany me further (by guest); I won't accompany you further (by host)	326
búswàn		doesn't count, not reckoned as, not considered	
bùdélyǎu	IE:	extremely, very; terrific	135
bùgǎn shwō	IE:	one doesn't dare say, uncertain	138
bùgwǎn	V:	don't care whether, no matter whether	4
bùhǎuyìsz	A/SV:	be embarrassed, be shy	15
bùrú	V:	is not up to, is not as good as	253
bùsyú dùng		hands off, don't move	268
bùtúng	SV:	be different (more literary than bùyíyàng)	312
bù	N:	cotton cloth (M: -pǐ, bolt; -mǎ, yard; -chř, foot; tswùn, inch)	75
bù dzwòde		made of cloth	75
bùsyé	N:	cotton shoes	75
bùyīshang	N:	cotton garment	75
bwōli	N:	glass, plastic	121
bwōlibēi	N:	glass, tumbler	121
bwōlide		glass	121
bwōli dzwòde		made of glass or plastic	121
bwōli píbāu		plastic hand bag	121
bwówùgwǎn	N:	museum	254
byǎu	N:	chart, blank, form (M: -jāng)	239
byé sùng	IE:	Don't accompany me further (by guest only)	326

C

chá	V: investigate, inspect, look up	299
cháchulai	RV: find out about	299
chá dž	VO: look up words	299
chá džhyǎn	VO: consult the dictionary	299
chá pyàu	VO: to punch tickets, to examine tickets	180
chápyàude	N: conductor	180

| chábēi | N: teacup | 121 |
| cháyè | N: tea leaf | 38 |

| cháng | V: taste | 25 |
| chángchūlai | RV: make out (tasting) | 224 |

chángchu	N: strong point (of people)	238
chángdwǎn	N: length	76
cháng wàdz	stocking	77

| -chǎng | BF: field | 212 |

chàngchi gēr laile	RV: begin to sing	137
chàng dzànměishr̄	VO: sing a hymn	195
chàng syì	VO: sing opera	254

chǎu	V: saute, fry	25
chǎu fàn	VO: to fry rice	25
chǎufan	N: fried rice	25
chǎu jīdàn	VO: scramble an egg	26
chǎujīdàn	N: scrambled egg	26
chǎumyàn	N: "chow mein"	270
chǎu tsài	VO: to prepare a fried dish	25
chǎutsài	N: a fried dish	25

| chènshān | N: shirt (M: -jyàn) | 152 |

chéng	SV: be O.K., be satisfactory	63
chéng	V: become	225
	RVE: (change) into	

| chéngshr̄ | SV: be honest, sincere | 120 |

| chídǎu | V: pray | 196 |

| chí | V: ride, straddle | 255 |

chí (continued)
  chí dzsyíngchē   VO: ride a bicycle   255
  chí mǎ   VO: ride horseback   255

chíshŕ   A: in fact, as a matter of fact   267

-chǐlai   RVE: start to, begin to; (also
                         indicates success in attaining
                         object of the action)   137
  chǐ míngdz   VO: give a name, to name   120

chìhou   N: climate   311

chínjin   SV: be diligent (referring to
                         physical work)   120

chīng   SV: light (in weight)   64

chīngjing   SV: be quiet   285

chīngnyán(ren)   N: young person   268
  chīngtsài   N: green vegetables   123

chíngsying   N: condition, situation   164

chíng tyān   N/VO: clear sky, day or weather   39

chǐng dàifu   VO: call a doctor   137
  chǐnghwéi   IE: Please return (by guest)   326
  chǐng jyà   VO: ask leave   213
  chǐng kè   VO: invite guests, give a party 121
  chǐngwèn   IE: may I inquire   135

chōu yān   VO: smoke   48

chŕ àszpǐlíng   VO: take aspirin   138
  chŕchūlai   RV: make out (tasting)   224
  chŕkǔ   VO: suffer bitterly   198

chū   V: produce (natural and
                       manufactured goods)   164
  chūchǎn   V/N: produce/product, produce
                       (natural)   164
  chūdzū   V: for rent   90
  chūhàn   VO: sweat, perspire   240
  chū júyi   VO: suggest a plan   254

chū (continued)
  -chūlai   RVE: make out, distinguish   224
  chūshr̀   VO: have something go wrong,
                           have an accident   151
  chū tàiyang   VO: sun comes out   254

chūjí-jūngsywé   N: junior high school   212
  chūjūng   N: junior high (abbr. of 378.1) 212
  chūjūngyī (nyánjí)   first year of junior high   212

chúle (chúchyu...yǐwài   in addition to..., besides   164

chù   BF: place, office, point feature 238
                        M: (for dìfang) specifies
                           localization
  chùchù   N: everywhere   238

chwán   V: pass, spread   196

chwán jyàu   VO: propagate religion,
                           to preach the gospel   196
  chwánlai chwánchyu   pass around   197

chwánjǎng   N: captain (of a boat)   211

chwáng   N: bed (M. -jāng)   14
  chwángdāndz   N: bed sheet (M: -chwáng, -gè)   151

chwūnjyà   N: spring vacation   213
  chwūnjyà-lyǔsyíngtwán Spring Vacation Travel Club   283
  chwūnsyàchyōudūng   N: spring, summer, fall and winter 37
  chwūntyan   TW: spring   37

chyānwàn   A: by all means, without fail,
                           be sure   15

chyánhòu   A: all told, altogether,
                           (from beginning to end)   312
  chyánhòu yígùng   first and last, altogether   312

chyánywàn(r)   N: frontyard   37

chyǎn   SV: be light (in color), shallow
                           (of water, thought)   76
  chyǎnhúng   N: light red   76
  chyǎnlán   N: light blue   76

chyáng	N: wall	91
chyōutyan	TW: fall	37
chyóu	V: ask, beg	211
chyóu rén	VO: ask for help, ask a favor	211

chyǔ	V: fetch, take out, call for (jyē and chyǔ both mean 'fetch', but jyē usually refers to people, chyǔ to things)	3
chyǔ bāugwǒ	VO: get parcel post	63
chyǔchulai	RV: take out, withdraw	4
chyǔ chyán	VO: fetch money, withdraw money	4
chyǔ dūngsyi	VO: fetch things	3
chyǔ syíngli	VO: get baggage	3

chyùnyan nyándǐ	TW: end of last year	282
chyù syìn	VO: send a letter (there)	50

chyúng	SV: be poor	198
chyúngrén	N: poor people	198

D

-dá	M: dozen	77

dǎbuchilái	RV: will not start to fight	137
dǎchilaile	RV: begin to fight	137
dǎ chyóu	VO: play ball	255
dǎdechilái	RV: will start to fight	137
dǎ dyànhwà dǎbutūng	cannot put through a phone call	313
dǎjēn	VO: innoculate	138
dǎkāi	RV: open up	196
dǎszle	RV: killed (by beating or a gun)	198
dǎting	V: to inquire or ask about	62

dàchyántyan	TW: three days ago	92
dàhòutyān	TW: three days from today	92
dàjyā	N: everybody	3
(dà) lǐtáng	N: auditorium	212
dàsyǎu	N: size	76
dàsywé	N: College, University	49
dàsywé yīnyánjí	freshman	49
dàyī	N: overcoat (M: -jyàn)	152

dàifu   N: medical doctor, physician   137

dài(je)   V: lead   224

dàimàn   IE: I have treated you shabbily
                                (said to a friend at the
                                close of a party)   326

dài yǎnjìng(r)   VO: wear glasses   211

dānchéngpyàu   N: one way ticket   178
   dāndz   N: list (M: -jāng, -gè)   151

dānwu   V: to delay, waste (cf. fèi)   239
   dānwu gūngfu   waste time, take time   239
   dānwu shŕhou   waste time, take time   239
   dānwu shŕching   delay a business affair   239

dāngjūng   PW: the center of, middle of   63

dāuchā   N: knife and form (M: -fèr, -tàu)   121

dǎuméi   SV: be unlucky   151

dàu   V: pour   312
   dàu chá   VO: pour tea   312
   dàu shwěi   VO: pour water   312
   dàu(shr)   A: and yet, on the contrary   63

dàudǐ   A: after all, at bottom; (what)
                                in the world?   311

dàuli   N: teaching, doctrine   197
   dàusyǐ   IE: congratulations   326

dé   V: be ready   135
                             RVE: ready, completed   135
   dé   V: get   254
   dé bìng   VO: get sick   254
   débulyǎu   RV: cannot be ready on time   135
   dé chyán   VO: receive money (as a gift or
                                prize)   254
   dé dūngsyi   VO: receive something (as a
                                gift or prize)   254
   dé érdz   VO: have a baby   254
   déjau   RV: got   254

dé (continued)

dé jīngyan	VO: gain experience	254
dé jŕshr	VO: gain knowledge	254
dé sywéwen	VO: acquire learning	254

dēng	N: lamp, light	90

dēng	V: insert (an advertisement, notice, etc.)	90
dēng bàu	VO: put in the paper	90
dēng gwǎnggàu	VO: put an advertisement in the paper, magazine, etc.	90
dēngsānlwúrde	VO: pedicab - man (lit. one who pedals a pedicab)	179

-děng	M: grade, class	178

dīsya	RC: bow down	196
dītóu	VO: bow the head, lower the head	196

dìbǎn	N: floor	91
dìlǐ	N: geography	213

dìwǔtséng	fifth floor	239
diyīye	the first page	224

dǐng	A: most	311
dǐng hǎu	excellent	311
dǐng kwài	fastest	311
dǐng yǒuchyán	richest	311

dìng	V: fix, order	92
dìngchyan	N: deposit (on purchase or rent)	92
dìng dìfang	VO: agree on a place, reserve a place	92
dìng dzwòr	to reserve a seat	180
dìnghǎule	RV: settled	92
dìng shŕhou	VO: make an appointment, set a time	92
dìng ywēhwei	VO: make a date or an appointment	165

dūngtyan	TW: winter	37

dūngywàn(r)	N: east yard	37

dùng	V: move, touch	268
dùngbulyǎu	RV: cannot move	268
dùngshēn	VO: start on a journey	284

dùng (continued)
| dùngwù | N: animals | 254 |
| dùngwùywán | N: the Zoo | 253 |

| dùng | N: hole | 150 |

| dwǎnchu | N: shortcoming (of people) | 238 |
| dwǎn wàdz | socks | 77 |

dwèi...yǒu syìngchyu	be enthusiastic about	267
dwèi...yǒuyánjyou	have specialized knowledge in...	50
dwèiyu	CV: with respect oo, in relation to, towards	255

dwōbàr, dwōbàn	A: most likely, most of, the majority	26
dwōshǎu...V...ji...	A: a little bit (more or less)	180
dwōshǎu...V... yìdyǎr...	A: a little bit (more or less)	180
dwōsyè	IE: many thanks	178

dyǎn	V: light, ignite, apply a match to	51
dyǎn hwǒ	VO: light a fire	51
dyǎnjáule	RC: lighted	51
dyǎn yān	VO: light a cigarette	51
dyǎn yánghwǒ	VO: light a match	51

dyànbàujyú	N: Telegraph Office	62
dyàndēng	N: electric light	90
dyànhwàjyú	N: Telephone Office	62
dyànmén	N: switch (electric)	91
dyànyǐngr	N: motion picture	254
dyànyǐngrywándz	N: Movie theater	253

dyàu	V: drop, fall	
	RVE: come off	268
dyàusyachyu	RV: drop, fall	268
dyàusyalai	RV: drop, fall	268

| dyàu yú | VO: fish (with hook and line) | 268 |

| džsyi | SV/A: be careful/carefully (cf. lyóushén; syǎusyin) | 298 |

| dżdyǎn | N: dictionary | 299 |

dzláishwěi	N: running water	91
dzláishwěibǐ	N: fountain pen	91
dzrán	SV/A: be natural/of course, naturally	224
dzsyíngchē	V: bicycle	255
dzsz̄	SV: be selfish	313
dzájr̀	N: magazine	299
dzài shwō	A-V: see about it, talk further, consider it further	
	A: furthermore, moreover	50
dzàihu	V: be of concern to, care	269
dzànměi	V: praise	195
dzànměishr̄	N: hymnal, hymn	195
dzāugāu	SV: what a mess! too bad	151
dzǎuwǎn	A: sooner or later	327
dzéi	N: thief	151
dzǒubudùng	RV: too tired to walk any farther	268
dzǒulái dzǒuchyù	walk back and forth	197
dzǒushúle	RV: go over (a piece of road) until familiar with it	284
dzū	V: rent	90
dzūchuchyu	RC: rent out	90
dzūchyan	N: rental	90
dzū fáng	VO: rent a house	90
dzǔjr	V/N: organize, organization	283
dzūngjyàu	N: religion	298
dzǔng(shr)	A: always	37
dzwěi	N: mouth	14
dzwòshúle	RV: do (something) until familiar with it	284
dzwòchéng	RV: accomplish	225
dzwòdéle	RV: the job is completed	135
dzwò lǐbài	VO: attend a religious service, go to church	195

dzwòshúle (continued)
dzwò lyànsyí	VO:	do exercise	225
dzwòmèng	VO:	dream	239

dzwòbusyà	RV:	will not seat	77
dzwòmǎnle	RV:	all seats are taken, (the room) is full	195
dzwò sānlwúr	VO:	to ride a pedicab	179
dzwòwèi (dzwòr)	N:	seat (M: -gè)	180

E

èszle	RV: die of hunger, starve (to death)	198

ěrbíhóukē	N: ear, nose, throat department	238
ěrdwo	N: ear (M: -jř, one of a pair)	14

èrděng	second class	178

F

fāshāu	VO:	have a fever	138
fāyīn	VO/N:	pronounce/pronunciation	224

fāncheng Jūngwén	RV-O:	translate into Chinese	225
fān(yì)	V/N:	translate/translation; translator	225
fānyi shū	VO:	translate books	225

fǎnjèng	MA: anyway, anyhow	63

fàndyàn	N: hotel	285

-fāng	BF: direction, a region	38

fángdūng	N: landlard, landlady	90
fángdzū	N: house rent	90

fàng jyà	VO:	close school for a vacation, to have a vacation	213
fàng sāntyān jyà		have three days vacation	213
fàngsya	RV:	put down	77

fēijīchǎng	N: air field	212

fèi	V: waste, use a lot	122
fèichyán/		
fèi chyán	SV/VO: expensive/cost money, take money	122
fèishŕhou/		
fèi shŕhou	SV/VO: time consuming/use time, take time	122
fèishr̀/fèi shr̀	SV/VO: laborious, troublesome/ take a lot of work	122
fēn	V: divide, separate, share	197
fēnbyé	N: difference	224
fēnbye dzai jèr	the difference is right here	224
fēnbye hěn dà	the difference is considerable	224
fēncheng sānkwài	RV-O: divided into three pieces	225
fēn dūngsyi	divide things	197
fēngei wǒ		
wǔkwai chyán	give me my five dollar share	197
-fēnjr̄-	M: pattern for fractions	212
fēnkai	RV: separate	197
fēngfù	SV: be abundant, rich	164
fēng	N: wind	38
fēngjǐng	N: scenery, view	38
fēngsú	N: custom	313
-fèr	M: issue, number (of something published periodically)	298
fŭshang	IE: home, residence, family (courteous reference to other people's)	48
fŭdzá	SV: be complicated (opposite of jyǎndān)	299
fùjìn	N: vicinity, near by	62

<u>G</u>

gāi	V: it is fitting that, should	239
gāi dzǒule	it's time to go	239
gāi shéi?	whose turn?	239

gǎi   V: correct, change, alter, revise   165
  gǎibulyǎu   RV: cannot change   166
  gǎidelyǎu   RV: can change   166
  gǎihǎule   RV: corrected   166
  gǎihwàile   RV: change for the worse   166
  gǎi yīshang   VO: alter clothes   166

gǎn   V: dare, wenture   138

gǎnjǐn   A: hurriedly, at once, promptly   76

gāují-jūngsywé   N: senior high school   212
  gāujūng   N: senior high (abbr. of 379.1)   212
  gāujūngsān
   (nyánjí)   N: third year of senior high   212

gè-   SP: each, every   282
  gèchù   N: everywhere   282
  gèjǔng   N: different kinds   282
  gèyàngr   N: different kinds   282
  "gè yǒu swǒ
   cháng"   IE: each one has its own good
        points   312

gěi...jywān chyán   raise money for...   197

gēn   V: follow   179
  gēnje   V/A: follow   179
  gēn...jyéhwūn   get married to   49
  gēn...jywān chyán ask for contribution,
        solicit fund   197
  gēnshang   RV: catch up   179

gù   V: hire, employ (used with
        reference to the laboring
        class, compare with chǐng)   120
  gù chē   VO: hire a conveyance   120
  gù chúdz   VO: employ a cook   120
  gù rén   VO: employ people   120
  gù sānlwúr   VO: to hire a pedicab   179
  gù yùngren   VO: employ a servant   120

gūnggùng-chìchē   N: bus, public vehicle (M:
        -lyàng for cart, -tàng for
        trip)   4
  gūnglì(de)   BF: publicly established (school,
        factory, etc.)   165

gūnggùng-chìchē (continued)
<pre>
  gūngshr̀   N: official or public business,
                          in contrast to sz̄shr̀,
                          personal or private matters   283
  gūngshrfángr   N: office   283
  gūngsz̄   N: company, corporation   135
  gūngywán   N: park   253

gūngkè   N: field of learning, course,
                          lessons, school work
                          (M: -mén: course)   50
  gūngkèbyǎu   N: schedule of day's classes   213

gūngchyan   N: wage   121

gùngchǎnjǔyì   N: communism   299

gwā húdz   VO: shave (interchangable with
                          gwā lyǎn)   267

gwā fēng   VO: wind blows   38

gwà   V: hang (something)   136
  gwàchilai   RV: hang up   136
  gwàhàu   VO: register   63
  gwàhàuchù   N: registration (desk, window,
                          etc.)   238
  gwàhàu syìn   N: registered letter (M: -fēng)   63
  gwà páidz   VO: to check baggage   179
  gwàshang   RV: hang up   136

gwài   V/SV: blame, be offended at,
                          be strange, queer   325
  gwàibude   A: no wonder that   325

gwān   N: officer   150

gwānyu   CV: about, concerning, in   282
  gwānsyi   N: relation, connection,
                          relevance   122

gwǎn   V: manage, take care of,
                          attend to   4
  gwǎndelyǎu   RV: can manage (actual form
                          uncommon)   4
  gwǎndz   N: tube, pipe (M: -gēn)   91
</pre>

-gwǎn	N: hall, building	212

| gwāng | N: light, ray | 240 |

Gwǎngdūng	PW: Kwangtung (province)	26
Gwǎngdūng hwà	N: Cantonese (dialect)	26
Gwǎngdūng rén	N: Cantonese (people)	26
gwǎnggàu	N: advertisement	90
gwēijyu	N: customs, rules and regulations	180

gwò	V: pass, cross over	4
gwòchyu	RV: go over, pass away (die)	4
gwòjùng	SV: overweight, too heavy	64
gwòjyǎng	IE: you flatter me	24
gwò jyē	VO: cross a street	4
gwò jyé	VO: celebrate a festival	325
gwòlai	RV: come over	4
gwò NU -tyáu jyē	go NU blocks	4
gwò nyán	celebrate the new year	325
gwò shēngr	VO: celebrate a birthday	325

H

| hánjyà | N: winter vacation | 213 |

| hàn | N: sweat | 240 |

| Hángjōu | PW: Hangchow | 283 |

hángkūngkwàisyìn	N: air mail special delivery (M: -fēng)	62
hángkūngsyìn	N: air mail (M: -fēng)	62
hángkūngsyìnféngr	N: air mail envelope	64
hángkūngsyìnjř	N: air mail letter paper	64
hángkūngyóupyàu	air mail stamp	63

hǎu	A: in order to, so that	285
hǎuchu	N: good point, benefit	238
hǎushwōhwà	SV: be affable, easy to get along with	123
hǎusyàng	V/A: resemble/a good deal like, just as though, it seems that	26
hǎusyàng...de yàngdz	resemble, appearance of	26

hǎu (continued)

hǎusyang...shrde	resemble	26
hǎuwén	SV: be good to smell	25
-hàu(r)	M: number, size	75
hébì	A: why is it necessary to?	136
hébì fēi...bùkě	why insist on...? why must?	136
héchi	SV: be friendly, affable	135
hédz	N: box (small)	77
-hé(r)	M: a box of	77
héshr̀	SV: be suitable, fit	76
hēibǎn	N: blackboard (M: -kwài)	225
hěnjyǒu méijyàn	Ph: haven't seen you for a long time	90
hòu	SV: thick (in dimension)	64
hòuywàn(r)	N: backyard	37
hūrán	MA: suddenly	268
hú	N: lake	254
húdu (or hútu)	SV: be muddled, mixed up, stupid	326
húlihúdū (or hūlihútū)	SV: be muddled, mixed up, stupid	327
húdz	N: beard, mustache	267
hújyāumyàr	N: (ground) pepper	25
hùshr̀	N: nurse (M: -wèi)	239
húng màudz	N: red cap	179
húngtúng	N: copper	164
húngyè	N: red leaf	49
hwāywándz (hwāywár)	N: garden	253
hwá chwán	VO: row boat	255

hwàbàu	N: pictorial magazine	299
hwàichu	N: bad point	238
hwānyíng	V: welcome	326
hwánjing	N: environment	254
hwàn	V: exchange, change	91
hwàn chyán	exchange money	91
hwàn dūngsyi	exchange something	91
hwàn yīshang	change clothes	91
hwángjǔngrén	yellow race	49
hwángtúng	N: brass	164
hwār	N: flower (M: -dwǒ)	38
hwéidá	V: answer	225
hwéidá wèntí	VO: answer a question	225
hwèi	AV: may, would	50
hwèi	N: meeting	195
hwó	SV: be alive, living	198
hwóbulyǎu	RV: be unable to live	198
hwógwolai	RV: come to	198
hwóje	living	198
hwǒ	N: fire, stove	51
hwǒchēpyàu	N: railroad ticket	4
hwǒji	N: waiter, clerk (in stores)	75

J

já	V: fry in deep fat	26
jájī	N: fried chicken	26
já jī	VO: fry chicken	26
já jyǎudz	N/VO: fried meat, dumplings	270
jáyú	N: fried fish	26
já yú	VO: fry fish	26
jāi	V: take off (hat, flower, etc.) take down (picture, telephone receiver, etc.; opposite gwà)	135

jāi (continued)
  jāi hwār   VO: pick flowers   135

jǎi   SV: be narrow   75

jànjù   RV: stop, stand still   63
  jàntái   N: station, platform   179

jǎng   V: grow, rise in price   49
  -jǎng   N: head (of an organization)   210

jàng   N: account, bill   313

jāulyáng   VO: catch cold   137

jǎu (chyán)   V(O): make change   77
  jǎu dàifu
    kànbìng   Ph: see the doctor for an ailment 137
  jǎu máfan   VO: look for trouble, make trouble   3

jàu aìkèsz̄-gwāng   VO: take an X-ray   241
  jàu aìkèsz̄-gwāng
    syàng   VO: take an X-ray picture   241
  jyàu syàng   VO: take a picture, be
                      photographed   240
  jàusyàngjī   N: camera   240

jèibān   this class   211
  jèijǔng rén   this kind of person   49
  jèisywéchī   this term   213

jēn   N: needle, pin
                      M: stitch, shot, etc.   137

jěng   A: just, exactly   178
  jěng bādyǎn
    (bādyǎn jěng)   eight o'clock sharp,
                      exactly eight o'clock   178
  jěng shŕkwài chyán ten dollars even   178

jèng héshr̀   just right   76

jèngjr̀   N: politics   298

Jīdūjyàu   N: Christianity (usually refers
                      to the Protestant church as
                      vs. the Catholic church)   165

jīhwèi   N: opportunity, chance   25

jī   N: chicken (M: -jī)   26
  jīdàn   N: (chicken) egg (M: -dá, dozen)   26
  jīdantāng   N: egg drop soup   26

jīchi   N: machine   298

jǐfēnjīrjǐ   NU: what fraction?   212
  jǐkǒu(r) rén?   how many persons (in a family)   327
  jǐnyánjí?   PW: what grade or year (in school)?   13

jì   V: mail, send by mail   62
  jì bāugwǒ   VO: mail parcel post   63
  jìchuchyu   RV: mail out   62
  jìchyu   RV: send by mail (there)   62
  jì dūngsyi   VO: mail things   62
  jìdzǒu   RV: mail out   62
  jìgei   V: mail to   62
  jìlai   RV: send by mail (here)   62
  jì syìn   VO: mail letters   62

jì   remember, keep in mind   62
  jìde   V: remember   62
  jì jàng   VO: put on account, charge   313
  jìje   V: keep in mind   62
  jìjù   RV: fix or hold in mind   62
  jìsying   M: memory   62

jìhwà   V/N: plan   283

jīn-   BF: gold   164
  jīnbyǎu   N: gold watch   164
  jīnde   N: of gold   164
  jīndz   N: gold (M: -lyǎng, ounce)   164
  jīndz dzwòde   made of gold   164
  jīnyíntúngtyěsyī   N: gold, silver, brass, iron
                                 and lead (known as the five
                                 metals)   164

jìnlái   A: recently   239

jīngjì   N/SV: economy/be economical   298
  jīngyàn   N: experience   211

jīngshen   N: spirit   255
  jīngshénbìng   N: mental disorder   255

jǐngchá	N: policeman	150
jǐngchájyú	N: police department	150
jǐnggwān	N: police officer	150
jr̄shr	N: knowledge	254
jŕ	V: be worth (so much	151
jŕ chyán/ jŕchyán	VO/SV: be worth (so much) money/ be valuable	151
jŕde	AV: worth while	151
jř	V: point	238
jǔje	V: pointing	238
jřhǎu	A: the best thing is to...., the only thing to do is....	253
júyi	N: idea, way, plan	254
jǔyì	N: principle (-ism)	299
-jù	BF: (denoting firmness or security)	63
jùsyàu	VO: live in the school	212
jù yīywàn	VO: stay in the hospital	241
jùywàn	VO: stay in the hospital	241
jùywànde bìngrén	N: in-patient	241
jùyì	VO: pay attention (cf lyóushén)	
	AV/V: pay attention to/pay attention	298
jūngsywé	N: high school, secondary school	165
Jūngwén	N: Chinese	64
Jūngwén shū	N: Chinese book	64
Jūngyāng Gūngywán	N: Central Park	253
-jǔng	M: kind of, sort of, race	49
jùng	SV: heavy (in weight)	64
jwāng	V: pack, load	77
jwāngchilai	RV: pack up	77
jwāngmǎnle	RV: packed full	195
jwāngshang	RV: pack up	77

jyǎng	V: explain	163
jyǎngdàu	VO: to preach	197
jyǎnghwà	VO: speak	163
jyǎng jyàchyan	VO: bargain	163
jyǎngshū	VO: explain the lesson, lecture (in class)	163
jyǎngtáng	N: class room	212
jyǎngyǎn	V/N: give a speech, lecture/ a speech	163
jyàngyóu	N: soya sauce	25
jyāu(gei)	V: turn over to, hand over to	179
jyāugei tā	turn over to him	179
jyāutūng	N: communication and transportation	313
jyǎu	N: foot (of a person)	76
jyǎuháng	N: porter (baggage)	179
jyǎudz	N: meat dumplings	270
jyàuhwèi	N: church (organization)	165
jyàuhwèi bànde	operated by the church	165
jyàuhwèi sywésyàu	church or mission school	165
jyàuhwèi yīywàn	church or mission hospital	165
jyàutáng	N: church (building)	165
jyàuyù	N: education	299
jyàuywán	N: teacher (M: -wèi)	213
jyàu shémma míngdz?	What is it called?	120
jyàusyǐng	RV: awaken	196
jyē dyànhwà	VO: answer a phone call	3
jyējau	RV: received, met	3
jyēje	A: continuing, going on, or tying in where one left off when interrupted	224
jyēje nyàn	continue reading	224
jyēje shwō	continue speaking	224
jyēje syě	continue writing	224
jyē rén	VO: meet and escort someone	3
jyēshr	SV: be strong, durable, sturdy	76
jyé	N: festival	325

jyégwǒ   A: as a result, finally
                                N: result, solution   268
   jyéhwūn   VO: marry   49

jyějywé   V: solve, settle   299

jyègwāng   please excuse me, pardon me   180

jyèshàusyìn   N: letter of introduction   211

-jyǒu   SV: long (of time)   90
   jyǒuyǎng   IE: I've longed to meet you   13

jyǒubēi   N: wine, cup or glass   121

jyòu nèmma bàn   IE: Good, let's do it that way.   92
   jyòushr...yě...   A: even if (in supposition)   121

-jyú   BF: office   62
   jyújǎng   N: the one in charge of the
                                   office, as -- yóujèngjyú
                                   jyújǎng -- postmaster   211

jyúdz   N: orange, tangerine   122
   jyúdzshwěi   N: orange juice   122

jyǔ   V: raise   226
   jyǔchilai   RV: raise up   226
   jyǔshǒu   VO: raise one's hand   226

jywān   V: give, donate, contribute   197
   jywān chyán   VO: donate money, raise money
                                   by donation   197
   jywāngei   V: donate to   197

jywédìng   V: decide   92

                              K

kāi   V: make out, write out
                                   (a note, slip, etc.)   150
   kāi dāndz   VO: make out a slip   151
   kāi hwèi   VO: open a meeting, hold a
                                   meeting   195
   kāi lyóushēngjī   VO: play the phonograph   223

kāi (continued)
  kāisyalai   RV: list   151
  kāi wánsyàu   VO: make fun of, to crack a joke   326
  kāi yàufāngr   VO: tp prescribe   241
  kāi yige tyáur   VO: write a note   151

kān   V: watch   284
  kān dūngsyi   VO: take care of things   284
  kān fáng   VO: take care of a house   284
  kān háidz   VO: take care of a child   284

kànchūlai   RV: make out (seeing)   224
  kàndàifu   VO: see the doctor   137
  kàn dyànyǐngr   VO: go to the movies   254
  kànfǎ   N: point of view, way of
                           looking at things   300
  kànje bàn   IE: do as you see fit   123
  kànje syàng   look like   14
  kànlái kànchyù   consider from one angle
                           and another   197
  kàn syì   VO: go to a play   254

kǎu   V: toast, bake   121
  kǎumyànbāu   N: toast   121
  kǎu myànbāu   VO: toast or bake bread   121

kǎu   V: examine, take an examination
                           (in studies)   225
  kǎushr̀   V: examine, take an examination
                           (in studies)
                   N: examination   225
  kǎu shū   VO: examine, take an examination
                           (in studies)   225

kē   N: department   238

késou   V/N: cough   137

kě-   prefixed to verb with much
                           the meaning of the English--
                           able, -ible   240
  kě búshr̀ ma!   IE: isn't that the truth!
                           sure enough   37
  kěchyùde dìfang   places one can go to   240
  kěkǒukělè   N: coca cola   270
  kělyán   SV: be pitiful (cf. kěsyī)   299

kě- (continued)			
kěnéng	SV/A/N:	possible/possibly/possibility	240
kěpà	SV:	be productive of fear	240
kěsyàu	SV:	be laughable, funny	166, 240
kěsyī	SV:	be pitiful, be regretful (cf. dzāugāu)	269
kě	SV:	be thirsty	240
kèshr̀	N:	class room	212
kètáng	N:	class room	212
-kǒu	M:	mouthful, measure for person	327
kūchilaile	RV:	begin to cry	137
kǔ	SV:	be bitter to the taste; be hard, difficult (of life)	198
kùdz	N:	pants, trousers (M: -tyáu)	152
kūng	SV:	be empty, vacant	180
kūngchì	N:	atmosphere, air	312
kūng dzwòr		vacant seat	180
kūng fáng		vacant house	180
kūng hédz		empty box	180
kūngle		it's become empty	180
kūng wūdz		vacant room	180
kwàisyìn	N:	special delivery (M: -feng)	62
kwān	SV:	be wide, broad	75
kwānjǎi	N:	width	76
kwùn	SV:	be sleepy	239

L

lā	V:	pull	211
lāgwolai	RV:	pull over	211
lāshanglai	RV:	pull up	211
lāshǒu	VO:	shake hands	211
lāsyàchyu	RV:	pull down	211
láibují	RV:	there isn't enough time, can't make it	270

láibují (continued)
láidejí   RV: there is time, can make it   270
láihwéipyàu   N: round trip ticket   178
lái syìn   VO: send a litter (here)   50

lǎn   SV: be lazy   267

lèi   M: kind, class, category   325

lǐ   N: courtesy, ceremony; gift,
                    present   325
  lǐbàitáng   N: church (lit. worshipping hall)   165
  lǐmàu   N: manners, courtesy   325

Lǐ Bái   N: Li Po (one of the most
                    celebrated poets of the
                    T'ang Dynasty)   226

lìshř   N: history   211

lǐngjyàu   IE: May I receive your instruc-
                     tion? (used to introduce a
                     query)   326

lúdz   N: stove, range, heater, furnace   91

lùkǒu(r)   N: end of a street   4

lwàn   SV: be confused, in disorder,
                     mixed up, helterskelter,
                     in trouble
                 A: confusedly, recklessly   136
  lwànchībādzāu IE: in confusion, at sixth and
                     seventh   136
  lwàn shwō   speak recklessly, not know
                     what one is saying   136

lyànsyí   V/N: practice   225

lyáng   V: measure   75

lyángkwai   SV: be cool (comfortably cold)   37

lyǎngbān   two classes   212

lyǎubude   IE: extremely, very; terrific   135

lyóu	V: keep, set aside, detain, save	92
lyóuchilai	RV: put away	92
lyóu húdz	VO: grow a beard or mustache	267
lyóushén	V/VO: take care/be careful	138
lyóushēngjī	N: phonograph	223
lyóushēngjī pyāndz	N: phonograph record	224
lyóusya	RV: leave it here	92
lyóu tyáur	VO: leave a message	92

lyǔsyíng   V/N: travel/travel, trip (M: tsż)   282

M

máfan	N: trouble, nuisance	3

mǎhū	SV: be careless, not serious minded	326
mǎmǎhūhū	SV: be careless, not serious minded	326

mǎn	SV: to be full	195

mànchē	N: local train	178
màndzǒu	IE: Depart slowly, be careful (said to a friend who has been visiting and is leaving)	326
mànmār(de)	A: slowly	26

méi	N: coal (M: -jīn, catty; -dwūn, ton)	165

méiyǒu bànfǎ	VO: there is no way out	223
méi dzwòr	there are no seats	180
méigwānsyi	IE: It doesn't matter, it's not important.	122
méi(you) gwānsyi	VO: not related to, not relevant	122
méi jŕshr	VO: uninitiated; uneducated	254
méi shémma kěshwōde	nothing that can be said	240
méisyǎngdàu	RV: didn't expect	152
méi wèntí	IE: There is no problem.	225

ménfángr	N: gatekeeper's room, gatekeeper	211
ménkǒur	N: gate way, door way, in front of the door	120
ménpyàu	N: entrance ticket (of any kind)	4

mèng	N: dream	239
mèngjyàn	RV: dreamed about, see...in a dream	240
mǐ	N: hulled rice (grain) (M: -dǒu, peck; -shēng, pint; -jīn, catty)	164
míngdz	N: name (M: -gè)	120
míngdz jyàu...	(his) name is...	120
mínghòutyān	TW: tomorrow or day after tomorrow	284
mùshr	N: preach, pastor, minister	195
myánhwa	N: cotton (M: -jīn, catty; -bāu, bale)	165
myànbāu	N: bread (M: -kwài for slice; -gè for loaf)	121

N

ná...dzwò bǐfang	take...for an example	138
nájù	RV: take hold of	63
ná shǒu bǐfang	Ph: to describe with the hands	138
nà shr̀ dz̀rán	IE: Naturally!	224
nǎi	N: milk	121
nánchu	N: difficulty	238
nángwài	A: no wonder that	325
nánfāng	N: the South	38
nánfāng rén	N: Southerner	38
nányùngren	N: male servant	4
nèikē	N: medical department	238
nèirén	N: my wife (polite remark)	136
Nín chǐng	IE: please go ahead, after you	39

nùng	V: arrange, take care of, see to, lend to, handle	150
nùngdzŏu	RV: take away	150
nùnghăule	RV: it's been fixed	150
nùnghwàile	RV: break (something)	150
nùngtswòle	RV: made a mistake, didn't do it right	150
nwănhwo	SV: be warm (comfortably warm)	38
nyánchīng	SV: be young	268
nyánchīngde	N: young person	268
nyánchīng rén	N: young person	268
nyándĭ	TW: end of the year	282
-nyánjí	M: grade in school	13
nyàn dàsywé	study in college	49
nyàn Jūngwén	VO: study Chinese	64
nyànshúle	RV: read (a book) until familiar with it	284
nyăur	N: bird (M: -jř)	39
nyăur jyàu	singing of birds	39
nyóu	N: cow, ox, cattle	121
nyóunăi	N: cow's milk	121
nyŭyùngren	N: maid	4

P

páidz	N: sign, tag (baggage), brand, make	179
pài	V: select, appoint or sent (someone to do something)	150
pàngdz	N: fat person	327
păulái păuchyù	run back and forth	197
péi	V: accompany, escort	283
péi(je)ta	to keep him company	283
péi(je)ta chyù	go along with him and keep him company	283

péi (continued)
  péi(je)tadzwò
    yìhwěr   sit with him for a while   283
  péike   N: guest who is not the guest
                     of honor   283
  péi kè   VO: entertain a guest   283

pén   N: basin, tub   91

pèng   V: bump into, run into   49
  pènghwài   RC: bump into and break   49
  pèngjyan   RC: meet by accident   49
  pèngshang   RC: run into   49

pí   N: skin, fur, leather, hide
                     (M: -kwài, jāng)   75
  píbāu   N: hand bag, brief case, suit case 75
  pídàyī   N: fur coat (M: -jyàn)   152
  pídz   N: fur, leather, hide   75
  pídz dzwòde   made of leather   75
  písyāng   N: suitcase, trunk, chest
                     (leather)   179
  písyé   N: leather shoes   75

pínggwǒ   N: apple   49

píngsyìn   N: ordinary mail (M: -fēng)   62

pǔtūng   SV: ordinary, common (cf. píngcháng)
                A: ordinarily   239
  pǔtūng hwà   common speech   239

pùdz ménkǒur   entrance of a store   120

pyāndz   N: record, film   224

pyàndz   N: card, calling card (M: -jāng) 211

pyàu   N: ticket (M: -jāng)   4
  pyàufángr   N: ticket office   179

pyàulyang   SV: be attractive, smart looking 76

R

rènau	SV: be noisy and bustling	267
renkǒu	N: population	164

S

sānděng	third class	178
sānfēnde yóupyàu	a three-cent stamp	63
sānfēnjīyī	NU: one third	212
sānge sywéchī	three terms	213
sānlwúnchē	N: pedicab	179
sānlwúr	N: pedicab (M: -lyàng)	179
sāntsénglóu	third floor, three stories	239
sàn	V: disperse, break up, adjourn	195
sànbù	VO: take a stroll, take a walk	37
sàn hwèi	VO: adjourn a meeting	195
Shāndūngshěng	Shantung province	49
shāndùng	N: cave	150
shāngfēng	VO: catch cold	137
shàngbān	VO: go to class; go to work	211
shàng dàsywé	go to college	49
Shàngdì	N: God (M: -wèi)	196
shànglái syàchyù	go up and down	197
shàngsywéchī	last term	213
Shàusyàn	PW: a fictitious town	164
shèhwèi	N: society	50
shèhwèisywé	N: sociology	50
shēn	SV: be deep (color, water, thought)	76
shēnhwáng	N: deep yellow	76
shēnlyù	N: deep green	76
shēntǐ	N: body, health	255
shènjīyú	A: even, to the point of	311
shēng	V: give birth to; be born	48
shēng	SV: unfamiliar, raw, fresh	284

shēng (continued)

shéng dż		new word	284
shēnghwó	V/N:	live/livelihood, living	312
shēng lúdz	VO:	start a fire in the stove, light the furnace	91
shēngr	N:	birthday	325
shēng rén		stranger, new comer	284
shēng ròu		uncooked meat	284
shēng tsài		raw vegetables	284

shēngyin or shēngr	N:	sound, noise	136

shěng	N:	province	49
shěng	V:	save (economize)	122
shěngchyán/ shěng chyán	SV/VO:	economical/save money	122
shěngde	A:	lest, avoid, in order to prevent (someone from doing something)	285
shěngjǎng	N:	governor of a province	210
shěngshŕhou shěng shŕhou	SV/VO:	time-saving/save time	122
shěngshŕ/ shěng shŕ	SV/VO:	trouble-saving/save trouble	122

Shèngjīng	N:	Holy Bible, the Scriptures, the Bible	197

shōushr	V:	fix, repair, clean up, put in order, straighten out	13
shōushr chìchē		repair an automobile	13
shōushr dūngsyi		straighten things up	13
shōushrhǎule		straightened out	13
shōushr syíngli		pack up	13
shōushrwánle		finished fixing	13
shōushr wūdz		fix up a room	13
shōutyáur	N:	receipt	92

shǒudū	N:	capital	313
shǒushr	N:	jewelry (M: -jyàn)	150

shǒu dyàndēng	N:	flash light	90
shǒujin	N:	towel (M: -tyáu; -kwài)	14
shǒusyu	N:	procedure, process	239

shŕ	N:	poem, poetry (M: -shǒu)	195

shŕdż	N: a cross in the shape of the Chinese character ten (t)	4
shŕdż-lùkŏur	PW: street or road intersection	4
shŕdzài	SV: be real, honest	
	A: really, actually	238
shŕdzài shwō	tell you the honest truth	238
shŕtou	N: rock, stone	254
shŕ	V: try	64
shŕ wēndù	VO: take temperature	138
shú (or shóu)	SV: be well acquainted with; ripe, be cooked, done	283
shú ren	N: acquaintance	283
shŭjyà	N: summer vacation	213
shù	N: tree (M: fē)	38
shùyèdz	N: tree leaf	38
shwā	V: brush	14
shwādz	N: brush (M: -bǎ--generally for things which have handles or parts grasped by the hand in using)	14
shwā yá	VO: brush teeth	14
shwā yīshang	VO: brush clothes	14
shwāi	V: fall (of a person); throw (something) down	269
shwāidǎule	RV: fell down	269
shwāidyàule	RV: fell down and came off	269
shwāihwàile	RV: it fell down and broke; it was thrown and broken	269
shwāijau	RV: fell down and get hurt	269
shwāiszle	RV: fell down and died	269
shwāitǎngsyale	RV: fell flat	269
-shwāng	M: pair (for shoes, socks, gloves, chopsticks, etc.)	75
shwěi gwǎndz	N: water pipe	91
shwěigwǒ	N: fruit	123

shwōfǎ	N: the way of speaking	300
shwōlái shwōchyù	discuss (the matter)	
	back and forth	197
shwō shŕdzàide	tell you the honest truth	238
shwùnbyàn	A: when convenient, at your	
	convenience	283
súhwà	N: proverb, common saying	
	(M: -jyùi)	325
súyǔ(r)	N: proverb, common saying	
	(M: -jyù; (interchangable	
	with súhwà)	325
sùshè	N: dormitory	212
sùng lǐ	VO: give gifts	325
swàn	V: reckon, calculate, add, count	92
swànchulai	RV: figure out	92
swànshang	RV: include in, add, count in	92
swéirán...dàudǐ...	although...after all...	311
swéirán...kěshr...	A: although... (yet)...	24
swǒ	V/N: lock (M: -bǎ)	91
swǒchilai	RV: lock up (things, people)	91
swǒshang	RV: lock up (doors, locks)	91
-swǒ(r)	M: for houses	90
-syà	BF: (RV- ending indicating downward	
	motion or capacity)	77
syàbān	VO: class is dismissed;	
	office hours are over	211
syàchi yǔ laile	RV: begin to rain	137
syàsywéchī	next term	213
syà sywě	VO: snow (falls)	38
syà wù	VO: become foggy	39
syà yǔ	VO: rain (falls)	37
syàywè(ywè)dǐ	TW: end of next month	282
syà	V: startle, frighten	240
syàhwàile	RV: scared to pieces	240
syàsžle	RV: scared to death	240
syà yítyàu	startled	240

syàtyan	TW: summer	37
syán	SV: be salty	25
syánjīdàn	N: salted egg	25
syánròu	N: salted meat	25
syántsài	N: salted vegetables	25
syányú	N: salted fish	25
syàn	M/N: hsien, county	49
syànjǎng	N: magistrate of a county	210
syāng	SV: be fragrant, smell good	25
syāngjyāu	N: banana	49
syāngshwěi,		
syāngshwěr	N: perfume	25
syāngwèr	N: good smell, aroma	25
syāngdāng	A: fairly	269
syāngdz	N: suitcase, trunk, chest	179
syángchilai	RV: recall, think of	226
syángchi lǎujyā		
laile	recall my old home	226
syángchi tā		
shwode laile	recall what he said	226
syángchi yǐchyande		
shŕching laile	recall old times	226
syǎng bànfǎ	VO: to think of a way	223
syǎngbuchilái	RV: do not remember	137
syǎng júyi	VO: think of a way	254
syàng	AV: resemble, seem like	
	SV: look alike	14
syàng...jèyàngr	like this	14
syàng...nàyàngr	like that	14
syàngpyār	N: photograph	240
syànglái	A: always and customarily,	
	up to now	312
syǎude	V: know	137
syǎushwōr	N: novel	299
syǎusywé	N: elementary school	165

syàujǎng	N̄: principal of a school president of a college	211
syé	N: shoe (M: -shwāng for pair, -jr̄ for one of a pair)	75
syépù	N: shoe store	75
syěbùdé	RV: writing cannot be finished on time	135
syěfǎ	N: the way of writing	300
syī	N: lead	165
syīfú	N: Western - style clothes (M: -tàu)	152
Syīhú	PW: West Lake (of Hangchow)	282
Syīhú Fàndyàn	West Lake Hotel	285
syītsān	N: Western-style meal (M: -dwùn)	121
syígwàn	N: habits	313
syǐdedyau	RV: can be washed off	268
syǐdzǎu	VO: to take a bath	15
(syǐ)dzǎufáng	N: bathroom (M: -jyān)	15
(syǐ)dzǎupén	N: bath tub	91
(syǐ)lyǎnpén	N: wash basin	91
syì	N: play, opera	254
syìywándz	N: opera house, theater	253
syīn	N: heart, mind	3
syīnsyan	SV: fresh; new	312
syīnsyan jīdàn	fresh egg	312
syīnsyan nyóunǎi	fresh milk	312
syīnwén	N: news	298
Syīnyǎ Gūngsz̄	N: New Asia Company	135
syìn	V: believe	196
syìn dzūngjyàu	VO: believe in religion	298
syìnfēngr	N: envelope	64
syìn Jīdūjyàu	VO: be a Christian	196
syìnjř	N: letter paper (M: -jāng)	64
syìn jyàu	VO: accept a relogion, adhere to a religion, be a Christian	196
syìnsyāng (yóusyāng)	N: mail box (M: -ge)	63

syìn (continued)
  syìnsyāng
    (yóusyāng)   N: mail box (M: -ge)   63
  syìntŭng
    (yóutŭng)   N: mail box (M: -ge)   63
  syìn Tyānjŭjyàu   VO: be a Catholic   196
  syìn Yēsūjyàu   VO: be a Christian   196

syīngchī   N/TW: week/Sunday   178
  syīngchìr   TW: Sunday   178
  syīngchityān   TW: Sunday (interchangable
                 with syīngchìr)   178
  syīngchiyī   TW: Monday   178

syíngli   N: baggage (M: -jyàn)   4
  syínglipyàu   N: baggage ticket   4

syĭng   V: wake up   196

syìngchyu   N: interest (cf. yŏuyìsz) 267

syìngkwēi   A: fortunately   152

syōusyi   V: rest, take a vacation   15

syŭ   V: permit, allow, let   179

sywéchī   N/M: semester, term   213
  sywé Jūngwén   VO: study Chinese   64
  sywéwen   N: learning, knowledge   50

sywĕ   N: snow   38

sżlì(de)   BF: privately established   165
               (school, factory, etc.)

sž   V: die   198
  sžrén   N: dead person   198

sżnyánjí   PW: fourth grade or year
               (in school)   13
  sżshēng   N: four tones (of the Chinese
               Mandarin language)   300

T

tái	N: stage, platform	179
táitou	VO: lift up one's head, raise up one's head	226
tàiyang	N: sun, sunlight	254
-táng	BF/M: hall/class period	212
Tángshr̄	N: Táng (Dynasty) poetry (M: shǒu)	225
tǎng	V: lie down	136
tǎngdzai chwángshang	lie on the bed	136
tǎngsya	RV: lie down, fall down	136
(tèbyé)-kwàichē	N: express train	178
téng	SV: ache	137
timu	N: topic, theme	298
tǐyùgwǎn	N: gym	212
tīngchūlai	RV: make out (hearing)	224
tīngje syàng	sounds like	14
tīng pyāndz	VO: listen to record	224
tīng syì	VO: go to a play	254
tíng	V: stop, park	3
tíng chē	VO: park a car, stop a train	3
tǐng	A: very	120
tǐng hǎu	very good	120
tǐng shūfu	very comfortable	120
tǐng yǒuyìsz	very interesting	120
tōu	V: steal	151
tōuje	A: stealthily, secretly	151
tōutōurde	A: stealthily, secretly	151
tóudǎng(chē)	first class train	178
tóuténg	SV: have a headache	137

tsāi	V: guess	299
tsāijáule	RV: guessed it	299
tsàidāndz	N: menu	151
tsàiyóu	N: vegetable oil	25
tsàiywándz	N: vegetable garden	253
tsāngwān	V: pay a visit to (a public place) inspect informally, go sightseeing	210
tsānjyā	V: participate in, join	284
Tsáu Tsāu	A hero of the Three Kingdom's period.	327
tsǎu	N: grass, straw	38
tsǎudì	N: lawn	38, 254
tsǎumàur	N: straw hat	38
tséng	M: story (for lóu)	239
tsúng...chǐ	CV...V: from...on	121
tsúnglái...bù...	never before, never do	198
tsúnglái...(jyou)	MA: heretofore, in the past	198
tsúnglái...méi...	never before, never did	198
túshūgwǎn	N: library	212
tǔ	N: dust, earth	38
tūng	V/RVE: pass through/get through	313
tūng chē	to be open to traffic, be accessible by train or bus	313
tūng dyànhwà	to put through a phone call	313
tūng syìn	to correspond by mail	313
túng	N: copper, brass	164
túngde	N: of copper, of brass	164
túngbān	N/VO: classmate	267
túngshŕ	A: at the same time	311
túngshŕ	N/VO: co-worker, colleague	267
túngsywé	N/VO: schoolmate, fellow students	267
tùngkwai	SV: be content, be happy	3

twēi	V: push	268
twēikai	RV: push open	268
twēishangchyu	RV: push up	268
twēisyalai	RV: push down	268
Tyānjǔjyàu	N: Catholic Church (Roman)	165
tyán	V: fill in	239
tyán byǎu	VO: fill in a form	239
tyán	SV: be sweet	26
tyāu	V: choose; select	313
tyáur	N: brief note, short message	92
tyě	N: iron	164
tyěde	N: of iron	165

W

wàdz	N: sock, stocking (M: -shwāng, for pair; -jr̄ for one of a pair)	77
wài	EX: hello (used in telephone conversation only)	135
wàikē	N: surgical department	238
wánchywán	SV/A: be complete/completely	312
wàng shàng twēi	push upward	268
wèi	CV: for	122
wèi(de)shr̀	A: in order to, in order that	269
wèi(de)shr hǎu	in order to, so that	285
wēndù	N: temperature	138
wēndùbyǎu	N: thermometer	138
wēnsyí	V: review	225
wén	V: smell	25
wénchūlai	RV: make out (smelling)	224
wénjyan	RV: smelled	25

wénhwà	N: civilization, culture	313
wényán	N: literary language, classical style	299
wèntí	N: question, problem	225
wèr	N: taste, flavor, odor	25
wǒ dżjǐ lái	IE: let me do it myself	51
wǒ gǎn shwō	IE: I venture to say that, I'm sure	138
wǒ lái	IE: let me do it	51
wǒmen dàjyā	N: all of us	3
wǒ nèirén	my wife (polite remark)	136
wòfáng	N: bedroom (M: -jyān)	90
wúsyàndyàn	N: radio	298
wù	N: fog	39

Y

yá	N: tooth	14
yágāu	N: toothpaste (M: -tǔng-- meaning tube, keg, barrel, tank)	14
yáke̅	N: dental department	238
yáshwā	N: toothbrush (M: -bǎ)	14
yān	N: tobacco, cigarette (M: -jr̄, stick; -gēn, stick; -hé(r), box; -bāu, pack; -tyáur, carton); smoke	48
yán	N: salt	25
yánjyou	V: study, make special investigation or study of	50
yánsher, yánsè	N: color	38
yǎnjing	N: eye (M: -jr̄)	14
yǎnjìng(r)	N: eye glasses (M: -fù, set)	211
yǎnke̅	N: optical department	238

yǎnjyǎng	V/N: give a speech,lecture/a speech (interchangable with jyǎngyǎn)	163
yánggwěidz	N: foreign devil, foreigner	326
yánghwǒ	N: matches (M: -gēu for stick; -hé(r) for box; bāu for package)--lit. foreign fire	51
yàu	N: medicine	4
yàufāngr	N: prescription (M: -jāng)	241
yàufáng	N: drugstore (cf. yàupù)	241
yàupù	N: medicine (herb) shop	4
yàushr	N: key (M: -bǎ)	91
Yēlǔ Dàsywé	Yale University	49
Yēsūjyàu	N: Christianity (usually refers to the Protestant church as vs. the Catholic church)	165
yětsān	V/N: picnic	255
yè	M: page	224
yèdz	N: leaf	38
yīfu	N: clothes (M: -tàu for suit, -jyàn for piece)	150
yīywàn	N: hospital	238
yíchyè	N: all of anything	13
yíge syīngchī	NU-M: one week	178
yìbāu dūngsyi	N: a package of something	77
yìbāu yān	N: a package of cigarettes	77
yìbyār...yìbyār...	A: on one side... on the other, on one hand... on the other	48
yìkǒu fàn	a mouthful of rice	327
yídz	N: soap (M: -kwài)	14
...yǐnèi	MA: within	285
yǐwéi	V: suppose, think that, consider	283
yīn tyān	N/VO: cloudy day	38

yín-	BF: silver	164
yínde	N: of silver	164
yíndz	N: silver	164
yínsháur	N: silver spoon	164
yīnggāi	A: ought to (interchangable with yīngdāng)	76
yóu	N: oil, sauce	25
yóuchāi	N: mail man	63
yóufèi	N: postage	62
yóujèngjyú	N: Post Office	62
yóupyàu	N: postage stamp (M: -jāng)	63
yóuchí(shr)	A: especially, above all	39
yóuyǔng	V: swim	269
yóuyǔngchŕ	N: swimming pool	269
yǒudàuli	SV: be logical, reasonable	197
yǒudeshŕ	V: there is plenty (of it)	180
yǒu dzwò	there are seats	180
yǒu fēnbye	there is a difference	224
yǒu gwānsyi	VO: to be related to, to be relevant	122
yǒugwēijyu	SV: be well disciplined, well mannered	180
yǒujīngshen	VO: energetic, spirited	255
yǒujīngyàn	VO/SV: have experience/ be experienced	211
yǒu jŕshr	VO: well informed, educated	254
yǒulǐ	VO/SV: logical, reasonable	253
yǒulǐmàu	SV: be polite	325
yǒu syìngchyu	SV/VO: be interested in, show interest in	267
yǒusywéwen	SV: learned	50
yǒuyánjyou	SV/VO: have specialized knowledge	50
yǒuyidyǎr	A: a little bit	26
yǔ	N: rain	37
yúntsai	N: cloud (M: -kwài)	39
yùnchi	N: luck, fortune	152
yùndùng	V: exercise	212
yùndùngchǎng	N: athletic field	212

yùngchu	N:	use, usage	238
yùnggūng	VO:	put time and effort into	
	SV:	work or study hard	50
yùng Júngwén syě	Ph:	write in Chinese	64
yùngren	N:	servant	4
yùngsyīn	SV/VO:	put heart into,	
		apply one's mind to	3
(yùng) túng dzwòde		made of copper (brass)	164
ywándz	N:	garden (M: -ge)	
		theater (M: -jyā)	253
ywángù	N:	reason	239
ywàndz	N:	yard	37
ywē	V:	invite	285
ywēhǎu	RV:	reach an agreement with,	
		(someone to do something)	285
ywēhwei	N:	engagement, appointment	165
ywèdǐ	TW:	end of the month	282
ywèlyang	N:	moon	226
ywè...ywè	A:	the more... the more...	223
ywè chī ywè pàng		the more you eat the	
		fatter you are	223
ywè lái ywè...	A:	getting more and more...	223
ywè lái ywè dzāugāu		getting worse and worse	223
ywè lái ywè nán		getting more and more	
		difficult	223
ywè syě ywè kwài		the more you write the	
		faster you get	223